Neue
Kleine Bibliothek 139

Wolfgang Gehrcke /
Jutta von Freyberg / Harri Grünberg

Die deutsche Linke, der Zionismus und der Nahost-Konflikt

Eine notwendige Debatte

PapyRossa Verlag

© 2009 by PapyRossa Verlags GmbH & Co. KG, Köln
Luxemburger Str. 202, 50937 Köln
Tel.: ++49 (0) 221 – 44 85 45
Fax: ++49 (0) 221 – 44 43 05
E-Mail: mail@papyrossa.de
Internet: www.papyrossa.de

Alle Rechte vorbehalten

Umschlag: Willi Hölzel, Lux siebenzwo
Druck: Interpress

Die Deutsche Bibliothek verzeichnet diese Publikation in der
Deutschen Nationalbibliografie; detaillierte bibliografische
Daten sind im Internet über http://dnb.ddb.de abrufbar

ISBN 978-3-89438-410-4

Inhalt

Einführung (6)

I. Kapitel
Historische Wurzeln – die Entstehung des Zionismus   9

II. Kapitel
Die Arbeiterbewegung zur Judenfrage
und zum Zionismus bis zum Beginn des Zweiten Weltkrieges   31

III. Kapitel
Schauplatz Palästina   49

IV. Kapitel
Der Weg zur Gründung Israels   69

V. Kapitel
Antizionismus, Antisemitismus, Wiedergutmachung   108

VI. Kapitel
Die arabische Revolution   153

VII. Kapitel
Israel und der Imperialismus   185

VIII. Kapitel
Der Nahost-Konflikt im Diskurs der deutschen Linken   213

IX. Kapitel
Der Weg zum Frieden und Aufgaben der Linken   241

Empfehlungen zum Weiterlesen (268)

Einführung

Was hat uns bewogen, dieses Buch zu schreiben? Welche Motive waren so stark, dass wir alle Bedenken beiseite schoben und Warnungen missachteten, wir könnten uns nur in die Nesseln setzen? Es ist ein ganzes Bündel von Motiven.

Natürlich sind es vor allem politische Motive:
- der seit Jahrzehnten ungelöste Nahost-Konflikt, der immer wieder so unendlichen Schmerz auf beiden Seiten auslöst,
- die Ausweglosigkeit, in die sich beide Konfliktparteien unter internatonaler Beteiligung immer tiefer hineinzumanövrieren scheinen,
- das Gefühl und Wissen, aufgrund persönlicher Biografie bzw. persönlich empfundener geschichtlicher Verantwortung mit dem Nahost-Konflikt verknüpft zu sein,
- unsere solidarische Verbundenheit mit politischen und persönlichen Freundinnen und Freunden in Israel und Palästina,
- die Konflikte und Streitigkeiten innerhalb der deutschen Linken, auch innerhalb der Partei DIE LINKE, die zum Teil auf unfruchtbare und verletzende Weise ausgetragen werden,
- unsere Kritik an der Politik der deutschen Regierungen, die ungeachtet aller ihrer Beteuerungen sich scheuen, eine echte Verantwortung für eine Friedenslösung zu übernehmen, und
- unser Wunsch, über die Grundsätze und Möglichkeiten einer Friedenslösung nachzudenken.

Hinzu kam das Bedürfnis, uns selbst in vielen Fragen, die die Herausbildung und Geschichte des Nahost-Konfliktes betreffen, größere Klarheit zu verschaffen; es sind Fragen, die mit unserer politischen Sozialisation nach dem Ende des deutschen Faschismus und während des Kalten Krieges verbunden sind.

Wir haben unser politisches Interesse in einer »bleiernen Zeit« entwickelt, als in der Bundesrepublik das Schweigen über den deutschen Faschismus Staatsdoktrin war, der Antisemitismus als Tabu unter der Oberfläche weiter schwelte und der offene Antikommunismus individuelle Emanzipation und linke Alternativen verteufelte. Der Kalte Krieg hat aber auch den Dogmatismus der kommunistischen Parteien und vieler linker Bewegungen, denen wir angehörten, konserviert. Es galt, auch hierauf einen geschärften Blick zu richten.

Wir wollten uns genauer ansehen, welche Haltung die Arbeiterbewegung, in deren Traditionen wir uns sehen, zum Antisemitismus in Theorie und Praxis eingenommen hat; ob und in welchem Umfang und zu welchen Zeiten Antisemitismus in den Arbeiterparteien selbst eine Rolle gespielt hat. Wir sind der Frage nachgegangen, wann und in welchem historischen Kontext der Zionismus entstanden ist und wie ihn die marxistischen Theoretiker gesehen haben. Welche Rolle hat der Holocaust für die Gründung des israelischen Staates gespielt? Welche Kräfte haben auf der internationalen Bühne mit welchen Interessen die Staatsgründung unterstützt? Wir haben die Funktionen des Antizionismus der sozialistischen Staaten und kommunistischen Parteien im Kalten Krieg und der Gleichsetzung von Antizionismus und Antisemitismus seit der Adenauer-Regierung untersucht.

Wir haben festgestellt, dass die pauschale Ablehnung des Zionismus durch namhafte sozialdemokratische und kommunistische Theoretiker nicht gerechtfertigt war. Sie beruhte auf einem dogmatischen Verständnis der nationalen Frage, das durch die reale Entwicklung widerlegt wurde.

Angesichts des sich am Ende des 19. Jahrhunderts wieder verstärkenden Antisemitismus erwies sich die Idee der Zusammenführung der jüdischen Bevölkerung auf einem Territorium, sei es in Form eines eigenen Staates, sei es in einem binationalen Staat, als richtig.

Sozialistische Zionisten haben darauf hingewiesen, dass der Klassenkampf und der Sozialismus noch lange nicht das Problem des Antisemitismus lösen. Sie haben damit leider Recht behalten. Marxistinnen und Marxisten aus der kommunistischen Tradition bezeichneten den Zionismus, auch den sozialistischen Zionismus, als einen nationalistischen Irrweg. Die Autoren sind der Meinung, dass hier eine differenziertere Betrachtung nötig ist. Unsere Kritik richtet sich an die reale Praxis, an die konkrete Politik, wie sie vom Mehrheitsflügel der zionistischen Bewegung bei der Erschaffung des Staates Israel gegenüber den Palästinensern angewendet wurde. Diese Kritik wird auch von linken zionistischen Kreisen geteilt.

Israel ist eine historische Notwendigkeit für das jüdische Volk, aber die seit den fünfziger Jahren durch die Gruppe um Ben-Gurion durchgesetzte »aktivistische« Politik war primär nicht auf die Sicherung des Staates Israel ausgerichtet. Sie wollte Israel als regionale Hegemonialmacht etablieren, die den Nachbarn die Bedingungen zu diktieren vermag. Wir dokumentieren diese Entwicklung anhand der Auseinandersetzung zwischen dem frühen israelischen Außenminister Moshe Sharett und David Ben-Gurion. Sharett wollte eine andere Entwicklung für Israel; er wollte, dass Israel sich in die Region integriert und – nach 1948 – einen Ausgleich mit den arabischen Nachbarn sucht und mit ihnen Frieden schließt.

Wichtig war uns auch zu versuchen, auf die vielen strittigen Fragen und Polemiken innerhalb der deutschen Linken, die die Begriffe der politisch-ökonomischen Analyse des Imperialismus und den Nahost-Konflikt betreffen, sachliche Antworten zu geben. Wir wollen, dass die Auseinandersetzungen und der Meinungsstreit um das Thema Israel und Palästina von Unterstellungen und Vorurteilen befreit werden, dass Kenntnis und Erkenntnis an die Stelle von Bekenntnissen tritt.

Wolfgang Gehrcke, Jutta von Freyberg, Harri Grünberg

I. Historische Wurzeln – die Entstehung des Zionismus

Zur Lage der Juden im Europa des 19. Jahrhunderts

Die mittelalterliche Diskriminierung und Verfolgung hatte einst große Teile der jüdischen Bevölkerung Westeuropas nach Osteuropa vertrieben. Ab Mitte des 17. Jahrhunderts begann in England eine Ära der Toleranz gegenüber den Juden, seit der französischen Revolution in Frankreich und ab 1860 genossen die Juden überall in Westeuropa volle Bürgerrechte. In Osteuropa hatte sich diese Tendenz umgekehrt. Die Juden wurden – wie im mittelalterlichen Westeuropa – in Ghettos gesperrt, Berufs- und Arbeitsbeschränkungen unterworfen und von wiederkehrenden Pogromen heimgesucht.

Westeuropa
Die bürgerlich-demokratischen Umwälzungen in Westeuropa seit der französischen Revolution hatten den Juden die Gleichstellung als Staatsbürger gebracht. Die kapitalistische Entwicklung verlief hier deutlich früher, schneller und tiefer als in Osteuropa. Die bislang große Schicht der jüdischen Händler konnte ins Kleinbürgertum aufsteigen. Die einst im Feudalismus als Geldverleiher fungierende jüdische Oberschicht verwandelte sich in Kapitalisten. Ihr Konzept war die Assimilation – und die Mehrheit der Juden in Westeuropa war Anhänger des politischen Liberalismus. Die religiöse Orthodoxie wich allmählich den Ideen der bürgerlichen Aufklärung.

> **Moses Mendelssohn 1729 – 1786**
>
> Der deutsch-jüdische Philosoph gilt als Wegbereiter der jüdischen Aufklärung (Haskala). Er war Schüler des Dessauer Oberrabbiners David Fränkel (1704 – 1762), eines bedeutenden Gelehrten. Als dieser nach Frankfurt/Oder und bald danach als Oberrabbiner nach Berlin berufen wurde, folgte ihm sein Schüler an die 1742 gegründete Talmudschule nach Berlin. Mendelssohn eignete sich neben seinen Talmudstudien Deutsch und Latein, Französisch und Englisch an. Im Jahr 1754 schloss er Freundschaft mit Gotthold Ephraim Lessing. Dieser verhalf ihm zur Publikation seiner ersten deutschen Schrift, den »Philosophischen Gesprächen«. Mendelssohn wurde zu einem der einflussreichsten Literaturkritiker der damals entstehenden deutschen Literatur. 1762 heiratete er Fromet Gugenheim, mit der er zehn Kinder hatte. Sein Sohn Abraham ist der Vater des Komponisten Felix Mendelssohn-Bartholdy. Moses Mendelssohn setzte sich dafür ein, die bedrückte Stellung der jüdischen Minderheit in Europa zu verbessern – sowohl in konkreten Einzelfällen als auch durch seine Publikationen. In seinem Drama »Nathan der Weise« hat Lessing dem Freund ein Denkmal gesetzt.

Der Philosoph Moses Mendelssohn hatte einen großen Anteil daran, dass die Mauer, die das orthodoxe Judentum als Schutz gegen moderne, aufklärerische Ideen errichtet hatte, allmählich ins Wanken geriet. Mit der Gleichstellung der Juden in Westeuropa war der Weg für das Aufblühen eines jüdischen Geisteslebens offen.

Kunst, Philosophie, Wissenschaft und Politik wurden von Juden, auch von solchen, die zum Christentum konvertiert oder Atheisten waren, enorm bereichert. Dafür stehen Namen wie Heinrich Heine, Felix Mendelssohn-Bartholdy, Rahel Varnhagen, Karl Marx, Rosa Luxemburg, Henri Bergson, Hermann Cohen, Martin Buber, Sigmund Freud, Marc Chagall, Anna Seghers, Lion Feuchtwanger, Amedeo Modigliani, Lise Meitner und Albert Einstein.

Trotz der Assimilationsbestrebungen erlebte die jüdische Gemeinde im 19. Jahrhundert eine kulturelle Renaissance. Hebräisch entwickelte sich wieder zu einer lebendigen Sprache, und Jiddisch wurde durch Autoren wie Scholem Aleichem aufgewertet. Doch für viele aufgeklärte und dem gesellschaftlichen Fortschritt verpflichtete Juden Westeuropas wurde das Judentum zunehmend nur noch eine Sache des religiösen Bekenntnisses, das als Relikt des Feudalismus galt, von dem sie sich emanzipieren wollten. »In Frankreich wollten sie Franzosen, in Deutschland Deutsche sein.«[1] Der 1893 in Deutschland gegründete »Centralverein deutscher Staatsbürger jüdischen Glaubens« brachte in seiner Satzung diese Idee zum Ausdruck. Sein Ziel war es, »die deutschen Staatsbürger jüdischen Glaubens ohne Unterschied der religiösen und politischen Richtung zu sammeln, um sie in der tatkräftigen Wahrung ihrer staatsbürgerlichen und gesellschaftlichen Gleichstellung sowie in der unbeirrten Pflege deutscher Gesinnung zu bestärken.«[2] Diese »deutsche Gesinnung« hatte dem Zeitgeist am Ende des 19. Jahrhunderts entsprechend keine allzu fortschrittlichen Inhalte mehr; aber das charakterisiert zutreffend die Einstellungen der Mehrheit der assimilierten Juden in Deutschland.

Die Ideen der französischen Aufklärung waren in Deutschland nur von einer kleinen Schicht des gebildeten Bürgertums aufgegriffen worden und hatten in die Arbeiterbewegung über ihre Theoretiker Eingang gefunden. Insbesondere nach dem Scheitern der bürgerlichen Revolution bestimmten nationalistisch-reaktionäre und zunehmend antisemitische Ideologien das gesellschaftliche Bewusstsein. Dies vor allem innerhalb der nicht-jüdischen bäuerlichen und kleinbürgerlichen Schichten Deutschlands, die sich als Verlierer der kapitalistischen Entwicklung sahen. Dort lebten viele aus dem Mittelalter tradierte christliche Vorurteile und die entsprechende Gräuelpropaganda (Ritualmorde, Vergiftung von Brunnen usw.) gegenüber Juden fort. Sie nährten die auch im 19. Jahrhundert noch oftmals

---

1   Martin Robbe: Die Palästinenser: Kapitulation oder Eigenstaatlichkeit. Essen 2001, S. 11

2   Ebd.

aufbrechende Pogromstimmung und Übergriffe gegen Juden. Antisemitismus spielte aber innerhalb der Arbeiterbewegung nur insofern eine Rolle, als sie nach und nach proletarisierte Handwerker aufnahm; und unter den Handwerkern, die mit der jüdischen Konkurrenz konfrontiert waren, war der Antisemitismus lebendig. »Auch sie versuchten durch antijüdische Pogrome die Konkurrenz der Juden auszuschalten, wie 1819 in Heidelberg die Tischler, wobei ihnen die Protesterfahrungen der Gesellen zu Hilfe kamen, die immer noch glaubten, dass die Restauration der Zünfte ihre Proletarisierung aufhalten könne.«[3] Soziale Deklassierungsängste und Sozialneid spielten bei ihnen eine wichtige Rolle. Sie konnten nicht akzeptieren, dass ehemalige »Trödeljuden« ihnen nun als Geschäftsleute gegenüberstanden und Konkurrenz machten.[4]

Verachtung und Hass gegen Juden waren im 19. Jahrhundert in allen sozialen Schichten und Klassen vorhanden. Auch assimilierte Juden waren von antijüdischen Klischees, Sprach- und Denkmustern nicht frei. Ihre heftige Kritik an der geistige Enge und Isolation des Judentums, das als mittelalterliches Fossil seine Existenzberechtigung verloren habe, hat indessen mit Antisemitismus nichts zu tun. Ihrer sozialen Herkunft nach stammten die assimilierten Juden aus dem Großbürgertum oder dem Mittelstand bzw. der Intelligenz. Nennenswerte Gruppen von jüdischen Proletariern kamen erst Anfang des 20. Jahrhunderts aus Russland nach Deutschland, vor allem ins Ruhrgebiet. Das Bild vom reichen Juden, nun klassenkämpferisch modifiziert als Bild vom jüdischen Kapitalisten, behauptete sich daher nicht nur in der Ideenwelt der Arbeiter, sondern es bot auch Anknüpfungspunkte für antisemitische, rassistische Interpretationen.

Die Geschichte und Entwicklung des Antisemitismus in Deutschland können hier auch ansatzweise nicht dargestellt werden. Doch ist es wichtig, darauf hinzuweisen, dass schon in den 70er Jahren des 19. Jahrhunderts der traditionelle Antijudaismus eine nationalistisch-

---

3 Arno Herzig: Judenhass und Antisemitismus bei den Unterschichten und in der frühen Arbeiterbewegung. In: Ludger Heid, Arnold Paucker (Hg.): Juden und deutsche Arbeiterbewegung bis 1933. Tübingen 1992, S. 9

4 A.a.O., S. 10

rassistische Ausprägung annahm. Mit diesem frühen Antisemitismus sind u.a. die Namen des sogenannten Turnvaters Friedrich Ludwig Jahn und des Schriftstellers Ernst Moritz Arndt verbunden. Der konservative Historiker Heinrich von Treitschke löste mit der Äußerung, »Die Juden sind unser Unglück«, den Berliner Antisemitismusstreit (1879–1881) aus und machte den Antisemitismus hoffähig. Dieser wurde nun auch in organisierter Form propagiert: in der 1879 gegründeten Antisemitenliga und der Christlichsozialen Arbeiterpartei, einer gegen die sozialistische Arbeiterbewegung gerichteten Organisation des Hofpredigers Adolf Stoecker. 1890/91 entstand der Alldeutsche Verband, in dem sich die Forderung nach deutscher Weltherrschaft gleichfalls mit Antisemitismus und Antisozialismus verband.

Osteuropa

Um 1880 lebten etwa 9 Mio. Juden in Europa, davon 5,5 Mio. im Russischen Reich.[5] Dort hatten sie 1804 durch das »Gesetz über die Juden« von Zar Alexander I. nur in genau festgelegten Gebieten Siedlungsrecht erhalten: in zehn polnischen Gouvernements sowie den Gouvernements Bessarabien, Cherson, Taurien, Jekaterinoslaw, Tschernigow, Poltawa, Kiew, Podolien, Wolhynien, Minsk, Mohilew, Witebsk, Grodno, Wilna und Kowno.[6] Durch spätere Reglementierungen wurden die Rechte der Juden in den Siedlungsgebieten präzisiert und eingeschränkt. Dazu gehörte u.a. das Verbot, sich innerhalb des Siedlungsgebietes außerhalb von Städten und Siedlungen niederzulassen und Grundbesitz in ländlichen Gebieten zu erwerben. Nur ca. 4 Prozent der Juden, die reiche Oberschicht, waren von diesen Beschränkungen ausgenommen. Als Folge des von Zar Alexander I. erlassenen Gesetzes über die Niederlassungsrestriktionen konzentrierte sich Ende des 19. Jahrhunderts die jüdische Bevölkerung zu fast 82 Prozent auf Städte und Siedlungen innerhalb der Ansiedlungsgebiete. Während ihr Anteil an der Gesamtbevölkerung des Russischen Reiches ca. 4 Prozent ausmachte, erreichten die Juden

---

5 www.digitalis.uni-koeln.de/schnappera/schnappera435-443.pdf
6 Ditte Gerns: Nationalitätenpolitik der Bolschewiki. Düsseldorf 1988, S. 94

> **Jiddisch**
>
> Jiddisch ist eine westgermanische Sprache mit semitischen und slawischen Elementen. Ursprünglich wurde sie in hebräischen Schriftzeichen geschrieben. Jiddisch ging zur Zeit des Hochmittelalters aus dem Mittelhochdeutschen hervor und weist auch heute Ähnlichkeiten mit der deutschen Sprache auf. Bedingt durch die Judenverfolgungen des 13. Jahrhunderts und besonders nach der Großen Pest von 1348 waren Juden massenhaft nach Osteuropa, vor allem Litauen und Polen, ausgewandert. In der Folge kam es zu einer sprachlich getrennten Entwicklung: Das Jiddisch im Westen entwickelte sich im Kontakt mit dem Deutschen weiter und glich sich ihm besonders im Zuge der Säkularisierung und Assimilation deutscher Juden seit dem 18. Jahrhundert weitgehend an. Das Jiddisch im Osten bewahrte stärker den mittelalterlichen Stand des jüdischen Deutsch. Im Kontakt mit slawischen Sprachen entwickelte es sich weiter. Mit der Massenauswanderung in die USA im 19. Jahrhundert breitete sich das Jiddisch stärker in den englischen Sprachraum aus und wurde daher auch durch Englisch als Kontaktsprache beeinflusst.

innerhalb der Siedlungsgebiete einen Anteil von 11,6 Prozent. Einer Volkszählung von 1897 zufolge gaben nur 1 Prozent der Juden Russisch, dagegen 97 Prozent Jiddisch als Muttersprache an.[7]

Die politischen Rechte der Juden in Russland wurden im Laufe des 19. Jahrhunderts weiter eingeschränkt. Wirtschaftlich erlebten sie in dieser Zeit einen dramatischen Umbruch. Mit dem Feudalsystem waren sie traditionell als Händler, als Mittler zwischen Stadt und Land verbunden gewesen. Die Entwicklung des Kapitalismus in Russland, die Ende des 19. Jahrhunderts eine Beschleunigung erfuhr, veränderte und differenzierte auch die Wirtschaftsstruktur der jüdischen Gesell-

---

[7] A. a. O., S. 95-97

schaft. Der Handel, der um 1800 noch ca. 85 Prozent der jüdischen Bevölkerung ernährt hatte, bot nunmehr nur noch wenigen eine Existenzsicherung. Es gab eine kleine kapitalistische Oberschicht, die genügend Handelskapital hatte akkumulieren können, das sie nun in den Eisenbahnbau und in andere Industriebranchen investierte. Ihr Anteil an der wirtschaftlichen Modernisierung Russlands auf kapitalistischer Grundlage ist nicht zu unterschätzen. Eine mittlere jüdische Händlerschicht passte sich den kapitalistischen Verhältnissen dadurch an, dass sie in die Kleinindustrie investierte. Die Kleinhändler, die die Mehrheit stellten, verarmten dagegen immer mehr. Sie wurden nun Hausierer, Straßenhändler, kleine Ladenbesitzer und kleine Geldverleiher. Die zunehmenden Restriktionen, mit denen ihre wirtschaftliche Tätigkeit eingeschränkt wurde, und wirtschaftliche Veränderungen wie die Bauernemanzipation, die Übernahme der Steuereinziehung durch den Staat selbst und die Kreditvergabe durch Banken entzogen großen Teilen der Juden die Existenzgrundlage. Abgesehen davon wurden sie auch durch Sondersteuern vom Staat ausgeplündert. Eine Regierungskommission kam 1883 zu dem Ergebnis:

»Es gibt in unserem Kodex nahezu 650 die Juden betreffende Ausnahmegesetze, und die durch diese festgesetzten Beschränkungen haben zur Folge, dass es der bei weitem überwiegenden Mehrheit der Juden in Russland noch immer sehr schlecht geht. Die jüdische Bevölkerung stellt zu 90 Prozent eine völlig unbemittelte Masse dar, die, dem Proletariat nicht unähnlich, von der Hand in den Mund lebt und unter den in hygienischer und sonstiger Hinsicht unmöglichen Lebensverhältnissen ein elendes Dasein fristet.«[8] Der Begriff »Luftmenschen«, mit dem diese Masse der jüdischen Händler bezeichnet wurde, war ebenso anschaulich wie verbreitet.

Nicht nur die Kleinhändler stellten einen großen Anteil der armen Juden, sondern auch diejenigen, die eine andere Anpassung an die kapitalistische Entwicklung versuchten, indem sie als Handwerker, Arbeiter oder – in sehr geringem Umfang – in der Landwirtschaft tätig waren. Die 500.000 Handwerker, die sich auf die urbanen Ansiedlun-

---

8   A.a.O., S. 100

gen konzentrieren mussten, traten als Konkurrenten gegeneinander auf. Zudem musste sich das jüdische Handwerk auf solche Zweige beschränken, die nur einer geringen Kapitalausstattung bedurften. Diese Handwerker waren oftmals hinsichtlich der Zulieferung mit Rohmaterial und Ausrüstungen sowie der Kreditvergabe benachteiligt und wurden als Subunternehmer oder Heimwerker ausgebeutet. Hinsichtlich ihrer sozialen und materiellen Lage unterschieden sich die Handwerker wenig von den ca. 50.000 jüdischen Arbeitern im Siedlungsgebiet. Aber ihre Hoffnung, eines Tages selbstständig zu sein, erschwerte die Herausbildung eines proletarischen Klassenbewusstseins.

Anders verhielt es sich bei den jüdischen Arbeitern. Sie waren auf die Kleinbetriebe in den jüdischen Siedlungsgebieten verwiesen und dort extremer Ausbeutung unterworfen. Sie lernten, dass sie nur in solidarischen Aktionen ihre soziale Lage verbessern konnten. Sie galten so lange als Avantgarde der Arbeiterbewegung, bis im Zuge der Kapitalisierung der Wirtschaft die sie beschäftigenden Betriebe bedeutungslos wurden. Der Soziologe Robert Brym charakterisierte den jüdischen Arbeiter in jener Übergangszeit eindrucksvoll: »Einerseits war er ein abhängiger Lohnarbeiter und solidarisch mit seinen Arbeitskollegen... Andererseits war der jüdische Arbeiter, wie die Masse der jüdischen Gemeinschaft, in einer sich verschlechternden Situation, einer Lage, die mit dem Fortschritt der Industrie schon in Auflösung begriffen war... Der jüdische Arbeiter war noch durch die Beschäftigung und aufgrund von Kreditbeziehungen auf die jüdische Gemeinschaft angewiesen und erlitt daher ihr Schicksal: Juden waren ›Fremde‹ im vorkapitalistischen Polen, weil sie zwischen Herr und Leibeigenen standen. Im Großen und Ganzen blieben sie auch im Russland Anfang des 20. Jahrhunderts Fremde, weil sie nun zwischen zwei sozialen Epochen standen. Der polnische Feudalismus war verschwunden; der russische Kapitalismus konnte keinen Platz für sie finden. Das war das historische Erbe, das der jüdischen Gemeinschaft überlassen worden war.« [9]

---

9   Gerns, S. 101 f.

Ähnlich analysiert der sozialistische Theoretiker Ber Borochow 1906 die Lage der jüdischen Arbeiterschaft. Sie habe keine Chance, in der modernen Großindustrie ein proletarisches Klassenbewusstsein herauszubilden, weil ihr der Zutritt zu diesem Bereich versperrt sei. »... der Körper des jüdischen Arbeiters und seine Seele erziehen sich zum Kampf nicht im Rauch und Geräusch der Fabrik, sondern im schwarzen feuchten Rauch der kleinen Petroleumlampen und in der nassen kalten Luft der Kellerwohnungen, die ihm als Arbeitsplatz dienen.« Weil die Juden eine »Nation ohne Land« seien, verfügten sie über keine selbstständige wirtschaftliche Basis und seien darauf angewiesen, »sich nachträglich in fremde Wirtschaftsbeziehungen« einzuschalten, die schon konkrete Formen angenommen haben. Daher seien die Juden dazu verurteilt, »eine einsame isolierte Gruppe zu bleiben, der die einheimische Bevölkerung die eigenen, bereits besetzten wirtschaftlichen Positionen verwehrt.«[10]

Viele hunderttausend arme Juden sahen in der Emigration den einzigen Ausweg, um sich aus einer unhaltbaren wirtschaftlichen Lage zu befreien, die zudem von Diskriminierungen und periodisch wiederkehrenden Pogromen verschärft wurde. Zwischen 1897 und 1914 verließen etwa 1,5 Millionen Juden das Russische Reich in Richtung Westen. 70 Prozent wanderten in die USA aus.[11]

Die reiche jüdische Oberschicht und die Intellektuellen, die außerhalb der jüdischen Siedlungsgebiete leben durften, hatten – vergleichbar den Juden in Westeuropa, aber ein Jahrhundert später – am Ende des 19. Jahrhunderts den Weg der Assimilation gesucht. Die jüdische Aufklärungsbewegung Haskala fand in dieser Schicht große Zustimmung.

Die Anhänger der Haskala sahen in ihrer Anpassung an die dominante russische Kultur die beste Voraussetzung, um endgültig der gesellschaftlichen Isolation zu entkommen. Sie waren davon überzeugt: Wenn die Juden erst einmal freie und gleichberechtigte Bürger seien, werde sich die Assimilation von selbst ergeben. Doch als unter

---

10 Ber Borochow: Was wollen die Poale Zion, S. 2. In: haGalil.com
11 Gerns, S. 100

Haskala

Haskala bedeutet Bildung, Aufklärung und bezeichnet insbesondere die jüdische Aufklärung in der Zeit von 1770 bis 1880. Sie hatte ihren Ursprung im jüdischen Berliner Bürgertum, das vor allem von den Schriften der französischen Aufklärung inspiriert war. Die Haskala spielte im Prozess der Judenemanzipation als Mittler zwischen den Eliten der christlichen Mehrheitsgesellschaften und den jüdischen Gemeinden in Europa eine herausragende Rolle. Ihre Hauptziele richteten sich auf Säkularisierung, also Trennung von Religion und Staat, und Öffnung hin zur christlichen Mehrheitsgesellschaft durch Herstellung persönlicher wie institutioneller Kontakte und Heranführung an jüdische Glaubenslehren.

Die bekanntesten Vertreter der Haskala in Deutschland waren neben Moses Mendelssohn

- David Friedländer (1750–1834), der 1778 die erste jüdische Freischule in Berlin gründete, deren Bildungsprogramm den Ideen der Haskala verpflichtet war und einen Gegenpart zur traditionellen Erziehung im Cheder bildete.
- Rahel Varnhagen (1771–1833). Ihr Literarischer Salon in Berlin war ein Zentrum der deutschen Literatur der Romantik. In ihren Briefen trat sie für die Rechte der Frauen sowie der Juden und Jüdinnen ein.
- Julius Fürst (1805–1873), erster jüdischer Professor der Universität Leipzig. In seinen Veröffentlichungen (z. B. in der Zeitschrift Der Orient, deren Herausgeber er war) förderte er die wissenschaftliche Auseinandersetzung mit den kulturellen, linguistischen und literarischen Wurzeln des Judentums.

Auch in Russland gab es im 19. Jahrhundert wichtige Vertreter der Haskala, so zum Beispiel den Schriftsteller Abraham Mapu, Schöpfer des hebräischen Romans, und den Dichter und Kritiker Jehuda Leib Gordon.

Alexander II. die antijüdischen Restriktionen an Schärfe zunahmen, verloren die Ideen der Haskala an Bedeutung. In dieser Zeit entstand allmählich ein nationales jüdisches Selbstbewusstsein. Dazu der Historiker Gregor Aronson: »Während sich die russisch-jüdische Intelligenz früher der Wahl zwischen einer Rückkehr zum Ghetto oder einer Assimilation gegenübersah, verlor dieses Dilemma nun seine Macht über das Denken der Leute. Eine neue Losung tauchte auf: weder Ghetto noch Assimilation, sondern nationale Selbstbehauptung.«[12]

Die Entstehung des Zionismus

Vor diesem Hintergrund ist der Zionismus als eine Antwort auf den in der modernen bürgerlichen Gesellschaft erneut aufbrechenden Antisemitismus zu verstehen. Die Forderung, die weltweit in der Diaspora verstreuten Juden müssten einen eigenen Staat erhalten, weil sie eine nationale Einheit bildeten, stellte zunächst einen radikalen Bruch innerhalb der jüdischen Gemeinschaften dar. Doch als sich nach einer Periode der Emanzipation von den Ghettos und der mit der französischen Revolution eingeleiteten bürgerlichen Gleichstellung der Antisemitismus wieder ausbreitete, nahm auch die Zahl der Juden in Westeuropa zu, die sich aufgrund der Drangsalierungen und Pogrome in Osteuropa subjektiv als Angehörige einer eigenen Nation empfanden.

1897 fand in Basel der erste Zionistenkongress statt. Theodor Herzl, der konservative Gründungsvater des Zionismus, sowie sozialistische Theoretiker des Zionismus verwarfen die These, wonach sich die Situation der Juden bei fortschreitender Modernisierung der Gesellschaft normalisieren werde. Zunehmender Klassenkampf werde den Antisemitismus nicht mindern, sondern anheizen, war die zentrale These sozialistischer Zionisten. Der Niedergang des Kapitalismus und die langen Krisenwellen würden insbesondere im Kleinbürgertum,

---

12   A. a. O., S. 103

> **Theodor Herzl 1860–1904**
>
> Jüdischer Journalist und Schriftsteller aus Wien. Die Dreyfus-Affäre in Frankreich, über die er als Journalist berichtete, hatte ihn in der Überzeugung gestärkt, dass der latente Antisemitismus jederzeit wieder manifest werden und dass es für die Juden keine gesicherte Existenz geben könne außer in einem eigenen Staat. 1896 erschien seine Schrift »Der Judenstaat. Versuch einer modernen Lösung der Judenfrage.« Ein Jahr später fand der erste Zionistenkongress in Basel statt, der eine »öffentlich-rechtlich gesicherte Heimstätte« für das jüdische Volk forderte.[13] Die äußerst prekäre Situation der Juden in Osteuropa und ihre permanente existenzielle Bedrohung wird nicht weniger als die Dreyfus-Affäre die Motivation Herzls bestimmt haben. Für ihn war es zunächst keine ausgemachte Sache, dass der Judenstaat in Palästina errichtet werden sollte. Er verhandelte mit dem deutschen Kaiser, dem türkischen Sultan, auch mit Großbritannien, das mit seinem »Uganda-Plan« große Konflikte innerhalb der zionistischen Bewegung auslöste. In seinem Tagebuch richtete er seine Hoffnung darauf, dass die Juden ihren Staat so erbauen, »dass ein Fremder zufrieden bei Euch lebt.«[14] Und in »Altneuland« beschrieb er seine Ideen über den zu schaffenden Judenstaat folgendermaßen: »Wir stehen auf den Schultern anderer zivilisierter Völker ... Was wir besitzen, verdanken wir dem vorbereitenden Werk anderer Völker. Daher haben wir unsere Schulden zurückzuzahlen. Es gibt nur einen Weg dafür: Die größtmögliche Toleranz. Unser Motto muss daher sein, jetzt und immerdar: Mensch, Du bist mein Bruder.«[15]

aber auch im Proletariat antisemitische Ressentiments fördern. In der Tat: Die bürgerliche Klasse war nicht mehr – wie in der Endphase

---

13   Robbe, S. 13
14   Rolf Verleger: Israels Irrweg. Eine jüdische Sicht. Köln 2008, S. 46
15   Ebd.

des Feudalismus – der Garant für Fortschritt, sondern sie war mit der neuen Krisenanfälligkeit des Systems konfrontiert. Ebenso wie früher für die Feudalherren war es nun für die Bourgeoisie von Interesse, die Juden der unzufriedenen Bevölkerung als Sündenböcke für die vom System produzierten Verwerfungen auszuliefern. Dieser Mechanismus funktionierte auch innerhalb der Arbeiterklasse – und nicht erst unter der extrem antisemitischen NS-Herrschaft. Die Verschärfung der kapitalistischen Krise brachte die Juden Europas in eine höchst gefährliche Situation. Vom Antisemitismus bedroht waren nicht nur jüdische Kleinbürger oder das jüdische Proletariat, sondern auch das jüdische Bürgertum. Der Zionismus, der bürgerliche sowie der sozialistische, argumentierte unisono, die einzige Antwort auf diese Situation sei die territoriale Lösung: Die Zusammenfassung der Juden in einem eigenen Staat.

Nach 1905 hatte erneut eine Auswanderungswelle, die zweite Alija, eingesetzt. Wieder waren es Massaker und Pogrome in Russland, die die Juden nach Westen trieben, und wie bei der ersten Alija wanderte nur eine Minderheit der jüdischen Flüchtlinge, darunter viele Studenten, nach Palästina weiter. Die Mehrheit der zwischen 1890 und dem Ende des Ersten Weltkrieges emigrierten rund 2 Millionen Juden ließ sich vor allem in den USA, auch in Kanada und Argentinien nieder.

Der Zionismus war eine Antwort auf den Antisemitismus, war aber auch die letzte Nationalbewegung Europas[16]. Als der Nationalstaat in Europa begann, seine fortschrittlichen Züge zu verlieren, gewann der Zionismus als die jüdische Nationalbewegung an Dynamik. Mit vielen nationalen Bewegungen war ihr gemeinsam, dass sie von einem »homogenen Nationalstaat, in dem ihre eigene Sprache und Kultur unumschränkt herrschen würden«[17], träumte. In den osteuropäischen Nationalbewegungen gab es für die Juden keinen gleichberechtigten Platz. So kann der Zionismus auch als eine jüdische Reaktion auf die nationalen Bewegungen in Osteuropa interpretiert werden. »Das

---

16 Uri Avnery: Israel ohne Zionisten. Gütersloh 1968, S. 40
17 Ebd.

Prinzip der Trennung, das den Ausgangspunkt der zionistischen Idee bildet, hatte später weitreichende Folgen. Das grundlegende zionistische Dogma, wonach eine Minorität nach europäischem Modell nicht in einem national homogenen Staat existieren könne, führte später zur praktischen Ausgrenzung der nationalen Minderheit im zionistischen Staat, der später Wirklichkeit wurde.«[18] Kritik an dieser schmalspurigen Konzeption des Nationalstaates übte bereits Hannah Arendt[19], die erkannte, dass die Mehrheit der zionistischen Bewegung weiterhin an einem Nationalstaatskonzept festhielt, das im Europa des 19. Jahrhunderts geschaffen worden war. Das galt für die rechten Zionisten wie für die linken, die sich um die von Ber Borochow gegründete Poale Zion gruppierten.

Borochow forderte in kritischer Auseinandersetzung mit dem Allgemeinen Jüdischen Arbeiterbund (»Bund«), die Tagesinteressen der jüdischen Arbeiter zum Ausgangspunkt zu nehmen. Das heißt: von der Existenz des Ghettos auszugehen, von der konkreten gesellschaftlichen und wirtschaftlichen Lage des jüdischen Arbeiters. Weil dieser kein Territorium besitze, seien sein Arbeitsplatz und seine strategische Basis »anormal«. »Um den Kampf gegen das Kapital zu führen, muss der Arbeiter erst Arbeit haben.« Erst die Teilnahme am Produktionsprozess ermögliche ihm die Teilnahme am Kampf. Mit der zunehmenden Einsicht in diese Verhältnisse, so Borochow, sei die jüdische Arbeiterklasse zu der Schlussfolgerung gelangt, »die Judenfrage als Ergebnis der Landlosigkeit des jüdischen Volkes aufzufassen und die Lösung dieser Frage im Territorialismus zu sichern.«[20] Poale Zion war eine der wichtigsten Gruppen innerhalb des sozialistischen Zionismus. Sie begründete die Notwendigkeit der jüdischen Auswanderung nach Palästina damit, dass der Sozialismus für das jüdische Volk nur innerhalb eines eigenen Staates möglich sei. In Palästina gebe es noch keinen wirtschaftlich geschlossenen Organismus, gebe es keine Nation, »die in nationale Konkurrenz mit dem jüdischen

---

18 A. a. O., S. 22
19 Hannah Arendt: The Jewish Writings. New York 2007, S. 336, 343 ff.
20 A. a. O, S. 3 f.

Ber Borochow

Ber Borochow wurde 1881 in Poltawa (Russland) geboren. Schon in seiner Jugend kam er mit marxistischen Ideen in Kontakt, die in kleinen Zirkeln in verschiedenen russischen Städten diskutiert und verbreitet wurden. 1900 gründete er die erste Organisation der sozialdemokratischen russischen Partei Poale Zion (Arbeiter Zions). Sie stellt eine Reaktion auf die vom Allgemeinen Jüdischen Arbeiterbund (»Bund«) formulierten antizionistischen Positionen dar. Borochow verstand die Poale Zion als autonome Klassenbewegung des jüdischen Proletariats und entwickelte die Idee eines proletarischen Zionismus. 1906 wurde Borochow festgenommen; nach fünfmonatiger Haft ging er ins Ausland, gründete den »Weltverband Poale Zion«, ging bei Kriegsausbruch 1914 in die USA und kehrte 1917 nach Russland zurück. In seiner Schrift »Die Klasseninteressen und die nationale Frage« (1905) kritisierte er andere sozialistische Theoretiker in ihrer Haltung zur nationalen Frage:

»Das Verhältnis der sozialistischen Theoretiker zur nationalen Frage muss tiefer und aufrichtiger werden, man muss verstehen, dass sich das Klassenbewusstsein so lange nicht normal entwickeln kann, als die nationale Frage, in welcher Form sie auch immer existieren möge, noch ungelöst ist.« 1917 starb Ber Borochow.[21] Die ersten Gründungen von Kibuzzim in Palästina gingen auf die Initiative der Poale Zion zurück. In den Kibuzzim sollten Zionismus und Sozialismus miteinander versöhnt werden. Aus Poale Zion sind später als Abspaltungen die links-sozialistische Mapam-Partei, aber auch die Arbeitspartei Mapai und die KP Israels hervorgegangen.

---

21   Ber Borochow, in: haGalil, Grundlagentexte zum Zionismus

Kapital und mit der jüdischen Arbeitskraft treten würde«.[22] Nur in ein solches Territorium »können das auswandernde Klein- und Mittelkapital und die auswandernde jüdische Arbeitskraft eindringen«. Doch werde der grundsätzliche Antagonismus zwischen jüdischer Bourgeoisie und jüdischem Proletariat »von selbst nach Palästina mitkommen« und sich auf einer bestimmten Entwicklungsstufe »gegen die türkische Regierung wenden«. Weder mit »kolonisatorischen Projekten« noch mit Diplomatie, sondern nur durch energischen Klassenkampf werde sich das jüdische Proletariat das Recht auf freie Einwanderung nach Palästina erobern.[23] Und nur in einem eigenen jüdischen Staat könne sich die jüdische Sozialstruktur, wie sie für Osteuropa typisch war, normalisieren – weg von den unproduktiven Berufen hin zu industrieller und landwirtschaftlicher Tätigkeit. Ohne diese nachholende Entwicklung werde es keinen Klassenkampf und keinen Sozialismus geben.[24] Nahman Syrkin, ein anderer Theoretiker des sozialistischen Zionismus, ging davon aus, dass eines fernen Tages die Menschheit in allen ihren nationalen Teilen in einem größeren Ganzen, mit einer gemeinsamen Sprache und einem gemeinsamen Territorium aufgehen werde; dass eine quasi vereinheitlichte Menschheit entstehen werde. Der sozialistische Zionismus hat nie in Abrede gestellt – und darin stimmte er mit den marxistischen Klassikern überein –, dass der Sozialismus das Problem des Antisemitismus lösen werde, aber eben erst in einer fernen Zukunft. »In der Zeit bis dahin, hat das jüdische Leiden eine spezifische Charakteristik«, welche der Sozialismus nicht lösen kann.[25]

Die zionistische Linke hat sich im Laufe der nachfolgenden Jahrzehnte weiter ausdifferenziert. Ihre Entwicklung kann hier im Einzelnen so wenig nachgezeichnet werden wie die unterschiedlichen Konzepte und Ziele, die diese Linke mit der Errichtung der jüdischen landwirt-

---

22 A. a. O., S. 6
23 A. a. O., S. 7f.
24 Mario Kessler: Sozialismus und Zionismus in Deutschland 1897–1933. In: Heid, Paucker, S. 97
25 Nahman Syrkin: The Jewish Problem and the Socialist Jewish State, 1898. In: www.zionismontheweb.org/syrkin_socialist_jewish_state.html

schaftlichen Kooperativen verband, mit den Kibbuzim, die zunächst das politische, kulturelle und militärische Rückgrat der jüdischen Gemeinde in Palästina (Jishuv) bildeten.[26] Die Kibbuzim sollten nach den Auffassungen der zionistischen Linken eine »Synthese von Zionismus und Sozialismus« darstellen.[27] Mögen die Konzeptionen der Kibuzzim im Einzelnen auch unterschiedlich gewesen sein, so beruhten sie doch alle auf der »Landnahme«, der Durchsetzung »jüdischer Arbeit« und dem militärischen Schutz der Kooperativen.

Neben dem linken, sozialistischen Zionismus gab es die Strömung des kulturellen Zionismus, der Palästina zu einem Zentrum der geistig-kulturellen Entwicklung der Juden machen wollte. Die religiösen Zionisten wiederum wollten die jüdische Nationalbewegung, die auf eine Staatsgründung abzielte, zu religiösen Prinzipien zurückführen. Die Strömungen und Auseinandersetzungen innerhalb des Zionismus veränderten und verschärften sich im 20. Jahrhundert – mit ihrer Verlagerung nach Palästina.

Am Ende des Ersten Weltkrieges lebten in Palästina 80.000 Juden, nun mehrheitlich Pioniere, die den zionistischen Traum wahr machen wollten. Dieser Traum beschränkte sich nicht mehr auf eine irgendwie geartete »jüdische Heimstätte«; jetzt ging es darum, einen eigenen jüdischen Staat aufzubauen, nach eigenen Vorstellungen und ohne Einschränkungen, ohne Angst vor neuen Pogromen, die die Juden in Osteuropa nur zu oft erlitten hatten, und ohne Diskriminierungen, denen sie mehr oder weniger in allen Herkunftsländern ausgesetzt waren. Für die Organisierung ihrer Arbeit und ihres Lebens sowie der staatlichen Rahmenbedingungen übernahm die zionistische Arbeiterbewegung in Gestalt der Gewerkschaft Histadrut die Verantwortung. Sie wurde 1920 in Haifa gegründet mit der doppelten Zielstellung: die jüdischen Arbeiter zu organisieren und die Infrastruktur eines künftigen jüdischen Staates aufzubauen. Sie gründete ein weit gespanntes Netz von Institutionen und Organisationen, die sich um

---

26 Detlef Balke: Beim Wenden der Steine, 90 Jahre Kibbuz. In: Utopie kreativ, H. 109/110

27 A. a. O., S. 93

die sozialen und wirtschaftlichen Belange kümmerten; und mit der Hagana wurde 1920 eine militärische Organisation der Selbstverteidigung geschaffen. Die beiden Hauptlosungen der Histadrut waren »jüdische Arbeit« und »jüdische Produktion«. Damit verbunden waren zwangsläufig der Ausschluss von arabischen Arbeitskräften, der Boykott arabischer Handelswaren und Zwangsmaßnahmen gegen jeglichen Widerstand gegen diese Politik.[28]

Jüdische Kritik am Zionismus

Die meisten traditionellen religiösen Führer in Deutschland haben den Zionismus strikt abgelehnt. In seinem Buch »Israels Irrweg. Eine jüdische Sicht« schildert Rolf Verleger, Mitbegründer der jüdischen Gemeinde Schleswig-Holsteins und Psychologe, die Auseinandersetzungen dieser Führer mit dem zionistischen Projekt. Die Idee des jüdischen Nationalismus verstieß ihrer Überzeugung nach gegen die jüdische Tradition: »Das jüdische Volk habe das Joch des Exils zu tragen, dies sei wesentlicher Bestandteil seiner Existenz, und es sei nur an Gott, durch den Maschiach (Messias, d. Verf.) diese Situation zu ändern.«[29] Die religiös motivierte Kritik wird auch heute noch von den Ultraorthodoxen vertreten. Die assimilierten Juden in Deutschland, die zu großen Teilen im »Centralverein deutscher Staatsbürger jüdischen Glaubens« organisiert waren, lehnten den Zionismus ebenfalls ab, weil er ihre Bemühungen um Assimilation gefährde.[30]

Kritik kam auch von links. Besonders heftig war die Ablehnung des zionistischen Projektes seitens des »Bundes«, der stärksten jüdischen Organisation in Osteuropa. Er organisierte seit seiner Gründung 1897 etwa 100.000 sozialistisch orientierte jüdische Arbeiter und Künstler in Polen und Litauen. Er lehnte das Konzept der territorialen Konzen-

---

28 Nathan Weinstock: Die Entstehungsgeschichte Israels von 1882–1948, hier: Die Palästinensische Arbeiterbewegung, S. 2f. In: www.trend.infopartisan.net/trd0904/t110904.html
29 Verleger, S. 44 ff.
30 Robbe, S. 14

> **Wladimir Dawidowitsch Medem 1879 – 1923**
>
> Medem war ein russisch-jüdischer Soziologe und Theoretiker des »Bundes«. Als Sohn eines russischen Militärarztes, der vom Judentum zum Christentum konvertiert war, erhielt er eine Ausbildung an einem Gymnasium im heute weißrussischen Minsk. Später studierte er an der Universität von Kiew und interessierte sich zunehmend für das Jiddisch sprechende Proletariat und seine bedrängten Lebensumstände. Er selbst lernte erst mit 22 Jahren Jiddisch, das in seinem familiären Umfeld verpönt war. Wegen eines Studentenstreiks musste er 1898 die Universität verlassen und schloss sich den Minsker Sozialisten an. 1921 emigrierte Medem nach New York

tration der Juden in einem Staat ab. Der Zionismus als Bewegung führe die unterdrückten Juden in die Irre. Der »Bund« betrachtete sich als Teil der sozialdemokratischen Arbeiterbewegung und wollte die Judenfrage dadurch lösen, dass die Juden in den Regionen, wo sie in großer Zahl lebten, das Recht auf kulturelle Selbstbestimmung erhielten. Er warb für Jiddisch als Nationalsprache. Das galt insbesondere für die jüdischen Siedlungsgebiete im Russischen Reich, die in den Gouvernements von Polen und Litauen weite Gebiete ausmachten und wo lokal die jüdische Bevölkerung sogar die Mehrheitsbevölkerung bildete. Wladimir Medem, einer der Führer des »Bundes«, argumentierte gegen die staatliche Unabhängigkeit der Juden: »Auf Grund der Tatsache, dass keine ›ausschließlich von einer Nationalität‹ besiedelten und gleichzeitig in ihrer Gesamtheit national unterdrückten Gebiete mehr existieren, würde in einem solchen Falle der ›nationalen Befreiung‹ einer Nationalität für die anderen nur der nationale Unterdrücker wechseln.«[31] Eine Lösung sah der »Bund« darin, dass der russische Staat allen Staatsbürgern die Gleichberechtigung garantieren, den gesamten Bereich von Bildung und Kultur aus den Aufgaben des Staates herauslösen und den einzel-

---

31 Gerns, S. 154 ff.

nen Nationalitäten zuweisen müsse. Auf der VIII. Konferenz des »Bundes« 1910 in Lwow forderte einer seiner Führer folgerichtig eine Reform des russischen Gemeinderechtes. Dann könne die Gemeinde zum »Kern der zukünftigen national-kulturellen Autonomie werden.« Auch dies sei eine Form der nationalen Selbstbestimmung. Erneut forderte die Konferenz das Recht auf Jiddisch und auf einen freien Sabbat für die jüdischen Arbeiter.[32]

Auf dem II. Parteitag der Sozialdemokratischen Arbeiterpartei Russlands (SDAPR) verdeutlichte Akimow, ein anderer Vertreter des »Bundes«, die Haltung zur Frage des nationalen Selbstbestimmungsrechtes und betonte: »Die Juden stellen eine besondere Nation dar, die sich scharf von allen anderen Nationen unterscheidet. Sie bewahrte sich über tausende von Jahren ungeachtet aller Verfolgung und sie brachte aus ihrer Mitte eine ganze Reihe Genies auf allen Gebieten des Wissen und der Kunst hervor. Das jüdische Proletariat vertritt die Interessen der jüdischen Nation.«[33] Doch der »Bund« scheiterte bei seinem Versuch, sein Konzept der national-kulturellen Autonomie in das Programm der SDAPR einzubringen. Die russische Sozialdemokratie bestand auf ihrer Position, dass die Vorstellungen des »Bundes« der allgemeinen Tendenz zur Assimilierung der Juden widersprechen. Die Juden stellten keine Nation dar und die jüdische Nationalität sterbe aus.[34]

Wie soll die »jüdische Heimstätte« aussehen?

In den 20er und 30er Jahren gab es im Jishuv eine intensive Diskussion über seine Ziele. Neben der Forderung nach Eigenstaatlichkeit stand die nach einem binationalen Staat, die vor allem von Linken und humanistischen Kräften in Brit Shalom, der Jüdisch-Palästinensischen Friedensallianz, vertreten wurde. Zu den Gründern

---

32 Gerns, S. 156f.

33 A.a.O., S. 130f.

34 A.a.O., S. 132

von Brit Shalom gehörten u. a. Hugo Bergmann, Martin Buber, Gershom Scholem, Henrietta Szold und Albert Einstein. Buber hatte schon 1919 die Zionisten aufgefordert, alle Kraft darauf zu richten, »eine dauerhafte und feste Übereinkunft mit den Arabern auf allen Gebieten des öffentlichen Lebens zu schaffen und aufrechtzuerhalten, eine umfassende brüderliche Solidarität«.[35] Brit Shalom war der Überzeugung, dass jede Lösung für den Jishuv in Palästina, die gegen den Willen der Araber durchgesetzt werde, die Zukunft der Juden gefährde. Nur auf der Grundlage der Gleichberechtigung und des gegenseitigen Respekts, was die Beherrschung der einen Gruppe durch die andere ausschließe, werde ein Weg gefunden, um die beiden Nationalbewegungen miteinander zu versöhnen, damit sie in Frieden und Harmonie Seite an Seite leben könnten. Wie ein solches Zusammenleben aussehen könnte, dafür entwickelte Brit Shalom detaillierte politische und wirtschaftliche Modelle. Den Befürwortern des binationalen Staates war klar, dass beide Seiten, Juden und Palästinenser, Zugeständnisse machen mussten und die britische Mandatsmacht die jüdisch-palästinensische Kooperation zu fördern habe, um diesen Weg in eine gemeinsame friedliche Zukunft zu eröffnen. Mit der Eskalation des jüdisch-palästinensischen Konfliktes und nach der Gründung Israels wurde diese Debatte verschüttet. Heute wird sie von linken und humanistischen Kräften als langfristige Perspektive erneut aufgegriffen. Davon zeugen auch umfangreiche Diskussionen, wie sie sich etwa im Internet widerspiegeln.

Nachdem die Idee des binationalen Staates zunächst untergegangen war, konnte die jüdische Heimstätte nach dem Willen der zionistischen Machtpolitiker nur die Gestalt eines jüdischen Staates annehmen. Das war das Konzept der »Revisionisten« um Ze'ev Vladimir Jabotinsky, die sich 1935 aus der zionistischen Bewegung abgespalten hatten. Danach war der jüdische Staat nur durch die Konfrontation mit den Palästinensern zu erreichen. Die palästinensische Seite antwortete darauf mit Gewaltausbrüchen, wie z. B. mit dem Massaker von Hebron 1929, dem 60 Juden zum Opfer fielen. Auf Gewalt folgte

---

35 Verleger, S. 53

Gegengewalt, die Eskalation wurde bis heute nicht gestoppt. Es entsprach dieser Logik der Gewalt, dass David Ben-Gurion, der Vorsitzende der jüdischen Vertretungskörperschaft in Palästina, 1938 erklärte: »Ich bin für Zwangsumsiedlung; daran sehe ich nichts Unmoralisches.«[36] Nach Auffassung von Rolf Verleger hat sich damit auch innerhalb der Führung der zionistischen Bewegung »die Revision der jüdischen Tradition« durchgesetzt, d.h. die Abkehr von dem alten Prinzip: »Was Dir verhasst ist, tu deinem Nächsten nicht an«. Die Folge war, so charakterisiert Verleger bitter die zionistische Politik: »Der nationale Zweck heiligte die Mittel, moralische Skrupel waren nur ein Ballast aus der Vergangenheit. Ethik war etwas für Ghetto-Bewohner und Weichlinge, nichts für die sonnengegerbten nationalen Pioniere.«[37]

---

36 A.a.O., S. 55
37 Ebd.

Luciano Canfora: Eine kurze Geschichte der Demokratie Hardcover; 404 Seiten; EURO 24,90

K. Lotter/R. Meiners/ E. Treptow: Das Marx-Engels-Lexikon Hardcover; 402 Seiten; EURO 24,90

Georg Fülberth: G Strich – Kleine Geschichte des Kapitalismus Hardcover; 314 Seiten; EURO 19,80

– – – – – – –

Werner Biermann/Arno Klönne: Kapital-Verbrechen Broschur; 207 Seiten; EURO 14,80

Rudolf Hirsch/Rosemarie Schuder: Der gelbe Fleck Hardcover; 769 Seiten; EURO 28,00

Florence Hervé/Renate Wurms (Hg): Das Weiberlexikon Hardcover; 508 Seiten; EURO 29,90

Meine Anschrift (bitte gut leserlich):

Bitte senden Sie mir – kostenlos und unverbindlich – regelmäßig Ihr Gesamtverzeichnis zu.

Sonstige Anmerkungen:

Antwortkarte

**PapyRossa Verlag
Luxemburger Str. 202**

D-50937 Köln

Bitte
ausreichend
frankieren

II. Die Arbeiterbewegung zur Judenfrage und zum Zionismus bis zum Beginn des Zweiten Weltkrieges

Die besondere Stellung der Juden in der Gesellschaft, ihre ökonomische Struktur, der Antijudaismus und die damit verbundene Diskriminierung und Verfolgung waren Probleme, die sich im Verlauf von Jahrhunderten herausgebildet hatten. Mit den Mitteln des sozialistischen Tageskampfes waren sie nicht zu bewältigen. Zwar konnten die jüdischen Arbeiter hoffen, im Klassenkampf ihre soziale Lage zu verbessern, aber die Problematik der gesellschaftlichen Isolation und Diskriminierung der Juden insgesamt konnte auf diese Weise nicht gelöst werden. Die sozialistischen Parteien verschoben die Lösung der Judenfrage auf später, auf den Sozialismus, der die allgemeine Gleichheit herstellen und somit auch diesen Widerspruch aufheben werde. Sie verfügten nur über ein gering entwickeltes theoretisches Instrumentarium und ein wenig entwickeltes Problembewusstsein und Sensorium im Hinblick auf antisemitische Erscheinungen in der Gesellschaft. Aus nachvollziehbaren Gründen standen die Judenfrage und der Antisemitismus nicht im Mittelpunkt des Klassenkampfes und der theoretischen Analysen. Innerhalb der Arbeiterbewegung und ihrer Theoretiker gab es unterschiedliche, zum Teil widersprüchliche Auffassungen zu diesen Fragen. Oft betrachteten sie die Juden-Diskriminierung als einen vorklassenkämpferischen Reflex auf die Ausbeutung durch das jüdische Kapital. Und wenn es für die Führungen der sozialistischen Massenparteien nicht opportun war, schwiegen sie über die Ungerechtigkeiten, die Juden widerfuhren.

Die Sozialisten und die Dreyfus-Affäre

Das Beispiel der Dreyfus-Affäre[38] und die widersprüchliche Haltung sozialistischer Parteien und Parteiführer zu diesem sich über zwölf Jahre hinziehenden Drama sind dafür sehr aufschlussreich: Zum Zeitpunkt der Verurteilung des französischen Offiziers Alfred Dreyfus als deutscher Spion am 22. Dezember 1894 teilte die deutsche Sozialdemokratie die anfängliche Auffassung der französischen Sozialisten, dass Dreyfus des Hochverrats schuldig sei.[39] »Dreyfus ist Jude – und dass der erste Verräter im großen Stil ... ein Jude ist, wird ... nach allen Richtungen hin für die ›Vaterlandslosigkeit‹ der Juden ausgenutzt, denen das Ausland mehr am Herzen liege, als die Heimat. Dass dem Juden im ›Auslande‹, also in diesem Falle in Deutschland, genau dieselben Vorwürfe gemacht werden, geniert die Herren Antisemiten nicht.« So der »Vorwärts« am 28.12.1894. Noch fünf Jahre später erklärte Wilhelm Liebknecht 1899 in der »Fackel«, er glaube nicht an die Unschuld von Dreyfus und er halte die Ansicht für eine »monströse Abgeschmacktheit«, dass Dreyfus nur deshalb verurteilt worden sei, weil er Jude sei. Kurt Koszyk kommt in seiner Untersuchung »Sozialdemokratie und Antisemitismus zur Zeit der Dreyfus-Affäre«, für die er die Berichterstattung des »Vorwärts« analysierte, zu dem Ergebnis: »Das Blatt nimmt durchweg Klassenkampfposition ein.« Antisemitische Positionen in den Artikeln stellt Koszyk nicht fest, aber einen Mangel an Empathie mit dem verfolgten Dreyfus, wenn er schreibt: »Der Prozess wird nur unter diesem Aspekt (des Klassenkampfes, d. Verf.) behandelt, nicht etwa aus menschlichem Interesse an der Tragödie eines französischen Offiziers, dessen Tat unkritisch als

---

38 Zur Geschichte der Dreyfus-Affäre in: www.judentum-projekt.de/persoenlichkeiten/geschichte/alfreddreyfus/index.html

39 Kurt Koszyk: Sozialdemokratie und Antisemitismus zur Zeit der Dreyfus-Affäre. In: Heid, Paucker, S. 69

geschehen vorausgesetzt wird.«[40] Und als der Dreyfus-Prozess 1899 endlich vor seiner Lösung zu stehen schien, war diese Frage für den »Vorwärts« nur im Hinblick auf den Zustand der französischen Bruderpartei von Interesse. Es dauerte aber immerhin noch sieben Jahre bis zur vollen Rehabilitierung von Dreyfus. Dann wurde die Affäre vom »Vorwärts« ausschließlich als »Frucht eines Systems« eingeschätzt, »das seine Wurzeln im militärischen Kastentum selbst hat.«[41] Generell sieht Koszyk in den Publikationen der Sozialdemokratie, dass die Juden und das Problem des Antisemitismus auf die wirtschaftliche Spitzenstellung einiger jüdischer Kapitalisten – das »jüdische Großkapital« – reduziert und die vorhandenen antijüdischen Stereotypen aufgegriffen wurden, wenn auch stets mit antikapitalistischer Stoßrichtung.[42]

Ein Mangel an Empathie wird auch in den Worten von August Bebel sichtbar, als er 1893 auf dem Kölner Parteitag den Kampf gegen den Antisemitismus mit folgendem Argument für überflüssig erklärte: »Da nun die Sozialdemokratie der entschiedenste Feind des Kapitalismus ist, einerlei ob Juden oder Christen seine Träger sind, und da sie das Ziel hat, die bürgerliche Gesellschaft zu beseitigen, indem sie deren Umwandlung in die sozialistische Gesellschaft herbei führt, … lehnt es die Sozialdemokratie ab, ihre Kräfte im Kampfe gegen die bestehende Staats- und Gesellschaftsordnung durch falsche und darum wirkungslos werdende Kämpfe gegen eine Erscheinung zu zersplittern, die mit der bürgerlichen Gesellschaft steht und fällt.«[43]

Auch die Haltung der französischen Sozialisten um Jean Jaurès verdient es, etwas ausführlicher dargestellt zu werden; sie war nicht weniger als die der deutschen Sozialisten unklar und widersprüchlich: Jaurès hatte sich in den 1890er Jahren ursprünglich für eine radikale Aufklärung der Dreyfus-Affäre und die volle Rehabilitierung von Dreyfus eingesetzt. Doch 1899 trat sein Parteifreund Millerand als Minister der bürgerlich-konservativen Regierung Waldeck-Rousseau

---

40 Ebd.
41 A.a.O., S. 76
42 A.a.O., S. 68
43 A.a.O., S. 66

bei, die sich davon eine Stabilisierung erhoffte. Neben Millerand war u. a. auch General Gallifet Mitglied des Kabinetts, – eben jener General, der das Massaker an den Arbeitern der Pariser Kommune 1871 befehligt und die anhaltende Gefangenschaft von Dreyfus unterstützt hatte. Der Preis für den Eintritt eines sozialistischen Ministers in die bürgerliche Regierung war hoch: Die Sozialisten gaben ihre Forderung nach voller Aufklärung der militärischen Konspiration, die der Dreyfus-Affäre zugrunde lag, auf und verzichteten auf Dreyfus' Anspruch auf volle Gerechtigkeit. Dieser Opportunismus der Sozialisten um Jaurès prägte bald, wie Rosa Luxemburg ausführte, deren gesamte Politik: »Erst fielen die sozialistische Kritik an der Regierung und die politische Aufklärungsarbeit im Lande fort, und der politische Kampf wurde auf das Parlament konzentriert. Dann wurde im Parlament selbst die Opposition preisgegeben.«[44] Schließlich habe sich die »zum grundsätzlichen Klassenkampf« berufene Partei in »einen Hampelmann« verwandelt, »dessen Bewegungen durch die bürgerlichen Parteien bestimmt werden.«[45] Um Missverständnissen vorzubeugen – den Vorwurf des Opportunismus bezog Rosa Luxemburg vorrangig nicht auf die Haltung der französischen Sozialisten in der Dreyfus-Affäre, sondern auf den Eintritt eines sozialistischen Ministers in eine konservativ-bürgerliche Regierung.

Dennoch: Die sozialistischen Theoretikerinnen und Theoretiker jener Zeit waren nicht blind gegenüber den Erscheinungen des Antisemitismus, wie ihnen heute oft vorgeworfen wird. Aus heutiger Sicht erscheint aber ihr Festhalten an einem Begriff der Nation, der zwingend an die Existenz eines Territoriums geknüpft wurde, als dogmatisch. Dadurch versperrten sie sich den Zugang zu anderen Lösungsmöglichkeiten als der Assimilation. Zweifellos ließen sie sich auch von einem Geschichtsoptimismus leiten, in dem ein Rückfall in die Barbarei des Faschismus und der Holocaust nicht vorstellbar waren. Es wäre mit Sicherheit falsch, den Sozialisten insgesamt zu unterstellen, dass

---

44 Rosa Luxemburg: Die sozialistische Krise in Frankreich, S. 8. In: www.marxists.org/deutsch/archiv/luxemburg/1901/sozkrfr/kap5.htm

45 Ebd.

es ihnen an Mitgefühl für die verfolgten und bedrängten Juden gefehlt habe. Die Haltung Kautskys zum antisemitischen Massaker in Kischinew ist dafür ein positives Beispiel.

Karl Kautsky

Das Massaker von Kischinew und die Judenfrage (1903)[46]
Am 6. April 1903, die russisch-orthodoxen Christen feierten das Osterfest, die Juden den letzten Tag des Passahfestes, bedrohten russische Jugendliche, denen sich bald Erwachsene unter Einfluss von Alkohol anschlossen, die Juden auf dem Festplatz. Als diese flohen, zogen kleine Gruppen ins Judenviertel, warfen die Schaufensterscheiben ein und plünderten die Läden. Am nächsten Tag setzten die Russen ihre Aktionen fort, gingen nun zu Tätlichkeiten gegen die Juden vor. Ergebnis des 2-tägigen Pogroms in Kischinew: »49 tote Juden, 500 Verletzte, 700 zerstörte und geplünderte Wohnhäuser, 600 verwüstete Geschäfte, 2000 Familien wurden obdachlos.«[47]

Karl Kautsky war von der Redaktion des »Przeglad Socyaldemocratczny«, dem Organ der Sozialdemokratie Russisch-Polens und Litauens, um einen Kommentar gebeten worden. Er gestand am Anfang seines Beitrages »Das Massaker von Kischinew und die Judenfrage« die Schwierigkeit ein, »ruhig und nüchtern nachzudenken über Ereignisse, deren bloße Mitteilung uns das Blut in den Adern erstarren lässt und gleichzeitig unseren grimmigsten Hass gegen die daran Schuldigen anfacht. Es fällt aber auch einem Nichtrussen schwer, die Eigenart des Judentums wie des Antisemitismus Russlands zu erfassen.« Im Folgenden versuchte er, die historischen Gründe für die jüdische Diaspora, ihre Beschränkung auf bestimmte Erwerbszweige, ihre Isolierung und Ghettoisierung, Gründe für die Herausbildung

---

46   Karl Kautsky: Das Massaker von Kischinew und die Judenfrage. In: www.marxists.org/deutsch/archiv/kautsky/1903/xx/kischinew.htm
47   Pogrom im Schtetl, www.stern.de

der jüdischen Eigenarten, die Funktion der Juden als »Sündenbock« usw. aufzuführen. Er ging auf die gesellschaftliche Funktion der Fremdenfeindlichkeit ein, auf die besondere Lage der Juden in Russland und den Antisemitismus der rückständigen Volksmassen. Seine Schlussfolgerungen: »Wodurch kann diese Feindseligkeit überwunden werden? Am radikalsten dadurch, dass die den fremdartigen Charakter tragenden Bevölkerungsteile aufhören, Fremde zu sein, dass sie sich mit der Masse der Bevölkerung vermischen. Das ist schließlich die einzig mögliche Lösung der Judenfrage, und alles, was das Aufhören der jüdischen Abschließung fördern kann, ist zu unterstützen.« Aufklärung der Volksmassen ist sein Rezept, und darunter verstand Kautsky: »Wenn den primitiven Menschen von dem fremdartigen Nachbarn keine tiefgehenden Klassengegensätze trennen, dann schwindet seine Unduldsamkeit gegen diesen leicht, sobald sein Horizont sich erweitert, sobald in seiner eigenen Brust Bedürfnisse und Anschauungen auftauchen, die ihm fremd waren, sobald er aufhört, das Überkommene als das Natürliche zu betrachten, sobald er anfängt, es als ein Hindernis seines Aufsteigens von sich zu weisen. Mit einem Worte, sobald aus dem primitiven, gedankenlos in den überkommenen Formen fühlenden Menschen ein denkender Revolutionär wird. Das revolutionäre Denken macht tolerant gegenüber dem Fremden...«

Die zionistische Bewegung, die die »Abschließung des Judentums von der übrigen Bevölkerung« vermehre, besorge dadurch »wider Willen« die Geschäfte des Zarentums. »Die Juden in Russland haben heute nur einen wahren Freund: die revolutionäre Bewegung.« Nur im Klassenkampf des sozialistischen Proletariats würden die tief wurzelnden Vorurteile der Weißen gegenüber »dem Neger« oder dem Juden verschwinden, werde sich die Wut der verzweifelten Volksmassen nicht mehr gegen das Ghetto irreleiten lassen, sondern sich gegen den wahren Gegner richten, in Russland: gegen den Zarismus.

Dass die Geschichte den optimistischen Erwartungen der Sozialisten nicht gefolgt ist, dass der Antisemitismus nicht im rückständigen Russland, sondern im wirtschaftlich fortgeschrittenen Deutschland die verheerendste Rolle in der Geschichte spielen wird, dass die sozialistische Perspektive nicht eine von wenigen Jahrzehnten ist, das alles hat das Konzept der Assimilation zum Scheitern verurteilt, obwohl viele Argumente ihrer Befürworter bis heute stichhaltig geblieben sind.

Auseinandersetzung mit dem Antisemitismus

Der sozialdemokratische Politiker Eduard Bernstein (1850–1932) stammte aus einer Familie, die sich zum »Reformjudentum« bekannte, zu dessen Gründern Bernsteins Onkel Aaron gehörte. Bernstein kritisierte nicht nur die antisemitischen Strömungen in großen Teilen der deutschen Gesellschaft, sondern auch die »Gleichgültigkeit deutscher und jüdischer Liberaler aus der Mittelklasse gegenüber der antisozialistischen Hexenjagd«.[48] In einem Brief an Friedrich Engels warnte er vor der Unterschätzung des Antisemitismus durch die Sozialdemokratie und vor antisemitischen Strömungen innerhalb der Partei. Selbst prominente jüdische Sozialdemokraten, so Bernstein, nähmen eine unklare, widersprüchliche Haltung gegenüber dem Antisemitismus ein. Als Beispiel führte er seinen jüdischen Freund Paul Singer an, der sich schwer tat, ein Bündnis mit den Liberalen gegen den ausgewiesenen Antisemiten Stoecker einzugehen. Bernstein: »Es liegt da ein Konflikt mit seinem Gefühl vor, denn, im Grunde unglaublich, kränkt ihn, das habe ich bemerkt, der Antisemitismus und besonders der unter unseren ›Gebildeten‹ sehr; aus übertriebener Gewissenhaftigkeit glaubt er, selbst den Antisemiten und Staatssozialisten spielen zu müssen.«[49] Ob dies eine hinreichende Erklärung für das gesamte Spektrum des Antijudaismus jüdischer Theoretiker und

---

48 Shlomo Na'aman: Die Judenfrage als Frage des Antisemitismus. In: Heid, Paucker, S. 82

49 A. a. O., S. 82f.

Politiker der Arbeiterbewegung darstellt, kann bezweifelt werden. Mit Sicherheit spielten auch die intellektuelle Borniertheit, die Rückwärtsgewandtheit und Selbstabgrenzung von der modernen Gesellschaft, mit der assimilierte Juden die orthodoxen jüdischen Gemeinden in Verbindung brachten, eine Rolle für ihre antijüdischen Äußerungen – und auch für ihre Überzeugung, dass nur die Assimilierung den Juden individuell und kollektiv die Voraussetzung für eine umfassende Emanzipation und für die Entwicklung aller sozialen, intellektuellen und emotionalen Möglichkeiten gewähren werde.

Shlomo Na'aman, Professor für Sozialgeschichte in Tel Aviv, zeichnet die theoretische Auseinandersetzung mit dem Antisemitismus nach, wie sie um die Jahrhundertwende im »Sozialdemokrat«, dem Auslandsorgan der verbotenen deutschen Sozialdemokratie, weiterentwickelt wurde. Der verantwortliche Redakteur Eduard Bernstein hatte sich bei Friedrich Engels in London theoretischen Beistand gesucht. Es ging ihm dabei um die Entwicklung einer differenzierteren Haltung zum Antisemitismus. Da im letzten Jahrzehnt des 19. Jahrhunderts fast alle bürgerlichen Parteien besonders in den Wahlkämpfen im Trüben der antisemitischen Vorurteile fischten, konkretisierte und korrigierte Engels einige Positionen, hielt aber auch an überholten Auffassungen fest. Na'aman: »Als erstes räumte er mit der Illusion auf, dass der Antisemitismus als Vorstufe sozialdemokratischer Gesinnung nützlich sein könne, eine Einschätzung, der auch Bernstein nicht eindeutig entgegengetreten war… Zur Sache selbst sagte Engels, dass das Kapital allgemein die rückständigsten Schichten der Gesellschaft vernichtet, das sei zwar grausam, aber unvermeidlich, aber das sei nicht nur Sache des jüdischen Kapitals. Dort, wo sich der Gegensatz von Kapital und Lohnarbeit voll entwickelt hat, spielt das jüdische Kapital überhaupt keine hervorragende Rolle mehr, die es noch in unterentwickelten Staaten oder Gebieten hat.«[50] Engels beharrte aber auch auf dem Irrtum: »… wo also die Produktion noch in den Händen von Bauern, Gutsherren, Handwerkern und ähnlichen aus dem Mittelalter überkommenen Klassen sich befindet – nur da

---

50 A. a. O., S. 47

ist das Kapital vorzugsweise jüdisch, und nur da gibt's Antisemitismus.«[51] Als wichtigste Neuerung, so Na'aman, habe Engels hervorgehoben, dass die Juden, wie jedes moderne Volk, klassengespalten sind. »In London gebe es ein massenhaftes jüdisches Proletariat, das sich willig organisiert und sehr klassenbewusst ist, das zu Streiks, wie sie die neuartige Organisationsform der nicht-fachlichen Arbeiter fordert, aufruft.«[52] Engels reduzierte aber wie die anderen Theoretiker der Arbeiterbewegung seiner Zeit, den Antisemitismus darauf, Reflex von Veränderungen der Produktionsverhältnisse zu sein. Er sah nicht, dass sich der Antisemitismus in Europa verselbstständigt hatte und zu einer religiös und kulturell geprägten Konstante im Bewusstsein der Völker geworden war, die bis in die Gegenwart nachwirkt.

August Bebel übernahm Engels' Gedanken in seine Rede zum Thema Antisemitismus, die er auf dem Berliner Parteitag 1892 hielt. Seit der Veröffentlichung seiner Broschüre »Sozialdemokratie und Antisemitismus« (1906) wurde die Ablehnung jeglicher Form von Antisemitismus zur offiziellen Haltung der deutschen Sozialdemokratie.

Auf internationaler Ebene war die Haltung zum Antisemitismus keineswegs so klar. Dies hatte schon die Brüsseler Tagung der I. Internationale im Jahr 1891 gezeigt, als Antisemitismus und Philosemitismus in gleicher Weise verurteilt wurden, letzterer mit dem Argument, er beinhalte die Verteidigung des jüdischen Kapitalismus.[53]

Antisemitismus in der deutschen Arbeiterbewegung?

Der Antisemitismus war innerhalb der deutschen Sozialdemokratie oft, so auch von August Bebel, als »Sozialismus des dummen Kerls«[54] bezeichnet, aber auch als eine Vorstufe zum Klassen-

---

51 Friedrich Engels: Über den Antisemitismus (1890). In: Karl Marx, Friedrich Engels: Werke, Bd. 22, Berlin 1972, S. 50
52 Ebd.
53 Na'aman, S. 48f.
54 Mario Kessler: Sozialismus..., S. 93, Fußnote 6

bewusstsein angesehen worden – wogegen Engels sich gewandt hatte. Diese grobschlächtige und auf jeden Fall einseitige Einschätzung schwächte den kritischen Blick auf judenfeindliche Einstellungen innerhalb der Sozialdemokratie; und dies umso mehr, als die Positionen des »späten« Engels keineswegs von allen sozialdemokratischen Theoretikern geteilt wurden. Die Trennlinie zwischen Antikapitalismus und Antisemitismus wurde bisweilen verwischt und war manchmal kaum noch zu erkennen. Zu Recht kritisierte Bernstein eine von Franz Mehring veröffentlichte Definition des Philosemitismus. Dieser sei »... Liebedienerei vor dem kapitalistischen Geldjudentum, Unterstützung eines jüdischen Chauvinismus, Beschönigung von Juden begangenen Unrechts«.[55] Mag auch Mehrings Polemik gegen bestimmte Strömungen innerhalb des Philosemitismus inhaltlich nachvollziehbar sein, so weisen seine Begrifflichkeit und Tonlage doch eine fatale Nähe zu antisemitischen Formulierungen auf.

Im Unterschied zur Gesamtgesellschaft spielte in der Weimarer Republik der Antisemitismus in beiden großen Arbeiterparteien keine bedeutende Rolle. Aber es gab Minderheiten, die mal mehr, mal weniger offen mit antisemitischen Äußerungen hervortraten. Clara Zetkin warnte mit deutlichen Worten vor dem Antisemitismus in der eigenen Partei in einem an den IX. Parteitag der KPD im März 1924 gerichteten Schreiben: »Die ›linke‹ Parteimehrheit vereinigt brüderlich reichlichst Kapisten, Syndikalisten, Antiparlamentarier, bei Lichte besehen – horribile dictu – sogar Reformisten und neuerdings – faschistische Antisemiten.«[56] Dies bestätigte ein Parteitags-Teilnehmer, als er sagte: »Wir haben vereinzelte antisemitische Unterströmungen in der Partei.« Dennoch kommt Mario Kessler in seinem Aufsatz »Sozialismus und Zionismus in Deutschland 1897–1933« zu dem Schluss, dass »diese Tendenzen zu keiner Zeit

---

55 Robert S. Wistrich: Eduard Bernsteins Einstellung zur Judenfrage. In: Heid, Paucker, S. 83

56 Kessler: Sozialismus..., S. 99 Mit »Kapisten« sind Anhänger linksradikaler Parolen gemeint, wie sie von der KAPD, einer frühen Abspaltung von der KPD, vertreten wurden.

bestimmend für die Haltung der KPD zur Judenfrage in Deutschland« wurden.[57]

Dies gilt auch für die SPD. Ähnlich wie die Sozialdemokratie der Jahrhundertwende bewertete die SPD auch später noch, selbst in der Zeit des Faschismus, den Antisemitismus als »missverstandenen Antikapitalismus«. Der Antisemitismus des zur Macht gelangten deutschen Faschismus hat innerhalb der SPD-Führung zu opportunistischen Zugeständnissen geführt. Der in Deutschland verbliebene Teil der Führung schloss im Sommer 1933 kurz vor dem Parteiverbot die jüdischen Vorstandsmitglieder aus.[58] Aber auch innerhalb des Exilvorstandes, der SOPADE, wirkten antijüdische Stimmungen und Vorbehalte weiter fort. Sie artikulierten sich zum Beispiel in dem Vorwurf, die Mehrheit der Juden sei gegenüber der Arbeiterbewegung undankbar, wüsste die Leistungen der SPD für sie nicht zu schätzen. 1938 wiederholte das jüdische Parteivorstandsmitglied der SPD, Friedrich Stampfer, im Neuen Vorwärts, derartige Vorbehalte. Er stellte, wie der Historiker David Bankier zusammenfasst, »der Großzügigkeit des deutschen Sozialismus und dessen Bereitschaft, für die Rechte der Juden zu kämpfen, die Undankbarkeit der Juden selbst gegenüber«. Weiter in der Zusammenfassung von Bankier: »Nur mittellose Juden hätten die Sozialdemokratie unterstützt. Das jüdische Bürgertum sei dem Sozialismus gegenüber reserviert oder im besten Fall gleichgültig geblieben.«[59]

Abgesehen von diesem irritierenden, sogar abstoßenden Klientel-Denken betrachtete die Exil-SPD die starke jüdische Präsenz im Exil als sichtlich unangenehm und schädlich für die eigene Arbeit. So hat SPD-Vorstandsmitglied Wilhelm Sollmann intern erklärt, es diene nicht der Sache, dass von den fünfzig Mitgliedern von Willi Münzenbergs »Volksfront« in Paris die Hälfte Juden seien oder dass der jüdische Journalist Georg Bernhard im Kampf gegen Hitler so

---

57 A. a. O., S. 100
58 David Bankier: Die deutsche Sozialdemokratie und der nationalsozialistische Antisemitismus, 1933–1938 S. 12, in: www.kritiknetz.de/spd_%20german.pdf
59 Bankier, S. 8

sehr hervortrete. Auch andere jüdische Vorstandsmitglieder im Exil teilten Stampfers Zurückweichen vor dem Antisemitismus. Nicht aber der frühere SPD-Politiker Fritz Naphtali, der in einem Brief an den späteren SPD-Parteivorsitzenden Erich Ollenhauer schrieb: »Denn seien wir doch ehrlich. Nicht nur Mitgliedschaft, sondern auch Bekleidung führender Stellen in der SPD und Antisemitismus haben sich nicht ausgeschlossen, dafür haben wir von März bis Juli (1933; d. Verf.) oben und unten in der Partei zu viele Beispiele erlebt, die mir schmerzlicher waren als die Schmähungen der Nazis.«[60]

Trotz der hier nur beispielhaft aufgeführten, antijüdisch geprägten Haltungen und Äußerungen aus beiden großen Arbeiterparteien kommen Arnold Paucker und Ludger Heid in ihrem Vorwort zum Sammelband »Juden und deutsche Arbeiterbewegung bis 1933« zu dem Schluss: »Bei aller Anfälligkeit auch des Proletariats für Judenfeindschaft und antisemitische Vorurteile schneiden SPD und KPD besser ab als jede andere Partei.« Die im oben genannten Sammelband aufgenommenen Untersuchungen wiesen die »Auffassung von einem der sozialistischen Bewegung immanenten Antisemitismus« als einseitig und unhaltbar zurück. Gerade die Arbeiterparteien hätten es noch am ehesten vermocht, »das ›antisemitische Erbe‹ der zu ihnen stoßenden proletarischen Unterschichten zu bewältigen.«[61]

Aus heutiger Sicht ist es schwer nachzuvollziehen, dass der wachsende Antisemitismus in der Weimarer Republik und insbesondere der Antisemitismus der NSDAP von den Linken und ihren Parteien sträflich unterschätzt wurden. Vor allem die Kommunisten sahen ihn nur als taktisches Manöver des Imperialismus an, um die von der Deklassierung bedrohten Mittelschichten zu desorientieren und für die wirklichen Ursachen ihrer Misere einen Sündenbock zu finden. Die Konsequenzen der verheerenden Fehleinschätzung des Faschismus insgesamt und seiner antisemitischen Stoßrichtung haben nicht zuletzt auch viele jüdische Mitglieder mit dem Leben bezahlen müssen.

---

60 A. a. O., S. 13

61 Heid, Paucker, S. VIII

Linke Kritik am Zionismus

Linke Kritik am Zionismus ist so alt wie dieser selbst. Nicht erst bei den Kommunisten, sondern schon bei der europäischen Sozialdemokratie des 19. und frühen 20. Jahrhunderts stieß das zionistische Konzept der territorialen Konzentration der Juden in einem eigenen Staat auf große Skepsis. Die Auseinandersetzung mit dem Zionismus war eingebettet in die Diskussionen über die »nationale Frage«. Der Streit über die Definitionen von Nation, Nationalstaat und das Selbstbestimmungsrecht der Nationen begann damals, in der europäischen sozialistischen Bewegung eine wachsende Rolle zu spielen. Lenin, die österreichischen Sozialdemokraten (Austromarxisten), Rosa Luxemburg und die Protagonisten der späteren II. Internationale haben im Rahmen dieser äußerst kontroversen Diskussionen auch Position zum jüdischen »Bund« und z.T. zu den Zionisten bezogen. Ihr Ausgangspunkt war die Einschätzung von Karl Marx, der im erwachenden Nationalismus nur dann etwas Positives sah, wenn er zur Überwindung des Feudalismus beitrug und der kapitalistischen Produktionsweise zum Durchbruch verhalf. Der Rahmen dafür war der Nationalstaat, der als positive Etappe in der Entwicklung der Produktivkräfte gesehen wurde. Aufgrund des Fehlens einer gemeinsamen territorialen Basis und einer alle Juden verbindenden Sprache kamen Marx und schließlich die sich auf ihn berufende Orthodoxie zu dem Urteil, die Juden seien keine Nation. Ihr Zusammenhalt als besondere Religionsgemeinschaft bestehe durch die Geschichte hindurch aufgrund ihrer spezifisch sozialen und ökonomischen Funktion in der antiken und feudalen wie der sich formierenden frühen kapitalistischen Produktionsweise. Diese Funktion zeichne die Juden mehr als soziale Schicht, denn als Nation aus.

Lenin hatte der rein begrifflichen Definition, ob die Juden eine Nation, eine Nationalität oder eine soziale Schicht darstellten, keine zentrale Beachtung geschenkt. Er bezeichnete die Juden sowohl als Nation als auch als Nationalität. In Russland seien die Juden die »am meisten unterdrückte und gehetzte Nation«, würden »mit Gewalt in der Lage einer Kaste gehalten«. Doch »jüdische Nationalkultur – das ist die Parole der Rabbiner und Bourgeois, die Losung unserer Feinde«. Hingegen haben sich dort, wo die Juden ihre Emanzipation erreicht haben, die »großen universal-fortschrittlichen Züge in der jüdischen Kultur deutlich gezeigt: ihr Internationalismus, ihre Aufgeschlossenheit für die fortschrittlichen Bewegungen des Zeitalters«.[62] Die extreme Unterdrückung der jüdischen Arbeiter – sowie anderer unterdrückter Nationen in Russland – drängte Lenin zu der Forderung, dass zwischen den Arbeitern aller Nationalitäten auf der Grundlage gemeinsamer Klasseninteressen die engste Einheit hergestellt werden müsse, und dies bedeutet für ihn ihre Organisierung innerhalb einer Partei. Die von den Austromarxisten, insbesondere von Otto Bauer propagierte Losung der national-kulturellen Autonomie lehnte Lenin ab, da sie die Tendenz habe, jede Arbeiterklasse mit ihrer eigenen Bourgeoisie zu vereinigen und von ihren Klassenbrüdern und -schwestern anderer Nationalität zu trennen. Otto Bauer wiederum, auf dessen Konzept sich der »Bund« berief, sprach den Juden die Eigenschaft einer Nation ab, weil sie keine sprachliche Einheit bildeten.

Den Zionismus lehnten namhafte Vertreter der Sozialdemokratie wie Karl Kautsky, Plechanow und schließlich die Kommunistische Internationale ab, weil er eine nationalistische Antwort auf den mit Antisemitismus gepaarten europäischen Nationalismus darstelle. Der Zionismus sei nicht in der Lage, so Kautsky, die Judenfrage in Europa zu lösen, sondern weite sie vielmehr auf den Nahen Osten aus. In Palästina werde ein neues »Weltghetto« entstehen. Er stimmte den Zionisten darin zu, dass die Lage der Juden in Russland und Rumänien verzweifelt, ja unerträglich sei. Es sei aber zu fragen, »ob die Gründung eines jüdischen Gemeinwesens dort ihnen bessere Aussichten bietet, als die russische Revolution oder auch nur die Auswanderung nach England oder Amerika«.[63] Auch sei Palästina zu klein, um alle Ostjuden aufzunehmen, denen es überdies an Kapital und Erfahrung für die landwirtschaftliche Produktion mangele.

---

62 Wladimir I. Lenin: Kritische Bemerkungen zur nationalen Frage. In: Lenin Werke Bd. 20, Berlin 1971, S. 10

63 Kessler: Sozialismus…, S. 93 ff.

Prinzipiell hielt er der zionistischen Idee entgegen, dass sie den Gedanken der Assimilation durch Gleichberechtigung verdränge. Das Konzept der Absonderung der Juden von den Nicht-Juden stimme mit den Vorstellungen der Antisemiten überein.[64] Insgesamt sei der Zionismus eine reaktionäre Bewegung, die anstelle des Selbstbestimmungsrechts der Nationen das »historische Recht« einfordere, ein Recht, »das heute überall versagt«. Unter den vielen veralteten Rechtsansprüchen sei »der vermodertste der historische Rechtsanspruch der Juden auf Palästina«. Diese Ablehnung des Zionismus hatte eine politische Auseinandersetzung, aber keine rassistischen Vorbehalte und Einstellungen zur Grundlage; und ob die Argumente der sozialistischen Theoretiker stichhaltig waren oder nicht, – antisemitisch waren ihre Positionen nicht begründet, wenn sie, wie Karl Kautsky, in der Assimilation und der »Auflösung des Judentums« die bessere Lösung sahen.

Der Marxismus ließ bei seiner Definition der Nation außer Acht, dass die Nation auf einer geschichtlichen Vorform, also auch »auf primordialen Eigenschaften« beruht, auf Gemeinsamkeiten in der Kultur, auf gemeinsamen Mythen, Ritualen, Symbolen und religiösen Praktiken, geschichtlichen Erfahrungen und einem kollektiven Gedächtnis. Daher, so Anthony D. Smith 1986[65], »habe es schon zu allen Zeiten, vor der bürgerlichen Moderne, Gemeinschaften gegeben«, »ethnische Kollektive« mit kulturell erkennbaren Gemeinsamkeiten. Entscheidend ist nach Smith, ob eine relevant große Gruppe dieses ethnischen Kollektivs sich selbst als eine Nation fühlt; und dies war der Fall, was die Mehrzahl der Juden in Europa betraf. Marx konnte sich damals in seiner Auffassung bestätigt sehen, weil Europa seinerzeit gerade dabei war, nach der französischen Revolution die Ghettos aufzulösen und den Juden dort, wo die Ideen der französischen Revolution ihre Spuren hinterließen, die Integration in die Gesellschaft zu ermöglichen. Angesichts der starken Assimilierungstendenzen

---

64 Koszyk, S. 77

65 Anthony D. Smith, in: Jacques Picard: Geschichte des Zionismus 1860–1935., S. 13. In: www.jewishstudies.unbas.ch

gerade auch der gebildeten Juden zur Zeit von Marx schien es nur noch eine Frage der Zeit, dass die Juden, rechtlich gleichgestellt, in ihren jeweiligen Gesellschaften aufgingen. Die Modernisierung des Kapitalismus und schließlich der Sozialismus würden die Juden endlich mit der nicht-jüdischen Bevölkerung gleichstellen und ihnen die Assimilierung ermöglichen, was als »Endphase eines normalen fortschrittlichen Prozesses«[66] gesehen wurde. Ressentiments gegen Juden und Antisemitismus würden mit dem Sozialismus vollständig verschwinden. Doch wenn diese Einschätzung für die Zeit von Marx auch nachvollziehbar war, es sollte nicht lange dauern, bis erkennbar wurde, dass der Weg der gesellschaftlichen Integration der Juden weder ohne Widersprüche und Brüche noch in historisch kurzer Zeit ablaufen würde.

Innerhalb der in Deutschland seit dem Ersten Weltkrieg gespaltenen Arbeiterbewegung gab es unterschiedliche Einschätzungen zum Zionismus. Eduard Bernstein näherte sich bis Ende seines Lebens immer mehr zionistischen Positionen an. Die Sozialistischen Monatshefte (1897–1933) und der sozialdemokratische Wirtschaftswissenschaftler Fritz Naphtali vertraten ebenfalls prozionistische Positionen. In den Führungsspitzen der KPD waren prominente Jüdinnen und Juden vertreten, wie zum Beispiel Rosa Luxemburg, Paul Levi, August Thalheimer, Ruth Fischer, Arthur Rosenberg, Werner Scholem und Arkadi Maslow. Sie verstanden sich in erster Linie als Sozialisten, als Kommunisten und hatten sich schon weit von der traditionellen jüdischen Gemeinde und erst recht vom jüdischen Glauben entfernt. Sie vertraten die Haltung der Kommunistischen Internationale. Auch in der sozialdemokratischen Führung waren nicht wenige Juden präsent, so zum Beispiel: Rudolf Hilferding, Friedrich Stampfer, Fritz Napthali, Ernst Heilmann, Paul Hertz und Oskar Cohn. Auch sie verstanden sich in erster Linie als Sozialdemokraten. Differenzen in der Einschätzung des Zionismus spielten in den Auseinandersetzungen innerhalb der deutschen Linken jener Zeit im Großen und Ganzen keine Rolle.

---

66 Alfredo Bauer: Kritische Geschichte der Juden, Bd. 2, Essen 2006, S. 13

Als der Weltverband der Poale Zion in den Jahren 1920 bis 1922 versuchte, Mitglied der Kommunistischen Internationale (Komintern) zu werden, um »als die sozialistische Partei der Juden« anerkannt zu werden, stellte die Komintern ihre Position zum Zionismus klar. Kernstück waren zwei Forderungen an die Poale Zion; die Auflösung des Weltverbands und die Aufgabe des Palästinaprogramms.[67] Von diesen beiden Grundforderungen rückte die Komintern auch in den weiteren Auseinandersetzungen nicht ab, so dass die Verhandlungen scheiterten. Am 25. Juli 1922 rief das Exekutivkomitee der Kommunistischen Internationale (EKKI) die jüdischen Kommunisten auf, die Poale Zion zu verlassen und den Sektionen der Komintern beizutreten.[68]

Unter dem Einfluss der Komintern sollte die Palästinensische KP (PKP) gegen den Zionismus kämpfen, da dieser eine die Klasseninteressen verschleiernde, nationalistische Ideologie darstelle. Dem Zionismus wurde vorgeworfen, er fungiere als Werkzeug des britischen Imperialismus. Die 1931 vom Parteisekretär der PKP vorgetragene Definition ist über lange Phasen auch für die anderen Komintern-Mitglieder verbindlich geblieben: »In Palästina als einem Kolonialland spielt die jüdische nationale Minderheit, die sich unter zionistischem Einfluss befindet, die Rolle einer imperialistischen Agentur zur Unterdrückung der arabischen nationalen Befreiungsbewegung. Dabei ist aber der Zionismus nicht nur ein Werkzeug des britischen Imperialismus, sondern bildet selbst eine kämpferische Vorhut zur Unterdrückung der eingeborenen arabischen Massen und zu ihrer Exploitation und Expropriation.«[69] Im politischen Alltagsgeschäft der KPD spielten die Konflikte zwischen Juden und Palästinensern sowie die ideologischen Auseinandersetzungen um den Zionismus keine Rolle. Und von den realen Vorgängen, z.B.

---

67 EKKI: An die Arbeiter des Jüdischen Kommunistischen Verbandes (Poale Zion) In: Die Tätigkeit der Exekutive und des Präsidiums des E.K. der KI vom 13. Juli 1921 bis 1. Februar 1922

68 Dissertation von Alexander Flores: Die PKP und die arabische Bevölkerung Palästinas, 1919–1948, S. 6, in: www.labournetaustria.at/archiv44.htm

69 Flores, S. 17

während des ersten arabisch-jüdischen Bürgerkriegs 1929, der Rolle der palästinensischen Bruderpartei und der politischen Analyse des Konfliktes, hatte die KPD, wie Mario Kessler nachweist, schlichtweg keine Ahnung. Nicht Antisemitismus, aber Uninformiertheit, Desinteresse und mangelnde Sensibilität im ZK der KPD waren daher auch für die einseitige Berichterstattung im Parteiorgan »Rote Fahne« verantwortlich.[70]

---

70 Mario Kessler: Die KPD und der Antisemitismus in der Weimarer Republik. In: Utopie kreativ, H. 173 (März 2005), S. 16

III. Schauplatz Palästina

Zur Geschichte Palästinas bis zum Ende des Osmanischen Reiches

Zum besseren Verständnis der historischen Wurzeln des Nahost-Konfliktes soll die Geschichte Palästinas in einigen Stichworten skizziert werden:

Nach dem letzten jüdischen Aufstand gegen die Römer unter Bar Kochba in den Jahren 132–135 u. Z. wurden Zehntausende Juden getötet, zahllose Juden auch als Sklaven verkauft und deportiert, insbesondere wenn sie der jüdischen Elite aus Jerusalem angehörten. Dennoch blieb eine substanzielle jüdische Gemeinschaft in Palästina bestehen, denn die jüdische Landbevölkerung existierte fort und prägte das Land. Die römischen Besatzer ergriffen verschiedene Maßnahmen, um die Erinnerung der Juden an ihr Königreich (141–63 v. u. Z.) und ihre Identität auszulöschen. Dazu gehörte, dass sie den Namen der römischen Provinz Judäa in Palästina umwandelten. Dennoch verlor diese Region nur allmählich, nach einigen Jahrhunderten, ihre jüdischen Charakterzüge. Auswanderungen, vor allem aber Konvertierung zum Christentum oder später zum Islam, sind Ursache für diesen Wandel. Jüdische Ansiedlungen und Gemeinden, auch die Migration von Juden nach Palästina hat es in unterschiedlichem Umfang über alle Jahrhunderte hinweg gegeben – auch vor der Herausbildung der zionistischen Bewegung. Als Band zwischen den jüdischen Gemeinden in der Diaspora wirkten vor allem die Religion und das von ihr strukturierte Gemeindeleben mit seinen sprachlichen und kulturellen Traditionen.

Zu Beginn des 16. Jahrhunderts wurde Palästina Teil des Osmanischen Reiches – und blieb es bis Ende des Ersten Weltkrieges. Auch nach dem Zusammenbruch des Osmanischen Reiches existierte Palästina bis zum Beginn des britischen Völkerbundmandats ab 1920 zunächst nur als geografische Region; es war ein Kreis innerhalb des Bezirkes Damaskus, der in etwa das heutige Syrien bildet.

Europas Drang nach Nahost

Den Drang nach dem Nahen Osten verspürten im 19. Jahrhundert alle imperialen Mächte Europas. Zwischen dem Indischen Ozean und dem Mittelmeer gelegen, als Scharnier zwischen Asien, Europa und Afrika war der Nahe Osten ein umstrittenes Gebiet. Die Begehrlichkeiten nahmen mit der Entdeckung des Erdöls an Stärke zu. Schon früh sicherte sich Großbritannien strategische Positionen im Nahen Osten, zunächst um sein Kronjuwel Indien zu schützen. In Rivalität mit Frankreich besetzte es Aden, heute Jemen, und übte an der Golfküste Polizeifunktion gegen Piraten aus. Als die Briten 1882 Ägypten eroberten, konnten sie ihre Positionen gegenüber den französischen Konkurrenten ausbauen. Zuvor, 1869, hatte Frankreich den Suezkanal bauen lassen. Nun herrschten die Briten über diese wichtige Lebensader. Auch Russland drängte in den Nahen Osten.1828 stand es mit Persien in einem militärischen Konflikt. Mit dem Osmanische Reich führte es dreimal Krieg: 1828–29, 1853–56 und 1877–78. Im Krimkrieg von 1853–1856 stieß Russland im Schwarzen Meer mit den Osmanen, Großbritannien, Frankreich und Italien zusammen. Russland versuchte, in Richtung Kaukasusregion, Kaspisches Meer und in Richtung Kasachstan und Tadschikistan zu expandieren. Sein Hauptziel war allerdings der Zugang zum Indischen Ozean via Afghanistan und Indien. Das führte zu einem Interessenkonflikt mit den Briten.

Für das deutsche Hegemonialstreben in Richtung Nahost spielte das Osmanische Reich eine Schlüsselrolle. Das deutsche Kaiserreich unterstützte die Osmanen vor allem bei der militärischen Modernisierung, schloss mit ihnen einen militärischen Beistandspakt und wurde dafür mit der Vergabe von Infrastrukturprojekten »belohnt«, von denen die Bagdadbahn das bekannteste ist. Die Bagdadbahn, die in der heutigen irakischen Stadt Basra am Persischen Golf endete, war eine gefährliche Herausforderung für die britische Herrschaft über Indien. Deutschland hatte begonnen, sich am weltpolitisch empfindlichsten Punkt für Großbritannien, der Schnittstelle von Zentralasien, Persien, Indien einerseits und Ägypten andererseits, festzusetzen.

Der heilige Krieg »à la franga«

Am 14. November 1914, zwei Wochen nach dem Eintritt des Osmanischen Reiches in den Ersten Weltkrieg, wurde in Konstantinopel zum »heiligen Krieg« aufgerufen. Eine kuriose Prozession mit fragwürdigen Teilnehmern, die einen Zug des Propheten Mohammed und einer seiner Frauen, Ayshe, nachstellten, zog von der Moschee Mehmeds des Eroberers zur deutschen Botschaft. Dort lobpries die Menge den deutschen Kaiser als Verbündeten, um danach zur österreichischen Botschaft weiterzuziehen. Die ausländischen Beobachter der Show reagierten teils amüsiert, teils verwirrt. Aber allen war klar, dass diese Proklamation des »heiligen Krieges« für die gesamte islamische Welt dem starken Wunsch der christlichen Mächte Deutschland und Österreich entsprungen war. Türkische Beobachter sollen diese Aktion als »heiligen Krieg à la franga« (auf fränkisch, d. h. deutsch) verhöhnt haben.[71] Diese Propagandashow war ein Produkt der »Nachrichtenstelle für den Orient« im Auswärtigen Amt des deutschen Kaiserreiches. Diese Einrichtung war betraut mit »Nachrichtenbeschaffung und Nachrichtenauswertung hinsichtlich der wirtschaftlichen, politischen und militärischen Lage«, Propaganda und Gegenpropaganda und »Aufwiegelung der muslimischen Bevölkerung in den

---

71 Gottfried Hagen: German Heralds of Holy War: Orientalist and Applied Oriental Studies. In: Comparative Studies of South Asia, Africa and the Middle East, 24:2, 2004

überseeischen Besitzungen Frankreichs und Großbritanniens von Nordafrika bis Indien«.[72] Die muslimischen Untertanen in den britischen und französischen Kolonien und Einflussgebieten sollten im Krieg zum Überlaufen aufgewiegelt werden und zur Revolte gegen diese christlichen und anti-islamischen Mächte. Zu diesem Zwecke wurden auch Stammesführer und islamische Würdenträger mit finanziellen Zuwendungen bestochen.

Die Idee, den »heiligen Krieg« für deutsche Imperialinteressen zu nutzen, soll auf den Amateur-Orientalisten und Diplomaten Max Freiherr von Oppenheim zurückgegangen sein, der für die »Nachrichtenstelle für den Orient« arbeitete.[73] Das deutsche Interesse, so Gottfried Hagen, die Ergebnisse der Orientalistik politisch zu nutzen, ging parallel »mit der wachsenden politischen Dimension des Islams, des Pan-Islamismus«. Dieser irritierte die Kolonialmächte mit großer islamischer Bevölkerung, insbesondere wenn die Deutschen auf dieser Klaviatur spielten. »Die berühmte Rede von Wilhelm II. 1898 in Damaskus, in dem er sich zum ewigen Freund der 300 Millionen Moslems erklärte, wurde weltweit als Ermutigung des Pan-Islamismus angesehen – und als Drohung insbesondere gegen England«. Allerdings erfüllten sich die Hoffnungen Kaiser Wilhelms II. nicht, der während der Juli-Krise 1914 wähnte, »die gesamte islamische Welt durch einen wilden Aufstand zu entflammen«.[74]

Die von der Deutschen Bank finanzierte Bagdadbahn von Konstantinopel nach Basra hatte nicht nur die wirtschaftliche Erschließung der Region durch deutsches Kapital zum Ziel, sondern tangierte auch die militärstrategische Vorherrschaft im Nahen Osten – und damit auch die Frage, wer den Zugriff auf

---

72 Al-Gihad – eine deutsche Propagandazeitung im 1. Weltkrieg. In: Die Welt des Islams, XX, 3-4

73 Hagen, S. 149

74 Ebd.

das Erdöl haben würde, dessen reiche Vorkommen in Mesopotamien seit 1902 bekannt waren. Die Bagdadbahn beeinträchtigte unmittelbar die britischen Interessen. »Diese Eisenbahnlinie schuf zum ersten Mal eine moderne, wirtschaftliche Verbindung zwischen Konstantinopel und dem asiatischen Hinterland des Osmanischen Reiches. Über Bagdad und Kuwait hinaus geführt, hätte diese Linie der billigste und schnellste Verkehrsweg zwischen Europa und Indien werden können«.[75] Der britische Militärberater in Serbien, R. G. D. Laffan, warnte, dass diese Verkehrsverbindung »für eine Seemacht unangreifbar wäre«. Außerdem würde »Russland ... durch diese Barriere von England und Frankreich, seinen Freunden im Westen, abgeschnitten«. Vor allem fürchtete Laffan: »Die deutsche und türkische Armee könnte leicht auf Schussweite an unsere Interessen in Ägypten herankommen. Vom Persischen Golf aus würde unser indisches Empire bedroht. Der Hafen von Alexandropoulos und die Kontrolle über die Dardanellen würde Deutschland im Mittelmeerraum bald eine enorme militärische Seemacht verleihen.«[76] Die Bagdadbahn, wenn erst einmal fertig gestellt, würde mitten durch die mesopotamischen Erdöl-Gebiete führen. Deshalb übten deutsche Unternehmen in den Jahren 1912 und 1913 Druck auf den Reichstag aus, »eine staatliche Gesellschaft zur Erschließung und Nutzung dieser Öl-Quellen zu gründen. Sie wurden vor allem durch die SPD-Opposition hinausgezögert und bis zum Ausbruch des Ersten Weltkrieges verschleppt«. Nach einem Plan der Deutschen sollte das Öl per Bahn nach Deutschland transportiert werden – auf diese Weise konnte eine britische Seeblockade umgangen werden.[77]

---

75   F. William Engdahl: Mit der Bahn von Berlin nach Bagdad. In: Studien von Zeitfragen, 37. Jg. 2002, S. 2. In: www.jahrbuch2002.studien-von-zeitfragen.net/Weltmacht/Bagdadbahn/bagdadbahn.html

76   Ebd.

77   Engdahl, S. 4

Der schleichende Machtverfall des Osmanischen Reiches war entscheidend für die nationalen Befreiungsbewegungen an seiner Peripherie. Während des 19. Jahrhunderts erkämpften immer mehr Völker ihre volle oder teilweise Unabhängigkeit von den Osmanen: Griechenland, die Völker auf dem Balkan, Rumänien. Ein großer Teil des Nahen Ostens und Nordafrikas stand aber bis zum Ersten Weltkrieg noch unter der Oberhoheit des Osmanischen Reiches. Doch die Jungtürken-Regierung, selbst ein Produkt des Reichszerfalls, brachte mit ihrer extrem nationalistischen Politik zunehmend auch die arabischen Untertanen gegen sich auf. Als sich dann im Verlauf des Ersten Weltkrieges die militärische Niederlage Deutschlands und der Zusammenbruch des Osmanischen Reiches abzeichneten, war es für Großbritannien ein Leichtes, die Araber auf seine Seite zu ziehen, indem es ihnen die Unabhängigkeit in einem gesamtarabischen Staat versprach, wenn sie an der britischen Seite gegen das Osmanische Reich in den Krieg zögen. Zugleich begannen Frankreich und Großbritannien, Pläne für die territoriale Aufteilung des Nahen Ostens zu schmieden. Die den Arabern gegebenen Versprechen spielten dabei schon keine Rolle mehr. Zu den britischen Plänen gehörte die Einverleibung des Gebietes, das später Palästina wurde. Palästina war ein zentraler strategischer Knotenpunkt. Es war das Bindeglied zwischen Asien, Afrika und Europa und es war ein Schutzschild für den britisch beherrschten Suezkanal. Zudem galt es, über Palästina das Erdöl des Iraks zu sichern, das als primärer Energieträger bereits begonnen hatte, die Kohle zu ersetzen. Insbesondere die britische Flotte rüstete vom Dampf- zum Dieselantrieb um.

Palästina Ende des 19. Jahrhunderts

Ende des 19. Jahrhunderts lebten die überwiegend muslimischen Palästinenser zu etwa 60 Prozent in ländlichen Regionen – als Fellachen, Kleinpächter, die ihren Grundherren bis zu 30 Prozent ihrer Ernteerträge als Pacht abzuliefern hatten; zusätzlich zum »Zehnten« mussten sie an den osmanischen Staat Steuern auf Grund und Boden,

Gebäude, Vieh und Wegenutzung bezahlen. Die Großgrundbesitzer verfügten nicht nur über etwa 90 Prozent des landwirtschaftlich genutzten Bodens und einen Großteil seines Ertrages, sondern waren auch als »natürliche« Verbündete der osmanischen Kolonialherren Teilhaber an deren militärischer und juridischer Gewalt. Das heißt: Die rechtlose Landbevölkerung war ihnen auf Gedeih und Verderb ausgeliefert.

Die palästinensischen Zwischenschichten besiedelten überwiegend die Städte: Kaufleute und Intellektuelle, Handwerker und Arbeiter.[78] Die Zahl der dort ansässigen Juden wird auf höchstens 30.000 geschätzt, während Palästina knapp 500.000 Einwohner zählte. Unter den Juden befanden sich etwa 10.000 ultraorthodoxe, Jiddisch sprechende aschkenasische Juden und 10.000 alteingesessene, Arabisch sprechende orientalische Juden. Die jüdischen Stadtbewohner schlugen sich müh-

Juden in Palästina/Israel[79]
(ab Staatsgründung Israels 1948 ohne Westjordanland und Gazastreifen

Jahr	Araber	Juden	Insgesamt
1882	426.000	24.000	450.000
1914	600.000	85.000	685.000
1922	668.000	84.000	752.000
1935	953.000	355.000	1.308.000
1945	1.256.000	554.000	1.810.000
1948	156.000	650.000	806.000
1956	204.000	1.668.000	1.872.000
1964	286.000	2.239.000	2.525.000
1976	555.000	3.020.000	3.575.000
1984	728.000	3.472.000	4.200.000
1992	935.000	4.243.000	5.196.000

---

78 Robbe, S. 8f.
79 Israel. Allgemeine Länderkundliche Informationen. In: www.catholin.com.

sam als Handwerker, als »Luftmenschen« und auch als Bettler durch. Etwa 10.000 frühe jüdische Pioniere waren schon Ende des 19. Jahrhunderts während der ersten »Alija« aus wirtschaftlichen Gründen und als Folge antisemitischer Pogrome in Russland nach Araber und) Palästina gekommen. Diese Pioniere begannen mit der Umsetzung des zionistischen Projektes im Land. Ohne die finanzielle Unterstützung durch den französischen Bankier Rothschild wären sie indessen nicht in der Lage gewesen, Boden aufzukaufen, um eine eigene Landwirtschaft zu entwickeln.

Zur Entstehung der arabischen Nationalbewegung in Palästina

Die allmähliche Einwanderung jüdischer Siedler im 19. Jahrhundert war zunächst von Seiten der palästinensischen Einheimischen mehr oder weniger akzeptiert worden. Auf Kritik stieß die Genehmigung der osmanischen Zentralregierung in Konstantinopel, jüdischen Siedlern Land zu verkaufen, und die Konkurrenz um die Arbeitsplätze verunsicherte nicht wenige Palästinenser. Es gab aber auch wirtschaftliche Kooperation und manche Palästinenser, die sich der osmanischen Oberherrschaft entledigen wollten, mochten auch hoffen, dass es zu einer Zusammenarbeit mit den jüdischen Siedlern kommen möge. Je deutlicher die zionistischen Konturen der jüdischen Einwanderung wurden, desto schwieriger und konfliktreicher wurde aber das Zusammenleben.

Die arabische Aristokratie, die über Bodeneigentum verfügte, aber in der Stadt lebte und sich nicht um die Landwirtschaft kümmerte, bestand aus einer kleinen Gruppe von sich heftig bekämpfenden Familien, unter denen die Hussaini und die Naschaschibi die einflussreichsten waren. Sie betätigten sich in den Städten als Kreditverleiher und Immobilienspekulanten. Mit dieser feudalen Oberschicht verbunden war eine kleine städtische Elite. Zu Beginn des 20. Jahrhunderts wuchs die städtische Bevölkerung rasch an, mit ihr die Zahl der Handwerker, Arbeiter und des Lumpenproletariats. Die nomadischen Beduinen standen de facto außerhalb dieser feudalen Sozialstruktur. Der Verkauf von Land durch die arabischen Grundbesitzer an die jüdischen Siedler war begleitet von der Vertreibung der Fellachen von dem Land, das sie bearbeiteten. Viele von ihnen mussten ihr Leben als Bettler in den städtischen Slums fristen; sie erhöhten die wachsende Zahl der Unzufriedenen, deren Wut sich gegen »die Juden« richtete. Die Bodentransaktionen der arabischen Feudalherren fanden ebenso wie deren Kontakte zu den Briten im Geheimen statt, während in der Öffentlichkeit jeder kleine arabische Bodenbesitzer, der Boden an Juden verkaufte, als Verräter gebrandmarkt wurde, wenn ihm nicht sogar schlimmeres drohte.[80]

Die 1918 zunächst in Jaffa und Jerusalem gebildeten »Muslimisch-Christlichen Vereinigungen« hoben hervor, dass sich die jüdischen Siedler in die gegebenen Strukturen einordnen müssten. Für eine eigene Heimstatt gebe es keinen Platz. Der Erste Palästinensische Nationalkongress (1919) lehnte die Balfour-Deklaration (vgl. dazu S. 64f.) ab. Im Dezember 1920 wählte der Kongress einen Arabischen Exekutivrat, der von der Hussaini-Familie dominiert wurde. Die palästinensische Nationalbewegung, so Weinstock, degenerierte so »auf Grund der feudalen Struktur der arabischen Gesellschaft zu einem Instrument für die Interessen ausschließlich der Hussaini-Familie.« Muhammad Amin al-Hussaini, der spätere berüchtigte Mufti von Jerusalem, war einer der einflussreichsten Repräsentanten der feudalen Palästinenser, der sowohl mit den Briten zusammenarbeitete, als auch den Landverkauf an Juden als Verrat geißelte und gleichzeitig von ihm profitierte. Die antijüdische, antisemitische Tendenz innerhalb der palästinensischen Nationalbewegung, die mit dem Namen des Muftis verknüpft ist, kompromittierte den »historisch fortschrittlichen Charakter« der Bewegung und schwächte ihre Stoßrichtung gegen den britischen Imperialismus und die eigene arabische Reaktion ab.[81]

---

80 Nathan Weinstock: Die arabische Nationalbewegung in Palästina zwischen den beiden Weltkriegen, S. 5, in: www.trend.infopartisan.net/trd0804/220804.html

81 A.a.O., S. 6f.

Die arabischen Bewohner Palästinas verstanden sich nicht als Palästinenser; die sich allmählich entwickelnde Nationalbewegung sah sich als Teil der gesamten arabischen Nationalbewegung, in der der Traum von einem staatlich vereinten, von ausländischen Mächten unabhängigen Arabien lebendig war. Eine spezifisch palästinensische Identität entstand erst später, nach dem israelisch-arabischen Sechs-Tage-Krieg von 1967, und zwar aus der Erkenntnis, dass die arabischen Staaten, die sich inzwischen herausgebildet hatten, mit ihren jeweiligen nationalen Interessen die Palästinenser und ihren Wunsch nach einem eigenen Staat nicht zuverlässig unterstützen würden.

Die 1920 vom Völkerbund eingesetzte britische Mandatsmacht für Palästina wies die Forderungen der arabisch-palästinensischen Nationalbewegung zurück, die auf die Bildung einer nationalen Regierung und eines Parlaments drängte, das von Moslems, Christen und Juden zu wählen sei. Diese Regierung habe darüber zu befinden, ob eine weitere jüdische Einwanderung gestattet werden solle. Die negative britische Haltung löste eine Radikalisierung der Nationalbewegung aus. So vertrat die Unabhängigkeitspartei, in der Intellektuelle und Vertreter der Klein- und Mittelbourgeoisie ihre politische Repräsentanz sahen, eine konsequente antibritische und antizionistische Haltung. In den 30er Jahren machte eine radikale Bewegung der Unterschichten, von Bauern, Arbeitern, Landlosen und Handwerkern unter Führung von Izz ad-Din al-Qassam auf sich aufmerksam. Sie begann in den Bergen einen Guerillakrieg gegen die Juden und christlichen Araber. Nach der Ermordung Qassams und zweier Mitstreiter (1935) spitzten sich die sozialen und politischen Auseinandersetzungen zu. Wachsender arabischer Widerstand richtete sich gegen die seit 1932 an Umfang deutlich zunehmende Einwanderung von Juden und die Verdrängung der arabischen Arbeiter aus dem Arbeitsmarkt infolge der Wirtschaftskrise und des zionistischen Konzepts. Er mündete in die Revolte von 1936 bis 1939. Sie wurde ausgelöst durch die Ermordung zweier Juden durch arabische Räuber im April 1936. Anlässlich der Beerdigung der beiden Opfer in Tel Aviv verschärften sich die Spannungen, die sich in Gewaltaktivitäten beider Seiten entluden. Der wenig später von einem Nationalen Komitee in Nablus ausgerufene Generalstreik forderte von den Briten, die jüdische Einwanderung zu stoppen. Der Streik wurde vom arabischen Bürgertum und von Komitees in Syrien, Libanon, Irak, Ägypten und Transjordanien unterstützt. »Der Zionismus wirkt wie ein mächtiges Stimulans für den Nationalismus in diesem Gebiet«, schreibt Weinstock. »Er ist begleitet von einem Boykott gegenüber dem jüdischen Gemeinwesen ... man sieht erneut, dass der palästinensische Nationalismus sich nicht völlig von seinem chauvinistischen Aspekt zu trennen wusste«[82] – und darin unterschied er sich nicht vom jüdischen. Als sich der Streik zur Rebellion ausweitete, startete das britische Militär eine Gegenoffensive. Streikführer und das arabische Hochkomitee wurden verhaftet, der Schutz der Juden verstärkt, Militärgerichte geschaffen. Den Arabern wurde das Tragen von Waffen bei Todesstrafe verboten. Gegen die arabische Guerilla, der es gelungen war, die britische Zivilmacht aus vielen arabischen Ortschaften zu vertreiben, setzten die Briten schließlich die Luftwaffe ein. Nachdem die arabische Feudalaristokratie der Revolte ihrer Unterstützung entzogen hatte und die kämpfenden Fellachen auch von der städtischen Bourgeoisie im Stich gelassen worden waren, konnten die Briten die Revolte niederschlagen.[83]

Die arabische Nationalbewegung zerfiel infolge dieser Niederlage. Der Aufstand hatte unter der Führung des Hussaini-Clans gestanden; viele seiner Mitglieder wurden von den Briten verhaftet. Nicht aber der Mufti von Jerusalem, der nach Syrien fliehen konnte und dort das Hochkomitee neu gründete. Er näherte sich immer mehr den Nazis an, was die Briten nicht hinderte, diskret ihre Hand über ihn und seinen Clan zu halten. Die Kollaboration des Muftis mit den Nazis hat der palästinensischen Nationalbewegung einen verheerenden, bis in die Gegenwart nachwirkenden Schaden zugefügt – politisch und moralisch. Diese Auffassung vertrat auch Abu Ijad, einer der Stellver-

---

82   Weinstock: Die arabische..., S. 9
83   A.a.O., S. 10f.

treter Yasser Arafats, der sich ausdrücklich von Hussaini distanzierte. Dessen Kollaboration sei ein Fehler gewesen, »den wir alle mit größtem Nachdruck verurteilen«.[84]

Der Namen Hussainis verweist auf die Zwiespältigkeit der palästinensischen Nationalbewegung. Dies gilt aber auch für die jüdische. Führende Zionisten waren sich dessen durchaus bewusst. Tamar Amar-Dahl zitiert in diesem Zusammenhang den langjährigen israelischen Außenminister Moshe Sharett, den sie als den »Zionisten par excellence« bezeichnet, mit den Worten: Sharett sei sich der Problematik und der Zwiespältigkeit des Zionismus bewusst. Er löse »ein Problem des einen Volkes, zugleich aber richtet er das andere zugrunde«.[85]

Britische Palästina-Politik

Noch unter osmanischer Oberhoheit hatte Palästina zu Beginn des 19. Jahrhunderts das Interesse der wirtschaftlich expandierenden großen europäischen Mächte auf sich gezogen. Während des Ersten Weltkrieges, in dem die Osmanen als Verbündete an der Seite Deutschlands standen, sahen die Briten ihre Kommunikationswege, die über das Ostufer des Suezkanals und die Ostküste des Roten Meeres verliefen, bedroht. Um die Araber als Bündnispartner im Krieg zu gewinnen, hatten sie ihnen Hilfe versprochen, wenn sie gegen die osmanische Herrschaft rebellieren würden. Aber auch den Zionisten und ihren Hoffnungen auf eine nationale Heimstatt machten sie Zusagen – mit der Balfour-Deklaration von 1917. Das waren zwei einander widersprechende Zusagen, die über kurz oder lang die Briten fast zwangsläufig in die Zwickmühle bringen mussten.

Doch zunächst schien ihre Rechnung aufzugehen. Im Dezember 1917 rückten sie in Jerusalem ein, während die verbündeten Araber

---

84 Robbe, S. 25
85 Tamar Amar-Dahl: Moshe Sharett – Diplomatie statt Gewalt. München 2003, S. 44

unter Emir Feisal die Türken nach Norden zurückdrängten und 1918 Damaskus einnahmen. Der Zusammenbruch des Osmanischen Reiches am Ende des Ersten Weltkrieges versetzte Großbritannien als eine der Siegermächte in die Lage, seine Machtinteressen durch einen verstärkten Zugriff auf Palästina, das es während des Krieges militärisch erobert hatte, abzusichern und zu erweitern. Von Palästina aus wollten die Briten auch die jüngst entdeckten Ölquellen Mesopotamiens kontrollieren. »Von dieser Art ist das britische Interesse«, so schrieb der britische Theologe und Historiker James Parkes 1940, »ein Interesse, das mit dem übereinstimmt, das in der Vergangenheit zur britischen Kontrolle von Gibraltar, Malta oder Singapur geführt hat.« Gegenüber dieser Lebensader eines »weltweiten Empires« könne Großbritannien nicht indifferent sein. »In früheren Tagen hätte es einfach das Land nach seiner Eroberung annektiert. In diesem Falle erhielt es das Land nach dem Krieg vom Völkerbund als Mandat.«[86]

Das Sykes-Picot-Abkommen

Durch indirekte Einflussnahme und direkte Einmischung in die arabischen Provinzen des Osmanischen Reiches hatten Frankreich, England und auch die USA zur Destabilisierung des Osmanischen Reiches beigetragen. Die Jungtürken-Regierung trat 1914 auf der Seite von Deutschland und Österreich in den Ersten Weltkrieg ein, um sich von der »Dominanz fremder Mächte (zu) befreien und die Ansätze regionaler Autonomie zunichte« zu machen, die natürlich »bei den Europäern bereitwillige Unterstützung« fand.[87] Um die Grenzen zwischen den britischen und französischen Einflusszonen einerseits und den arabischen Staaten andererseits festzulegen, wurden François Georges Picot und Mark Sykes mit Verhandlungen beauftragt,

---

86 James Parkes: Palestine, Oxford Pamphlets on world affairs Nr. 31
87 Henry Laurens: Der Nahe Osten à la carte, in: Le Monde diplomatique Nr. 7028 vom 11.04.2003, S. 14-15

die sich über Monate hinziehen sollten. Das Abkommen wurde später durch den wechselhaften Kriegsverlauf modifiziert. Am 16. Mai 1916 einigten sich beide Seiten auf das »Sykes-Picot-Abkommen«, das folgende Absprachen hinsichtlich der Einfluss- und Schutzzonen enthielt:

- Das Gebiet zwischen der syrischen Küste und Anatolien wird der direkten Verwaltung Frankreichs unterstellt.
- Palästina wird internationales Protektorat.
- Die irakische Provinz Basra und eine palästinensische Enklave um Haifa werden der direkten britischen Verwaltung unterstellt.
- Die unabhängigen arabischen Staaten werden in zwei Schutzzonen aufgeteilt und England bzw. Frankreich zugeordnet.
- England wird es ermöglicht, eine Eisenbahnlinie von Bagdad nach Haifa zu bauen.

Italien und Russland hatten diesem Geheim-Abkommen Zustimmung signalisiert.

Anfang 1917 begannen die Briten mit der Eroberung Palästinas. Der Kriegsverlauf zeigte, dass der Zugang zu Erdöl schon für diesen Krieg, noch mehr für künftige, von ausschlaggebender Bedeutung war. Nach Ende des Ersten Weltkrieges rückte die Frage in den Vordergrund, wer von den Siegermächten in welcher Form Zugriff auf die inzwischen bekannt gewordenen Erdölvorkommen in Mesopotamien bekommen sollte. Im Wesentlichen wurde diese Frage zwischen Frankreich und Großbritannien ausgehandelt. Der Völkerbund schuf die Institution des Mandates, das einer »zivilisierten« Macht für eine festgelegte Zeit die Kontrolle über das Mandatsgebiet ermöglichte, allerdings mit der Auflage, dieses Gebiet in die Unabhängigkeit zu überführen.

Die von Henry Laurens zitierten Tagebuchnotizen des britischen Regierungssekretärs Maurice Hankey vom 11. Dezember 1920 schildern das Gespräch, in dem sich beide europäische Großmächte schließlich einigen:

Hankey notierte: »Am Ende des Waffenstillstandes setzen Clemenceau (französischer Ministerpräsident und Kriegsminister, d. Verf.) und (General, d. Verf.) Foch über (nach England); sie werden begeistert und mit allen militärischen Ehrenbezeugungen öffentlich empfangen. Man geleitet Lloyd George (britischer Premierminister, d. Verf.) und Clemenceau zur französischen Botschaft... Als sie allein sind ..., sagt Clemenceau: ›Gut. Worüber müssen wir noch reden?‹ – ›Über Mesopotamien und Palästina‹, sagt Lloyd George. – ›Können Sie haben‹, sagt Clemenceau. ›Sonst nichts?‹ – ›Doch, ich will auch Jerusalem‹, fährt Lloyd Georg fort. ›Können Sie auch haben‹, antwortet Clemenceau, aber Pichon (der französische Außenminister, d. Verf.) wird Schwierigkeiten machen wegen Mossul.‹ Es gibt weder schriftliche Aufzeichnungen noch ein Memorandum über diesen Moment«, schreibt Hankey weiter, dennoch hätten beide Seiten niemals auch nur ein Wort dieser Vereinbarung zurückgenommen.

Auf der Konferenz von San Remo im April 1920 wurden nach langwierigen Verhandlungen die im Sykes-Picot-Abkommen vereinbarten Grenz- und Einflusslinien festgelegt. Dabei wurde die palästinensische Grenze nach Norden verschoben, Transjordanien sollte Palästina mit dem Irak verbinden, »sodass ein Korridor entstand – kurzfristig, um die Flugstrecke nach Indien zu sichern, mittelfristig um eine Pipeline zu bauen, die das Erdöl vom Irak zum Mittelmeer transportieren sollte, die Idee einer Eisenbahn war von der Zeit überholt worden. An dem mit der Erdölförderung betrauten Konsortium sollten Franzosen mit einem Viertel der Anteile (später 23,75 Prozent) beteiligt sein.« [88]

---

88 Laurens, ebd.

So hatten Großbritannien und Frankreich, mit Zustimmung von Italien und Russland, schon 1916 im Sykes-Picot-Abkommen eine geheime Vereinbarung über die Aufteilung des Osmanischen Reiches getroffen. Nach dessen Kapitulation besetzte Großbritannien Palästina und den Irak, Frankreich den Libanon und Syrien. Russland war durch die Oktoberrevolution aus dem Kreis der Kolonialmächte ausgeschieden.

Im November 1917 erklärte der britische Außenminister Arthur Balfour in einem Brief an Lionel Rothschild, einen prominenten britischen Zionisten, die britischen Sympathien für das zionistische Vorhaben, in Palästina eine »Heimstätte für das jüdische Volk zu schaffen«. Dieser Brief wurde als Balfour-Deklaration bekannt. Die britische Regierung sicherte darin zu, ihr Bestes zu tun, um »die Erreichung dieses Ziels zu erleichtern, wobei, wohlverstanden, nichts geschehen soll, was die bürgerlichen und religiösen Rechte der bestehenden nicht-jüdischen Gemeinschaften in Palästina oder die Rechte und den politischen Status der Juden in anderen Ländern in Frage stellen könnte«. Diese Erklärung ließ fast alle konkreten Fragen offen – wie die nach dem Umfang der Einwanderung oder den institutionellen Formen und möglichen Grenzen des jüdischen Gemeinwesens. Auch rechtliche und wirtschaftliche Fragen, um nur einige Probleme zu nennen, wurden nicht geregelt. Immerhin war so viel klar, dass die Rechte der Palästinenser durch die jüdische Einwanderung nicht in Frage gestellt werden sollten.

Balfour und der Sinn der jüdischen Heimstätte in Palästina

Ernest Laharanne, Napoleons III. Privatsekretär, hatte den Aufbau eines jüdischen Staates propagiert, der sich von Suez in Ägypten bis zur Stadt Smyrna, dem heutigen türkischen Izmir erstrecken sollte. Baron Rothschild, der schon vor Gründung der zionistischen Bewegung eine große Anzahl von Siedlungsprojekten in Palästina initiiert hatte, handelte im Sinne dieser französischen Interessen. In Großbritannien wurde im Jahr 1844, inspiriert durch Lord Shaftesbury, die »Englische und ausländische Gesellschaft zur Unterstützung der Neugründung der jüdischen Nation in Palästina« gegründet. Sie trat gegenüber den englischen Machthabern für eine jüdische Niederlassung in Palästina ein, die unter dem Schutz der Großmächte stehen sollte. Noch vor dem Ausbruch des Ersten Weltkrieges weitete die zionistische Bewegung ihre diplomatischen Aktivitäten aus. Nach vergeblichen Versuchen, die Mittelmächte als Partner zu gewinnen, nahm sie eine probritische Haltung ein. Infolge dieser Annäherung boten die Briten die Besiedlung von El-Arish auf der Sinai-Halbinsel sowie Uganda an. Beides wurde von der Mehrheit der zionistischen Bewegung, vor allem der in Osteuropa, vehement abgelehnt. So kühlten sich zunächst die Beziehungen wieder ab, ohne aber vollständig abzureißen. Vierzehn Jahre später sollte es zur Balfour-Erklärung der Briten kommen. Sie gaben der zionistischen Bewegung das, was sie schon immer gewünscht hatte: ein verbrieftes Recht zur Errichtung einer jüdischen Heimstätte in Palästina, die unter dem Schirm einer internationalen Schutzmacht stehen soll. Chaim Weizmann führte während des Ersten Weltkrieges die Geheimverhandlungen mit der britischen Regierung, die dann die Balfour-Erklärung abgab. Die Verhandlungen mussten deshalb geheim bleiben, weil Weizmann von der zionistischen Bewegung dazu nicht autorisiert war. Da deren Führungspersönlichkeiten und Mitglieder in beiden kriegführenden Lagern vertreten waren, hatten sie sich entschlossen, eine neutrale Haltung im Krieg einzunehmen. Weizmann und seine Verbündeten innerhalb der zionistischen Bewegung waren sich der Bedeutung eines Bündnisses mit England völlig bewusst. Weizmann erklärte später: »Was wir wollten, war ein britisches Protektorat, und ein jüdisches Palästina wäre ein Schutz für England, besonders hinsichtlich des Suezkanals.«[89]

---

[89] Chaim Weizmann: Naissance d'Israel, 5 e ed. Paris 1957, S. 234-244, in: Nathan Weinstock: Der Erste Weltkrieg und die Balfour-Deklaration, S. 3. In: www.trend.infopartisan.net/trd0504/t080504.htm

Auf der Völkerbundkonferenz von San Remo 1920 wurde Palästina den Briten als Mandatsgebiet der Kategorie A zugesprochen. Die Kategorie A beinhaltete den Auftrag an die Mandatsmacht, Palästina mittelfristig in die Unabhängigkeit zu entlassen. Das entsprach den Wünschen und Hoffnungen der Araber Palästinas auf einen unabhängigen Staat. 1922 wurde die Balfour-Deklaration in das Völkerbundmandat mit aufgenommen, Großbritannien also mit der praktischen Umsetzung der Balfour-Deklaration, der Schaffung einer jüdischen Heimstätte in Palästina, beauftragt. Die 1929 gebildete Jewish Agency wurde zu der laut Mandat vorgesehenen Vertretung der Juden und Ansprechpartner für den britischen Mandatar. Sie war auch für die internen Angelegenheiten der Juden in Palästina (Jishuv) zuständig.

Trotz der durch die Balfour-Deklaration formulierten – unpräzisen – Vorbehalte stimmten die Briten der Einwanderung von Juden zu, die mit dem sich ausbreitenden Antisemitismus in Europa an Umfang zunahm. Die Unabhängigkeit eines palästinensischen Staates wurde von der Tagesordnung gestrichen. Die Briten sahen in einem Protektorat Palästina eine hervorragende Position, die ihnen ermöglichte, die »Kontrolle über ein Gebiet zu sichern, das vom Mittelmeer bis zum Persischen Golf reicht.«[90] Zugleich wäre es ein Gegengewicht gegen den aufsteigenden arabischen Nationalismus. Aber einen Staat Israel hatten die Briten mit Sicherheit nicht beabsichtigt. Die spätere Teilung Palästinas, die zur Entstehung des unabhängigen Staates Israel führte, ist von der zionistischen Bewegung im Konflikt mit dem britischen Imperialismus erkämpft worden. Die britische Politik in Palästina folgte eher der französischen Politik im Nahen Osten, die darin bestand, systematisch die Unabhängigkeitsbestrebungen religiöser und ethnischer Minderheiten zu unterstützen. »In den Augen Englands ist der arabische Nationalismus nichts anderes als ein Trumpf, den es – ebenso wie den Zionismus – auszuspielen gilt. Es vervielfacht seine widersprüchlichen Versprechungen … an Juden und Araber …, mit dem Ziel, sich in diesem Gebiet festzusetzen.«[91]

---

90 Weinstock: Der Erste…, S. 4
91 A. a. O., S. 6

Der britische Hochkommissar in Palästina ließ die britische Militärverwaltung im Amt. Diese verhielt sich oft keinesfalls neutral in den Konflikten zwischen Juden und Palästinensern, schürte und verschärfte diese Konflikte sogar. Die Briten betrieben in der Folgezeit grundsätzlich die Politik, Juden und Araber gegeneinander auszuspielen. Sie befürworteten die »jüdische Heimstätte« in Palästina, um die Araber, die ihre Unabhängigkeit verlangten, besser kontrollieren und mögliche antibritische Aktivitäten kanalisieren und auf die jüdischen Siedler umlenken zu können. Dann wieder verboten sie zeitweilig sogar die jüdische Einwanderung, um die wachsenden arabischen Unruhen in den Griff zu bekommen. Sie erlaubten den jüdischen Siedlern, Waffen zur eigenen Verteidigung zu tragen, während sie dies den Palästinensern verboten. All das erhöhte die Spannungen zwischen Palästinensern und Juden. 1920 entluden sich diese beispielsweise in einem Massaker der Palästinenser in Jerusalem, in dessen Verlauf neun Juden getötet und 22 schwer verletzt wurden. Muhammad Amin al-Hussaini wurde in diesem Zusammenhang zu zehn Jahren Haft verurteilt, aber schon nach einem Jahr freigelassen. Dass der britische Hochkommissar es diesem fanatischen Juden-Hasser gestattete, das Amt des Muftis von Jerusalem zu übernehmen, sollte sich für die Juden als besonders verhängnisvoll erweisen.

Die Briten als erfahrene Kolonialmacht waren überzeugt, auf der Klaviatur der Politik des »Teile und Herrsche« erfolgreich spielen zu können: Zugeständnisse an die eine Seite wurden zurückgenommen, sobald die dadurch ausgelösten Konflikte für die eigene Machtausübung gefährlich wurden, oder sie wurden durch vage, halbherzige Versprechungen an die andere Seite entkräftet. Mit dieser Politik, so glaubten die Briten, würden sie die gegnerischen Parteien neutralisieren und ihre eigenen Interessen sichern können. Sie rechneten nicht damit, dass bald innerhalb der jüdischen Nationalbewegung radikale Kräfte entstehen würden, die buchstäblich keine Mittel und Wege scheuten, ihr Ziel – die Schaffung eines jüdischen Staates – zu erreichen. Als die Zionisten dann den bewaffneten Kampf gegen die Kolonialmacht begannen, hatte letztere die Palästinenser schon unwiderruflich gegen sich aufgebracht. Dies sah auch der britische Labourpolitiker MacDonald so, der nach einem Besuch in Palästina 1922 erklärte: »Niemand, der ein Organ für die Strömungen im Nahen Osten hat, kann sich mit dem Glauben trösten, dass die Araber vergessen oder vergeben haben oder dass das moralische Übel, das wir begangen haben, in Bälde keine politischen Nachwirkungen mehr haben wird. Wie wir die Moslems behandelt haben, ist ein Wahnsinn.«[92]

---

[92] Verleger, S. 51

IV. Der Weg zur Gründung Israels

Die britische Mandatsmacht legte 1937 durch die Peel-Kommission einen ersten Teilungsplan für Palästina vor, der sich an der prozentualen Bevölkerungsverteilung orientierte. Die arabische Seite lehnte diesen Plan ab, die jüdische Seite war gespalten. Der 20. Zionistische Kongress setzte sich mit dem Peel-Plan auseinander. Ben-Gurion als Führer der Arbeiterpartei von Palästina (Mapai) trat als »höchst leidenschaftlicher Befürworter einer Teilung« auf, so Simcha Flapan, der von 1954 bis 1961 Generalsekretär der Vereinigten Arbeiterpartei Mapam war. »Das bedeutete aber keineswegs, dass er dem jüdischen Anspruch auf ganz Palästina abgeschworen hätte«, – ein Anspruch, den die Biltmore-Konferenz auf die Tagesordnung gesetzt hat (vgl. S. 73 ff.) »Die Überlegungen Ben-Gurions waren taktischer Natur und vertrugen sich voll und ganz mit seiner maximalistischen zionistischen Version.«[93] Der Peel-Plan stelle eine »historische Gelegenheit« dar, sei ein denkbar mächtiger »Hebel für die allmähliche Eroberung ganz Palästinas«, so Ben-Gurion wörtlich.[94] Der Kongress lehnte dennoch den Peel-Plan ab und beauftragte zugleich die Jewish Agency, mit der britischen Regierung über die Errichtung eines jüdischen Staates zu verhandeln.

1939 nahm die Woodhead-Kommission den Teilungsplan wieder zurück. Um die arabische Seite als Bündnispartner gegen Nazi-

---

93 Simcha Flapan: Die Geburt Israels. Mythos und Wirklichkeit. München 1988, S. 33 f.

94 A. a. O., S. 34

Deutschland zu gewinnen, erklärte Großbritannien in seinem »Weißbuch« die Absicht, innerhalb von zehn Jahren einen palästinensischen Staat zu gründen, in dem die Bevölkerungsmehrheit der Palästinenser gesichert sein sollte. Zwar dürften in den fünf Folgejahren noch 75.000 Juden einwandern, danach sollte aber jeder weitere Zuzug von arabischer Zustimmung abhängig sein. Von zionistischer Seite wurde die von Großbritannien verfügte Beschränkung der jüdischen Einwanderung als inakzeptabel abgelehnt.

Der Zweite Weltkrieg und der Holocaust stellten die Frage nach der Zukunft einer jüdischen Heimstätte in Palästina ganz neu und konkret. 27.500 jüdische Soldaten aus Palästina reihten sich in die britische Armee ein, nachdem die britische Regierung erkannt hatte, dass die »appeasement«-Politik die Bedrohung der europäischen Staaten durch Nazi-Deutschland keineswegs abgewendet hatte. Einheiten der jüdischen Militärorganisation Hagana, von den Briten ausgebildet, wurden in Syrien gegen das Vichy-Regime eingesetzt, um einer möglichen Invasion der Deutschen Wehrmacht Widerstand zu leisten. Stoßtrupps aus den Reihen der Hagana, die Palmach, arbeiteten mit den Briten zusammen, wie zeitweilig auch der terroristische Irgun Zvai Leumi (Irgun). »Ende 1942 stehen fast 43.000 palästinensische Juden, Männer und Frauen, als Freiwillige unter Waffen- und Kampfeinheiten... Praktisch werden diese Streitkräfte von der Hagana politisch kontrolliert, deren Truppen so eine militärische Ausbildung erhalten, die sich später noch auszahlen wird«.[95] So erfuhr seit dem deutschen Überfall auf Polen die traditionelle Zusammenarbeit der Zionisten mit Großbritannien noch einmal eine Verstärkung. Dennoch waren neue Konflikte zwischen Zionisten und Großbritannien schon vorprogrammiert. Millionen von Juden, zunächst in Osteuropa, später auch im Westen, wurden mit dem Vorrücken der deutschen Truppen an Leib und Leben bedroht. Doch die Nachbarn von Nazi-Deutschland sowie England und die USA behinderten mit ihrer restriktiven Gesetzgebung die Aufnahme

---

95 Nathan Weinstock: Das britische Weißbuch und der 2. Weltkrieg, S. 3 . In: www.trend.infopartisan.net/trd1004/t171004.html

von Flüchtlingen, auch jüdischer Flüchtlinge aus Nazi-Deutschland. Die britische Mandatsmacht widersetzte sich der Bereitschaft des Jishuv, die von den Nazis in ihrer Existenz bedrohten Jüdinnen und Juden aufzunehmen.

Kampf gegen die Mandatsmacht

Hagana und die Histadrut-Gewerkschaft organisierten hinter dem Rücken der britischen Kolonialmacht die illegale Einwanderung jüdischer Flüchtlinge sowie deren illegale Ansiedlung in Palästina. Nach Kriegsende mussten diese Konflikte, die zuvor nach Möglichkeit noch unter dem Deckel gehalten wurden, erneut offen ausbrechen. Umso mehr, als die mehr als 250.000 jüdischen Displaced Persons (DP)[96], die Rassenverfolgung und Vernichtungslager überlebt hatten, erneut erfahren mussten, dass die Alliierten sie nicht oder nur in kleiner Zahl aufnehmen wollten. Palästina war ihre letzte Hoffnung. Und nur die zionistischen Organisationen setzten sich für sie ein. »Der Zionismus, der sich immer vom Antisemitismus genährt hatte, wurde eine bedeutende politische Tendenz selbst unter den Juden, die niemals persönlich die Absicht hatten, nach Palästina auszuwandern.«[97] Die zionistische Weltkonferenz von 1945 forderte, dass sofort eine Entscheidung getroffen werden müsse, »um aus Palästina einen jüdischen Staat zu bilden«. Die Jewish Agency solle die Befugnis erhalten, so viele Juden nach Palästina zu bringen, »wie sie für notwendig erachte«. Mehr als zwei Millionen Juden, das waren 20 Prozent des Weltjudentums, sollen sich allein 1946 der Zionistischen Organisation angeschlossen haben.[98]

So verstärkte Irgun Zvai Leumi unter Leitung von Menachem Begin die Aktionen gegen die britische Mandatsmacht und die arabischen

---

96 Zofia Wieleba: Die jüdischen Displaced Persons – DPs in Deutschland nach 1945. In: Jewish History Quarterly, www.ceeol.com, S. 529
97 A.a.O., S. 8
98 A.a.O., S. 9

Palästinenser und griff dabei zunehmend auch zu terroristischen Aktivitäten. Diese wurden zunächst innerhalb der zionistischen Führung, der Jewish Agency Executive, und der Histadrut, die für die jüdische Einwanderung den organisatorischen Rahmen schuf, abgelehnt. Letztere erklärte öffentlich: »Diejenigen, die Terrorakte durchführen und die sich selbst ›Irgun Zvai Leumi‹ und ›Lohamei Herut Israel‹ (Lehi, d. Verf.) nennen, sind Verräter... Sie müssen aus unseren Klassenzimmern und Geschäften verbannt werden! Ihre Propaganda, gleich ob geschrieben oder gesprochen, muss verboten werden!«[99] Die Jewish Agency rief sogar die Juden dazu auf, die britische Polizei sofort über jeden Terroristen und jede terroristische Aktion zu informieren, selbst wenn es sich um die eigenen Angehörigen handle. Die Hagana setze ihre Eliteeinheit Palmach zur Verfolgung der Terroristen ein, lieferte an die tausend Verdächtige an den britischen Geheimdienst aus und entführte, folterte und inhaftierte Irgun-Mitglieder. Ihre Methoden unterschieden sich dabei höchstens graduell von denen der Irgun. Das Oberste Rabbinat verurteilte die Aktivitäten der Hagana, sofern sie bekannt wurden, entschieden: »Diese grausame Tat wird von der Tora ausdrücklich verboten, sie ist dem jüdischen Volk wesensfremd und widerwärtig. Sie entweiht den Namen Israels und unsere Siedlung in Erez Israel.« Die Kritik des Rabbinats wurde von den zivilen Organisationen in Tel Aviv geteilt. Hugo Bergmann, Philosoph und Mitbegründer der Jüdisch-Palästinensischen Friedensallianz Brit Shalom, schrieb eine vernichtende Kritik: »Die Entführungen sind das Grab des demokratischen öffentlichen Lebens ... ein Todesurteil gegen alles, was wir im Jishuv wertschätzen... Die Ku-Klux-Klan- Aktivitäten werden gesetzlos verübt, und diejenigen, die dafür angeklagt werden, haben keine Möglichkeit, sich zu verteidigen.«[100]

Die 1945 neu gewählte Labour-Regierung in Großbritannien revidierte ihre im Wahlkampf eingenommene kritische Haltung zur Mandatspolitik und kündigte die Durchführung des »MacDonald

---

99 The »Hunting Season«, S. 2 f, in: www.etzel.org.il/english/ac07.htm.
100 A. a. O., S. 6

Weißbuchs« (1939) an, das die Schaffung eines einheitlichen Staates Palästina vorsah und die Zahl der jüdischen Einwanderer beschränkte. Daraufhin vereinigten sich Hagana, Irgun und Lehi noch im Oktober 1945 zum bewaffneten Kampf gegen die britische Kolonialmacht – und schon einen Monat später führten sie als »Vereinigter Widerstand« die erste gemeinsame militärische Aktion durch. Es folgten unzählige Sabotage- und Sprengstoffanschläge gegen militärische Ziele, die von Irgun und Lehi durchgeführt wurden. Die Hagana konzentrierte sich zunächst auf solche Ziele, die mit der Einwanderung in Verbindung standen. Eine der bekanntesten Aktionen der zionistischen Untergrund-Einheiten war der Sprengstoffanschlag am 22. Juli 1946 auf das King-David-Hotel in Jerusalem, in dem die britische Mandatsregierung ihren Sitz hatte. Diesem Anschlag fielen u. a. 28 Briten, Angestellte der Mandatsmacht, zum Opfer, aber auch viele Zivilisten, darunter 41 Araber und 17 Juden. Die Jewish Agency war schockiert und distanzierte sich von diesem Anschlag, auch Ben-Gurion sah sich gezwungen, diese Aktion zu verurteilen und Irgun »als Feind des jüdischen Volkes« zu bezeichnen. Der »Vereinigte Widerstand« brach auseinander, nicht aber die antibritischen und die seit Mitte der 30er Jahre zunehmenden antiarabischen Militäraktionen.

Die Biltmore-Konferenz und das Konzept von Groß-Israel

1942 hatte im Biltmore-Hotel in New York unter Beteiligung von Ben-Gurion eine Konferenz stattgefunden. Unter dem Vorsitzenden der Jewish Agency wurde der Kurs der zionistischen Bewegung neu justiert. Nun wurde von einer jüdischen Mehrheit gesprochen, die es in einem jüdischen Commonwealth auf dem gesamten Territorium von Palästina herzustellen gelte.[101] Aber Ben-Gurion ging in seinen Überlegungen noch einen Schritt weiter. Er wollte eine Neuordnung

---

101 The Biltmore Program (1942) Document 19, The Israel – Arab Reader, A Documentary History of the Middle East Conflict, New York, 1984, S. 77-79

des Nahen Ostens. Seine Umgestaltungspläne sahen vor: Im Libanon soll Israel zugunsten der Schaffung eines christlichen Staates intervenieren. Dieser solle Israel das libanesische Staatsgebiet südlich des Litaniflusses abtreten. Jordanien solle zwischen Irak – aber nur, wenn dieser eine westliche Regierung habe – und Israel aufgeteilt werden.

Bis zu dieser Konferenz waren die Araber Palästinas noch Verhandlungspartner für die Mehrheit der durch Ben-Gurion kontrollierten zionistischen Bewegung gewesen. Nach Biltmore[102] sollten sie keinen Anteil mehr an der Gestaltung des zu errichtenden Staates haben. Die zionistische Linke Hashomer Hazair stimmte gegen diese Resolution. Ben-Gurion gelangte zur Stimmenmehrheit nur mit Hilfe der militanteren zionistischen US-amerikanischen Organisation. Er ging eine bewusste Koalition mit ultranationalistischen Kräften ein – gegen die liberaleren und linken Kräfte innerhalb der zionistischen Bewegung. Die älteste jüdische Organisation der USA, das American Jewish Committee, stimmte ebenfalls gegen die Biltmore-Resolution.

Das Biltmore-Programm wurde zur Richtschnur des politischen Handelns der führenden Zionisten. Dem Programm lag eine Fehleinschätzung der internationalen Lage und der internationalen Kräfteverhältnisse zugrunde. Die Mehrheit in der zionistischen Führung, wie sie sich in der Konferenz herauskristallisierte, glaubte, dass die Sowjetunion dem Naziangriff nicht werde standhalten können. Die UdSSR werde untergehen und keine Rolle in der Nachkriegswelt spielen. Die USA und Großbritannien würden dann die Welt dominieren und ihre Herrschaft im Nahen Osten miteinander teilen. Hingegen würden die Araber, insbesondere jene Teile ihrer Nationalbewegung, die mit den Achsenmächte paktierten, völlig geschlagen aus der Affäre hervorgehen und in der Nachkriegsordnung für eine lange Zeit keine Rolle spielen. Die zionistischen Führer glaubten, sie könnten mehr Territorium von den Briten fordern, indem sie die USA und Großbritannien gegeneinander ausspielten. Dass es nach dem Krieg zu einer breiten anti-

---

102   Flapan, S. 36 ff.

kolonialen Erhebung kommen würde, die auch die arabischen Länder erfasste, stand nicht im Konzept der Biltmore-Überlegungen.[103] Nach Simcha Flapan war dieser Kurswechsel nur deshalb möglich, weil die herrschende Gruppe im Zionismus eine Zusammenarbeit mit dem Imperialismus nie hinterfragt hat. Ben-Gurion hat die Vorstellung von einem gegen die westlichen Mächte gerichteten arabisch-zionistischen Bündnis stets kategorisch verworfen.[104] Hannah Arendt sah in der Biltmore-Konferenz einen Wendepunkt in der Geschichte des Zionismus. Er bedeutete, dass der rechte »Revisionismus«, der lange Zeit abgelehnt worden war, nun triumphierte. »Die arabische Bevölkerung des Landes findet überhaupt keine Erwähnung mehr, so dass sie entweder zur Auswanderung oder zu einem zweitklassigen Dasein im Lande verurteilt ist.«[105] Mit großer Weitsicht zog sie die Schlussfolgerung, dass auf diese Weise der Zionismus dazu beigetragen hat, einen »tragischen, unlösbaren Konflikt« zu schaffen. Die Errichtung eines jüdischen Staates werde nur möglich sein durch einen Transfer der palästinensischen Bevölkerung. »Dieser Staat wird in Konflikt mit seinen viel größeren arabischen Nachbarn stehen, von denen er umzingelt sein wird, und wird deshalb auf auswärtigen Schutz einer größeren Schutzmacht angewiesen sein.«[106]

Die UNO und der Plan zur Teilung Palästinas

Die Zuspitzung der militärischen Auseinandersetzungen in Palästina zeigte die Unfähigkeit der britischen Mandatsmacht, die Aufgaben zu lösen, die ihr vom Völkerbund 1922 gestellt worden waren: einerseits Palästina auf den Weg zur Unabhängigkeit zu führen, andererseits eine »jüdische Heimstatt« in Palästina zu schaffen. Dies musste schließlich Großbritannien selbst öffentlich zugeben. Am 18. Februar

---

103   Ebd.
104   A.a.O., S. 200
105   Arendt, S. 343, Übersetzung d. Verf.
106   A.a.O., S. 344

1947 erklärte der britische Außenminister Bevin, dass das Mandat nicht praktikabel gewesen sei. Deshalb werde das Palästina-Problem der Generalversammlung der UNO übergeben. Dies war das Eingeständnis, dass die von der Mandatsmacht errichtete Verwaltung die Probleme zwischen Arabern und Juden nicht zu lösen in der Lage war. Weder die arabische noch die jüdische Bevölkerung hätten diese Verwaltung akzeptiert. Kurz: Palästina sei nicht regierbar.

Am 14. Mai 1947 beschloss die UN-Generalversammlung, die »Jewish Agency for Palestine« und das »Arabische Hohe Komitee« anzuhören. In diesem Monat setzte die UNO auch in großer Einmütigkeit einen Sonderausschuss für Palästina (UNSCOP) ein. Ihm gehörten Vertreter von Australien, Kanada, CSSR, Guatemala, Indien, Iran, den Niederlanden, Peru, Schweden, Uruguay und Jugoslawien an. Dieser Sonderausschuss wurde mit den Aufgaben betraut, alle Palästina betreffenden Streitfragen zu ermitteln, alle beteiligten Parteien zu befragen und die religiösen Interessen – des Islams, des Judaismus und des Christentums – sorgfältig zu beachten und Lösungsvorschläge zu unterbreiten. Sein Bericht sollte spätestens am 1. September 1947 dem UNO-Generalsekretär vorgelegt werden.

Der Berichterstatter des Ersten Komitees de Kauffmann stellte während der Sitzung der Generalversammlung am 14. Mai die Aufgaben des speziellen Komitees zu Palästina vor und betonte abschließend: »Ich bin zu der Schlussfolgerung gelangt, dass das Problem, mit dem wir konfrontiert sind, nicht allein ein Problem der Legalität ist. Es ist vor allem ein Problem der menschlichen Beziehungen. Wenn das Problem tatsächlich gelöst wird, dann muss es in einem Geist des Verstehens, der Fairness und Übereinkunft gelöst werden – und zwar von allen; nicht nur von uns, die gegenwärtig hier sind, und vom Komitee, das gebildet wird, sondern von allen, nicht nur von den Regierungen, sondern von den Völkern der Welt.«[107] Der irakische Delegierte Jamal kritisierte das Komitee, dass es den

---

[107] United Nations, 77th plenary meeting of the General Assembly, 14. Mai 1947

von Großbritannien formulierten Aufgaben nicht Rechnung trage. Er wies auch die von den Rednern häufig verwandte Formulierung zurück, die Palästina-Frage sei sehr komplex. Nein, bei der Palästina-Frage handele es sich um eine »aggressive Invasion, schlicht und einfach«. Es gebe nur einen Weg zur Lösung: nämlich die Rückkehr zu den grundlegenden Prinzipien der UN-Charta, Schutz der politischen Rechte der Einwohner und die sofortige Beendigung der Invasion.

Andrej Gromyko, der für die Delegation der UdSSR sprach, hob in seiner Rede hervor, dass alle Redner – sowohl der Generalversammlung als auch des Ersten Komitees – die Dringlichkeit des Palästina-Problems deutlich gemacht hatten. Auch die Tatsache, dass Großbritannien als Mandatsmacht gescheitert sei und die Palästina-Frage an die UNO weitergereicht habe, zeige, »dass die Vereinten Nationen für ihre Lösung verantwortlich« seien. Die UNO müsse diese Frage sorgfältig und von allen Seiten betrachten und sich von den Prinzipien ihrer Organisation leiten lassen und von »dem Interesse der Erhaltung des Friedens und der internationalen Sicherheit«. Die Aufgabe des speziellen Komitees bestehe darin, der UNO zu helfen, eine Lösung zu finden, »die den Interessen seiner (Palästinas d. Verf.) Völker und den allgemeinen Interessen der UNO« gerecht werde. Zu diesem Zwecke solle es die gegenwärtige Lage in Palästina erforschen. Gromyko wies darauf hin, dass überraschenderweise Juden und Araber übereinstimmend die Beendigung des britischen Mandats verlangten. Dies müsse die UNO berücksichtigen. Sie müsse Verantwortung für die überlebenden Juden Europas übernehmen und eine konkrete Lösung finden, »nicht in Worten, sondern in Taten«. Diesem Aspekt räumte er in seiner Rede großen Raum ein. Die sowjetische Delegation sehe die legitimen Interessen der jüdischen und der arabischen Bevölkerung nur in einem binationalen Staat Palästina gewährleistet, der ein »unabhängiger, dualer, demokratischer und homogener arabisch-jüdischer Staat« sein müsse. Die Teilung Palästinas hielt Gromyko für die zweitbeste Lösung, die er nur für den Fall unterstützen wolle, dass die friedliche Koexistenz von Arabern und Juden und ihre Versöhnung unmöglich seien.

Aus der Rede von Andrej Gromyko am 14. Mai 1947

Im letzten Krieg war das jüdische Volk außerordentlichen Schmerzen und Leiden ausgesetzt. Ohne jede Übertreibung – dieser Schmerz und diese Leiden sind unbeschreiblich. Es ist schwierig, sie mit den trockenen Statistiken über die jüdischen Opfer der faschistischen Aggression auszudrücken. In den Gebieten, die von den Nazis kontrolliert wurden, waren die Juden der fast vollständigen Vernichtung ausgesetzt. Die Gesamtzahl der Juden, die den Exekutionen der Nazis zum Opfer gefallen sind, wird auf etwa sechs Millionen geschätzt. Nur ungefähr eineinhalb Millionen Juden Westeuropas haben den Krieg überlebt. Diese Zahlen vermitteln zwar eine Vorstellung von der Zahl der Opfer der faschistischen Aggressoren unter der jüdischen Bevölkerung, aber keine Vorstellung von den Schwierigkeiten, mit denen große Teile der (überlebenden, d. Verf.) Juden nach dem Krieg konfrontiert waren. Große Teile der überlebenden Juden Europas waren ihrer (Herkunfts-, d. Verf.) Länder, ihrer Wohnstätten und ihrer Existenzmittel beraubt. Hunderttausende von Juden bewegen sich durch die verschiedenen europäischen Staaten auf der Suche nach Möglichkeiten der Existenz und einer sicheren Unterkunft – und sind wieder großer Not ausgesetzt. Auf diese Not hat insbesondere der Repräsentant der Jewish Agency unsere Aufmerksamkeit gelenkt, der im Ersten Komitee angehört wurde...

Die Vereinten Nationen können nicht und dürfen nicht diese Situation mit Gleichgültigkeit betrachten, weil das unvereinbar wäre mit den hohen Prinzipien ihrer Charta, die für die Verteidigung der Menschenrechte Sorge trägt, unabhängig von Rasse, Religion und Geschlecht. Die Zeit ist gekommen, diesem Volk zu helfen, nicht mit Worten, sondern mit Taten. Es ist notwendig, Verantwortung für die dringenden Bedürfnisse eines Volkes zu zeigen, das so großes Leid erlebte – als Folge des Krieges, den Hitler-Deutschland hervorgebracht hat. Das ist eine Pflicht der Vereinten Nationen...

In diesem Zusammenhang hält es die Delegation der Sowjetunion für wesentlich, die Aufmerksamkeit der Generalversammlung auf folgenden wichtigen Umstand zu richten. Die Erfahrung der Vergangenheit, besonders während des Zweiten Weltkrieges, zeigt, dass kein westlicher europäischer Staat fähig war, dem jüdischen Volk eine angemessene Hilfe zu geben, um seine Rechte und seine bloße Existenz vor der Gewalt der Nazis und ihrer Verbündeten zu schützen. Das ist ein unerfreulicher Fakt, aber unglücklicherweise muss er, wie alle anderen Fakten, eingestanden werden. Die Tatsache, dass kein westlicher europäischer Staat fähig war, die Verteidigung der elementaren Rechte des jüdischen Volkes zu sichern und es vor der Gewalt der faschistischen Henker zu schützen, erklärt die Hoffnung der Juden, ihren eigenen Staat zu errichten. Es wäre ungerecht, dies nicht in Betracht zu ziehen und das Recht der jüdischen Volkes zu leugnen, seine Hoffnungen Wirklichkeit werden zu lassen.«[108]

Die Mitglieder des UNO-Sonderausschusses für Palästina (UNSCOP) führten in der Folgezeit intensive Gespräche mit den Konfliktparteien in Palästina, besuchten die Heiligen Stätten in Jerusalem, mehrere Städte in Palästina, arabische und jüdische Gemeinden und Siedlungen, führten Gespräche in Damaskus und mit dem libanesischen Außenminister Frangie in Beirut, um die Positionen der arabischen Staaten zur Palästina-Frage zu hören. Sie trafen sich mit König Abdallah von Transjordanien und besuchten Lager für Displaced Persons in Österreich und Deutschland. Das Komitee legte am 3. September 1947 seinen Bericht vor, der die Diskussionen über verschiedene Lösungsmöglichkeiten

---

108 Aus der Rede des sowjetischen UN-Botschafters Andrej Gromyko in der Debatte über die Palästina-Frage, 14. Mai 1947, Übersetzung d. Verf.

widerspiegelt. Danach fokussierte sich die Diskussion auf zwei Modelle: den binationalen Staat und die kantonale Lösung. Aber diese beiden Konzepte wurden letztlich von der Mehrheit als nicht praktikabel verworfen. Zum Schluss blieben zwei Lösungsvorschläge übrig: der Plan zur Teilung Palästinas in zwei unabhängige Staaten, die eine Wirtschaftseinheit bilden, und der Plan eines föderalen Staates. Auszüge aus dem zuletzt genannten, von der Minderheit (Iran, Indien und Jugoslawien) favorisierten Konzept sind weiter unten abgedruckt.

Die Mitglieder des Komitees waren zu der Überzeugung gelangt, dass es keine Lösung geben könne, die allen Parteien gerecht würde, weil sowohl die Araber als auch die Juden aus historischen Gründen Anspruch auf Palästina hätten. Der grundlegende Konflikt bestehe in dem Zusammenprall zweier Nationalismen. In ihrem Bericht empfahlen sie einmütig, dass das britische Mandat über Palästina so schnell wie möglich zu beenden sei und Palästina so schnell wie möglich die Unabhängigkeit erhalten müsse. Jedoch hielten sie eine Übergangsperiode, in der die UNO die Verantwortung für Palästina habe, für unverzichtbar. Das Komitee empfahl, dass in dieser Phase folgende Prinzipien zu respektieren seien: Die heiligen Stätten in Jerusalem und die gerechten Interessen der Religionen müssten geschützt werden. Für die europäischen Juden, von denen ca. 250.000 in Lagern lebten, müsse dringend eine internationale Vereinbarung getroffen werden. In Anbetracht der Tatsache, dass Palästina seine Unabhängigkeit unter der Aufsicht und auf Empfehlung der UNO erhalte, müsse die UNO dafür Sorge tragen, dass die Verfassung und die grundlegenden Gesetze des oder der Staaten grundlegend demokratisch sind, dass umfassende Menschenrechte, religiöse und nationale Minderheitenrechte garantiert werden. Palästina müsse sich verpflichten, nur mit friedlichen Mitteln internationale Probleme zu lösen. Seine wirtschaftliche Einheit sei Voraussetzung für die Entwicklung des Landes und seiner Menschen. Juden und Araber müssten auf Gewalt gegeneinander verzichten und die UNO dabei unterstützen, zu einer Regelung der Probleme zu gelangen. In der Übergangsperiode dürfe nur eine begrenzte und kontrollierte Einwanderung von Juden nach Palästina stattfinden. Dieser letzten Empfehlung stimmten zwei Komiteemitglieder nicht zu.

Am 29. November 1947 stimmte die Generalversammlung der UNO mit einer Mehrheit von zwei Dritteln der Stimmen dem UN-Teilungsplan für Palästina zu. Unter den 57 UNO-Mitgliedern waren 33, die dafür stimmten, darunter die USA und die Sowjetunion. Großbritannien gehörte zu den 10 Ländern, die sich der Stimme enthielten. Die arabischen Staaten lehnten den Plan ab.

Nach diesem Plan sollten auf palästinensischem Territorium ein jüdischer und ein arabischer Staat entstehen, die in einer Wirtschaftsunion miteinander verbunden sein sollten. Jerusalem sei unter internationale Verwaltung zu stellen. Beide Staaten sollten ihre Unabhängigkeit nach einer zweijährigen Übergangsperiode erhalten. Für die Übergangszeit sollten Regelungen verhindern, dass Juden sich auf dem Territorium des künftigen arabischen Staates und Araber sich auf dem des jüdischen Staates niederließen. Die Zahl der jüdischen Immigranten in den künftigen jüdischen Staat wurde für diese Phase auf insgesamt 150.000 begrenzt. Während des Prozesses der Schaffung von Verfassungen und der Errichtung staatlicher Strukturen sollten die Empfehlungen (siehe Bericht der UNSCOP) berücksichtigt werden.

Der Teilungsplan befasste sich ausführlich mit den Regelungen zu Jerusalem, mit den religiösen und Minderheiten-Rechten und vor allem der wirtschaftlichen Einheit Palästinas. Deren Ziele: Zoll-Union, gemeinsame Währung, gemeinsame Infrastruktur-Projekte, gemeinsame Wirtschaftsentwicklung vor allem in Bezug auf die Wasserregulierung, Landforderungen und Bodenkonservierung.

Die Grenzen beider Staaten wurden festgelegt. Daraus würde sich folgende Aufteilung der beiden Völker auf die jeweiligen Staaten ergeben:

	Juden	Araber und andere	Insgesamt
Jüdischer Staat	498.000	407.000	905.000
Arabischer Staat	10.000	725.000	735.000
Jerusalem	100.000	105.000	205.000

Über diesen Teilungsplan führten am 26. November 1947 die Mitglieder UNO-Vollversammlung eine heftige Kontroverse. Der Sprecher Saudi-Arabiens, Amir Faisal al Saud, erinnerte an die Charta der Vereinten Nationen, der alle UNO-Mitglieder zugestimmt hätten. Vor Gott und der Geschichte hätten sie sich verpflichtet, fest gegen den Aggressor zusammenzustehen und alle Anstrengungen auf die Herstellung des Weltfriedens und der internationalen Sicherheit zu richten. »Das, was heute in Palästina versucht wird, ist das nicht ein Fall von flagranter Aggression? Ist es nicht Tyrannei, dass eine internationale Organisation interveniert, um ein Land zu teilen und einen Teil dem Aggressor auszuhändigen«. Er appellierte an die Mitglieder der Vollversammlung: »Denken Sie daran, dass die Herstellung von Frieden und Sicherheit im Nahen Osten in Ihren Händen liegt!« Die kleinen Staaten hätten ihr ganzes Vertrauen in die UNO gesetzt, nun müsse sich diese des Vertrauens würdig erweisen. Aber wenn die UNO sich von bösen Mächten instrumentalisieren lasse, bliebe den Nationen keine andere Wahl, als sich auf ihren eigenen Schutz zu verlassen.

Der Delegierte Uruguays und UNSCOP-Mitglied, Rodriguez Fabregal, bezog sich wie Amir Faisal Al Saud auf die UN-Charta, jedoch um eine Zustimmung zum Teilungsplan zu begründen. Indem die UNO zwei Staaten schaffe, werde sie einen Test bestehen: »In der kurzen Geschichte unserer Organisation, und sogar in der Geschichte der Neuzeit, stellt dies etwas Neues dar. Und das rechtfertigt grundlegend den Idealismus von Menschen und Völkern, als sie im Namen der Gerechtigkeit und Solidarität die Charta der Vereinten Nationen verfassten und unterzeichneten, die das neue Gesetz der Welt ist.« Die UNO sei legitimiert, sich mit der Lösung der Palästina-Frage zu befassen. Kein Mitglied habe dagegen gesprochen, dass Großbritannien als gescheiterte Mandatsmacht die Palästina-Frage der UNO übergeben habe, damit diese konkrete Vorschläge für die künftige Regierung Palästinas ausarbeite. »Und kein Mitglied kritisierte die Vollversammlung, als sie im April dieses Jahres begann, eine spezielle Sitzung abzuhalten, als sie damit begann, die Fragen zu studieren; oder als sie nach langen Diskussionen beschloss, ein spezielles Komitee zu errichten, um die Palästina-Frage zu untersuchen, jenes spezielle

Komitee, das allgemein als UNSCOP bekannt ist. Niemand hat die Arbeit des von der Vollversammlung geschaffenen Komitees in Frage gestellt; niemand hat dagegen gesprochen, dass es seinen Bericht vorträgt. UNSCOP hat innerhalb des genauen Zeitrahmens, der vorgegeben worden war, seinen Bericht erstellt und damit bis ins kleinste Detail seinen Aufgabenbereich erfüllt.« Der uruguayische Delegierte zeigte sich über das Argument irritiert, dass die UN-Vollversammlung nicht legitimiert sei, über die Schaffung von zwei unabhängigen Staaten in Palästina zu entscheiden, während ihr gleichzeitig das Recht zugesprochen wurde, das Völkerbund-Mandat zu beenden und einen unabhängigen Staat Palästina zu schaffen.

Auch der Delegierte der Sowjetunion, Andrej Gromyko, widersprach dem Argument, dass die UNO nicht legitimiert sei, über die Schaffung von Staaten zu beschließen: »Die Vollversammlung, wie auch die Vereinten Nationen insgesamt, hat nicht nur das Recht, diese Angelegenheit zu betrachten, sondern angesichts der in Palästina entstandenen Situation, ist sie verpflichtet, die erforderliche Entscheidung zu treffen.« Die vom Komitee erarbeitete Lösung stimme vollständig »mit dem Interesse der Aufrechterhaltung und Stärkung des internationalen Friedens und mit dem Interesse der wachsenden Zusammenarbeit zwischen den Staaten« überein. Aus diesem Grunde unterstütze die Sowjetunion den Teilungsplan, den das Komitee vorgelegt habe. Gromyko bezog sich mehrfach auf die von ihm im Mai 1947 vorgetragenen Gründe, warum eine schnelle Lösung der Palästina-Frage notwendig sei und erinnerte an das schwere Schicksal der Juden während der Nazi-Zeit und in der Nachkriegszeit. Nachdem die Ergebnisse von UNSCOP vorlagen, habe er sich von der von ihm favorisierten Idee des binationalen Staates verabschieden müssen, weil dieser offensichtlich nicht praktikabel sei. Das spezielle Komitee habe gezeigt, »dass Juden und Araber in Palästina nicht zusammenleben können oder unfähig sind, zusammenzuleben«. Er appellierte eindringlich an die arabischen Staaten, den Teilungsplan nicht als gegen die Araber gerichtet zu betrachten. »Im Gegenteil, die sowjetische Delegation glaubt, dass diese Entscheidung den fundamentalen nationalen Interessen beider Völker entspricht, das heißt: den Interessen der Araber ebenso wie denen der Juden.« Gromyko wies die Beschuldigung der arabischen Staaten zurück, der Teilungsplan stelle eine historische Ungerechtigkeit dar. Denn auch die Juden seien für eine lange historische Periode mit Palästina verknüpft gewesen. Der Teilungsplan für Palästina »entspricht den hohen Prinzipien und Zielen der Vereinten Nationen. Er stimmt mit dem Prinzip der nationalen Selbstbestimmung der Völker überein.« Die Entscheidung der UNO sei auch deshalb von großer historische Bedeutung, weil sie den legitimen Interessen des jüdischen Volkes entspricht, das bis heute über kein Land verfüge.[109]

Die Zustimmung der USA zum UN-Teilungsplan hatte der stellvertretende Repräsentant der USA im Sicherheitsrat, Herschel Johnson, am 11. Oktober 1947 mitgeteilt. Vorangegangen waren heftige Auseinandersetzungen innerhalb der US-Regierung unter Präsident Harri S. Truman. Der hatte zunächst an der Linie seines Vorgängers Roosevelt festgehalten, der mit König Saud vereinbart hatte, alle Entscheidungen über Palästina mit ihm abzusprechen. Hintergrund dieser Vereinbarung war das Interesse der USA am saudischen Öl, und auch Truman musste und wollte diesem Interesse Rechnung tragen. Noch 1945 war er entschlossen, der Gründung eines jüdischen Staates nicht zuzustimmen, denn er ging davon aus, dass es in den USA keine Zustimmung dafür geben werde, »ein halbes Dutzend Divisionen nach Palästina zu schicken, um einen jüdischen Staat aufrecht zu erhalten«.[110] Truman war von seinem Außenministerium davon überzeugt worden, dass Saudi-Arabien militärisch gegen einen in Palästina gegründeten jüdischen Staat vorgehen werde. Außerdem herrschte die Furcht vor, dass die Zionisten »alles Kommunisten« seien, die ihren neuen Staat dem sowjetischen Lager eingliedern würden. Die Entstehung von »sowjetischen Satellitenstaaten« in Osteuropa wurde als Bedrohung empfunden, die den Gedanken an einen neuen Krieg nahelegte, wofür das saudische Öl benötigt würde. Truman konnte seine Ablehnung nicht durchhalten.

---

109 Alle Zitate und Zahlen aus: Report of UNSCOP – 1947 und UN-Debate on Palestine Partition, November 26, 1947

110 Ami Isseroff: President Harry S. Truman and US Support for Israeli Statehood, S. 2. www.mideastweb.org/us_supportforstate.htm

Der unabhängige föderale Staat Palästina

Aus dem Minderheitenplan von Indien, Iran und Jugoslawien

Dieser Plan umfasst detaillierte Regelungen, die das Verhältnis zwischen den beiden Bundesstaaten untereinander und zum Föderalstaat betreffen. Sie werden hier auszugsweise wiedergegeben, weil sie für die Diskussion über ein künftiges Zwei-Staaten-Modell Israel und Palästina als Anregung dienen könnten:

Die Regierungsstruktur des unabhängigen Staates Palästina ist föderal. Palästina verfügt über eine föderale Regierung und die jeweiligen (Landes-, d. Verf.) Regierungen des arabischen und jüdischen Staates. In beiden Bundesstaaten sind Arabisch und Hebräisch offizielle Staatssprachen. Es gibt eine gemeinsame palästinensische Staatsbürgerschaft. Zu den Organen der Regierung gehören ein Staatsoberhaupt, die exekutiven Körperschaften, Legislative, Judikative und andere Körperschaften. Die föderale Legislative besteht aus zwei Kammern. Die eine Kammer wird auf der Grundlage der proportionalen Repräsentanz der gesamten Bevölkerung gewählt; die andere Kammer auf der Grundlage gleicher Repräsentanz arabischer und israelischer Bürger.

Festgelegt sind auch die Kriterien für die Wahlen zu den anderen Körperschaften und das Verhältnis von Landes- zu Bundesebene. Im Falle von Uneinigkeit der beiden Kammern soll eine Art Schiedsgericht, in dem beide Völker adäquat vertreten sind, auf dem Weg der Mediation eine Einigkeit herstellen oder – falls dies nicht möglich ist – eine verbindliche Entscheidung treffen. Der arabische wie der jüdische Staat haben die vollständige Macht der lokalen Selbstregierung, können die Formen der Regierung, der Verfassung, der Gesetze und Regelungen wählen, die sie wünschen, sofern sie nicht im Widerspruch zum Föderalstaat stehen. Jeder Staat hat innerhalb seiner Grenzen die Macht über das Erziehungswesen, lokale Steuern, Niederlassungsrecht, wirtschaftliche Lizenzen, Landgenehmigungen, Migration, Polizei, Bestrafung, Dienstleistungen, öffentliche Gesundheit, lokale Straßen und Industrien... Jeder Staat ist für die Aufrechterhaltung von Gesetz und Ordnung verantwortlich.

Auch für die Heiligen Stätten und Jerusalem sah der Minderheiten-Plan Regelungen vor. So sollen z. B. die arabischen und jüdischen Behörden unter den Gesetzen des föderalen Staates die Macht der lokalen Verwaltung haben und gemeinsam öffentliche Aufgaben wahrnehmen wie z. B. Feuerwehr, Wasserversorgung usw.

Es wurde festgestellt, dass die arabische Seite befürchtete, dass den jüdischen Überlebenden des Holocausts die Erlaubnis gegeben werden könne, frei nach Palästina einzuwandern. Diese Frage der jüdischen Einwanderung wurde als ein zentrales Problem bezeichnet, zu dessen Lösung die UNO schnell Vorschläge unterbreiten müsse. Angesichts des begrenzten Territoriums und begrenzter Ressourcen sei es ausgeschlossen, dass Palästina die Probleme des Weltjudentums lösen könne. Vor allem auch, weil die arabische Bevölkerung, die die Mehrheit stelle, sich dem hartnäckig widersetze. Ein Recht auf unbegrenzte Einwanderung von Juden könne es daher nicht geben. Die Frage der jüdischen Immigration nach Palästina wurde in sieben Punkten behandelt. Eine zahlenmäßige Begrenzung wurde nicht vorgesehen, sondern als Kriterium die »absorptive capacity«, die Absorptionskraft des jüdischen Staates genannt. Eine internationale Kommission habe die Grenzen dieser Absorptionskraft zu bestimmen und zu überwachen.[111]

---

111 Report UNSCOP – 1947, September 1, 1947

Druck kam von der britischen Regierung, die ihr Palästina-Problem loswerden wollte, Druck kam von den Zionisten, moralischer Druck ging von den Tausenden jüdischer Flüchtlinge aus. Als die Sowjetunion im Mai 1947 erklärte, unter Umständen einer Zwei-Staaten-Lösung für Palästina zuzustimmen, warnte der Sonderberater Clark Clifford den US-Präsidenten, »dass die Sowjets Palästina als Sprungbrett benutzen würden, um im Nahen Osten Einfluss zu gewinnen, indem sie einerseits die jüdische Einwanderung unterstützten, und andererseits die Araber gegen die USA aufhetzen würden.«[112] Danach blieb Truman keine andere Wahl.

Die USA zum UN-Teilungsplan

Zur Frage der Legitimität eines UNO-Teilungsplanes für Palästina, so Gert Krell, formulierte 1947 der Mitarbeiter aus dem Stab der Abteilung für Nahost-Angelegenheiten im State Department, Gordon Merriam, Folgendes: »Amerikanische Unterstützung für eine Teilung Palästinas als Lösung für dieses Problem lässt sich nur auf der Grundlage arabischer und jüdischer Zustimmung rechtfertigen. Andernfalls würden wir das Prinzip der Selbstbestimmung verletzen, so wie es in die Atlantik-Charta, die Erklärung der VN und die UNO-Satzung eingeschrieben ist – ein Prinzip, das zum Kern unserer außenpolitischen Programmatik gehört. Selbst eine Entscheidung der Vereinten Nationen zugunsten der Teilung käme, wenn diese Zustimmung nicht erfolgt, einer Lähmung und Verletzung der eigenen UN-Charta gleich.« Abteilungsleiter Loy Henderson habe Merriams Bedenken geteilt und diese dem stellvertretenden Außenminister Dean Acheson übermittelt. Henderson wurde »bedeutet«, dass alle Kopien des Memos zerstört werden müssten.

Gert Krell, ehemals Professor für Internationale Politik an

---

112 A. a. O., S. 4

der Universität Frankfurt/Main, hält wie auch sein Völkerrechtskollege Norman Paech den Teilungsplan vom Standpunkt des Völkerrechts für durchaus problematisch: »In diesem ganzen Komplex sehe ich gegenüber den Palästinensern die Hauptschuld des ›Westens‹ insgesamt (hier im Sinne von Okzident; ich rechne also den Zionismus, auch Russland dazu), der seinen eigenen internen Nationalitäten-Konflikt zwischen Nichtjuden und Juden, genauer: die Konsequenzen seiner Judenfeindschaft und seiner Unfähigkeit zu einer friedlichen und dauerhaften Integration aller seiner jüdischen Mitbürger, an ›den Süden‹ (hier: den Orient) delegiert hat. Bei dieser Delegation wurde den Haupt-Betroffenen, den Arabern, die Mitwirkung verweigert, entgegen völkerrechtlichen Verpflichtungen und wiederholten politischen Zusagen. Insofern war das Mehrheitsvotum der VN, gegen das alle arabischen Länder gestimmt haben, zwar angesichts der unvereinbaren Gegensätze zwischen den Konfliktparteien verständlich, gleichwohl nicht unproblematisch und die arabische Argumentation, der zufolge sie in dieser existenziellen Frage nicht einfach überstimmt werden durften, keineswegs von vornherein unplausibel. Diese gesamtwestliche Schuld gegenüber den Arabern, insbesondere den Palästinensern, bedarf nach meiner Einschätzung irgendeiner Form der Bearbeitung, am besten im Rahmen eines umfassenden pragmatischen Kompromisses der Konfliktparteien, so wie er etwa in der Genfer Initiative vorgesehen ist. Zuallererst verlangt sie ein definitives Ende der anhaltenden Landnahme und der damit verbundenen Drangsalierung der palästinensischen Bevölkerung in der West Bank.« Einen entscheidenden Grund für die Zustimmung der USA zum Teilungsplan sieht Krell in der großen Zahl von jüdischen Displaced Persons in den US-amerikanischen Lagern, die nicht in Deutschland bleiben wollten, denen aber die USA keine Genehmigung zur Einwanderung gaben. »Hätte Großbritannien

> akzeptiert, wie von den USA gefordert, legal 100.000 DPs in Palästina aufzunehmen«, so die Auffassung Krells, »wäre der US-Entscheidungsprozess möglicherweise anders verlaufen.«[113]

Als Herschel Johnson im Oktober 1947 die Zustimmung der USA zum Teilungsplan signalisierte, war die Teilung noch nicht beschlossene Sache und die erforderliche Zwei-Drittel-Mehrheit fraglich. Die arabischen Staaten hatten zahlreiche Dritte-Welt-Länder auf ihre Seite gezogen und auch innerhalb des US-Außenministeriums wurde gegen den Teilungsplan Stimmung gemacht. Dies war die Stunde der US-amerikanischen proisraelischen »Lobbyisten«, die nun gezielt Druck auf wirtschaftlich abhängige Länder der Dritten Welt ausübten, um sie zur Zustimmung zu bewegen.[114] Aber auch nach der Verabschiedung des UN-Teilungsplanes am 26. November 1947 versuchten die USA, hinter diesen Beschluss zurückzugehen und eine Lösung der Treuhänderschaft zu finden. Die Gegner des Teilungsplanes innerhalb der US-Regierung hatten ihren Widerstand noch nicht aufgegeben. Am 19. März 1948 erklärte der US-Botschafter bei den Vereinten Nationen öffentlich und ohne Wissen Trumans, dass die US-Regierung gegen die Teilung Palästinas sei. Die führenden Zionisten liefen Sturm und Truman erklärte: »Ich versicherte Chaim Weizmann, dass wir für die Teilung sind und dazu stehen«. Kurz darauf stellte er vor der Öffentlichkeit richtig, dass die Idee der Treuhänderschaft nur für die Übergangsphase gedacht sei und den Teilungsplan nicht ersetzen solle.[115] Als am Tag der Beendigung des britischen Mandats die Zionisten um Ben-Gurion den Staat Israel gründeten und US-Präsident Truman brieflich die

---

113 Gert Krell: Die Last der Geschichte. Zum Verhältnis von Holocaust und Nahost-Konflikt, in: www.reiner-bernstein.de
114 Isseroff, S. 5
115 A.a.O., S. 7

De-facto-Anerkennung des neuen Staates aussprach, brüskierte er damit die eigene Vertretung bei den Vereinten Nationen derart, dass der Delegierte Warren Austin abreiste, um sein Amt niederzulegen. Dean Rusk, Leiter des UN-Büros im US-Außenministerium, wurde eiligst nach New York beordert, um die anderen Mitglieder der Delegation vom Rücktritt zurückzuhalten. In der Erklärung, die die US-Regierung schon vor der Staatsgründung Israels vorbereitet hatte, hatte Truman den Begriff »der Jüdische Staat« durchgestrichen und durch das Wort Israel ersetzt. [116]

Heute noch oder wieder die Frage nach der völkerrechtlichen Legitimität des UN-Teilungsplanes bzw. der israelischen Staatsgründung aufzuwerfen, erscheint vor dem Hintergrund der überaus komplizierten Entstehungsgeschichte des Teilungsplans, die hier nur skizziert werden konnte, wenig ergiebig. Doch ist es offenkundig, dass höchst unterschiedliche und widersprüchliche Großmacht- und Regionalinteressen in die UN-Entscheidung eingegangen sind. Sie haben mit Sicherheit schwerer gewogen als völkerrechtliche Überlegungen. In der gegenwärtigen Diskussion um die Lösung der Israel-Palästina-Problematik ist die Frage der Legitimität des UN-Teilungsplanes obsolet geworden, weil beide Seiten diesen Plan nicht akzeptiert haben: Die arabische Seite lehnte ihn offiziell ab, die jüdische Seite stimmte ihm pro forma zu, hielt sich aber von Anfang an nicht an seine Bestimmungen.

Die Vertreibung der palästinensischen Bevölkerung

Die bewaffneten Auseinandersetzungen zwischen der arabischen und der jüdischen Seite verschärften sich nach dem Beschluss über die Teilung Palästinas. Noch vor der Staatsgründung Israels begingen die Einheiten des Irgun unter Menachem Begin am 9. April 1948 ein Massaker in dem palästinensischen Dorf Deir Yassin nahe Jerusalem, das nach dem Beschluss der UNO unter internationaler Kontrolle

---

116 A.a.O., S. 9

stehen sollte. Mehr als 100 palästinensische Zivilisten fielen diesem grausamen Überfall zum Opfer. Unter der palästinensischen Bevölkerung entstand Panik, zumal er kein Einzelfall blieb. Dem Massaker folgte ein palästinensischer Gegenschlag auf einen jüdischen Sanitätstransport mit 70 Toten. Aber, wie Rolf Verleger in der Auseinandersetzung mit dem »Mythos« schreibt, wonach die arabische Bevölkerung angeblich freiwillig das Land verlassen habe: »Das Signal von Deir Yassin wurde verstanden: Viele Araber flüchteten Hals über Kopf ...«.[117] Noch vor Beginn des arabisch-israelischen Krieges verließen zwischen 250.000 und 300.000 Palästinenser ihre Heimat – entweder infolge der direkten Vertreibungsaktionen der zionistischen Paramilitärs oder aus Panik oder auch als Folge der Aufrufe arabischer Führer, vorübergehend das Kampfgebiet zu verlassen. Was das stärkste dieser drei Motive war, darüber wird heute noch heftig gestritten. Es ist aber eine Tatsache, dass durch die militärischen Aktionen die Zionisten 21 Prozent des von der UNO den Palästinensern zugesprochenen Territoriums erobert und besetzt haben – und zwar noch vor der Staatsgründung Israels. Im Verlauf des Krieges erhöhte sich die Zahl der Flüchtlinge weiter. 1953 beschloss das israelische Parlament die Enteignung des Landes der palästinensischen Flüchtlinge und Vertriebenen und unterband gewaltsam deren Rückkehr.

Die Vertreibung der arabischen Bevölkerung war nicht das erklärte Ziel der sozialistisch-zionistischen Linken gewesen. Neben den linken und liberalen Intellektuellen sowie den israelischen Kommunisten war es die Mapam-Partei, die gegen die Vertreibungspolitik der ersten Regierung Israels unter Ben-Gurion protestierte. In einem Neun-Punkte-Beschluss des Vorstandes der Mapam vom 27. Mai 1948 rief sie, noch während die Kämpfe in Palästina/Israel andauerten, zu Protesten auf. »Die neun Beschlüsse, die das Gremium verabschiedete, verurteilten die Vertreibung der palästinensischen Araber aus dem nunmehr im Aufbau begriffenen Staat und forderten die kriegsunwilligen Palästinenser dazu auf, im Staat zu bleiben und sich mit für den Frieden einzusetzen. Der Protest richtete sich auch

---

117 Verleger, S. 61

gegen die nicht kriegsbedingte Zerstörung arabischer Dörfer und die ungesetzliche Beschlagnahme von Fabriken und anderen Produktionsstätten aus dem Besitz geflohener Araber.«[118]

Die zionistische Arbeiterbewegung hatte damals noch die Führung im Jishuv inne. Im Spektrum dieser Linken gab es als Minderheitsposition durchaus Vorstellungen eines friedlichen Miteinanders – bis hin zu den Vorstellungen eines binationalen Staates, wie oben dargestellt. Dies mag auch der Grund dafür sein, dass der Geheimdienst der Hagana sich bei der Formulierung des sogenannten Planes D um ein defensives Vokabular bemühte. Das Konzept des »Bevölkerungstransfers«, wie die Vertreibung der Palästinenser euphemistisch genannt wurde, war aber durchaus im Sinne der rechten Zionisten. Staatsgründer Ben-Gurion hat dieses Konzept offen gerechtfertigt, als er sagte: »Unsere Feinde sind die arabischen Bauern.«[119]

Gegenwärtig wird unter israelischen Historikern und – auch israelischen – Kritikern des Zionismus diskutiert, wie diese Phase der militärischen »Landnahme« unmittelbar vor der Staatsgründung zu bewerten ist, die nach dem »Plan Dalet« (Plan D) auch außerhalb des von der UNO zuerkannten Territoriums durchgeführt wurde. Die offizielle Version beharrt auf einem rein defensiven Charakter. Das Wesen des Planes war nach Benny Morris die »Säuberung des Territoriums des künftigen jüdische Staates von feindlichen und potenziell feindlichen Kräften« sowie die Sicherung seiner Grenzen in Antizipation der Invasion durch die arabischen Staaten.[120] Dagegen bezeichnen einige Kritiker diese Militäraktionen als kolonialistische Aktivitäten, andere als ethnische Säuberungen und berufen sich dabei auf Dokumente aus israelischen Armeearchiven, die in den 90er Jahren der Öffentlichkeit zugänglich gemacht wurden. So entnimmt z. B. der Historiker Ilan Pappe diesen Dokumenten, »dass der Plan Dalet für die Brigadekommandeure keine vage Richtlinie war, sondern klarer, eindeutiger

---

118 Flapan, S. 163

119 Ilan Pappe: Die ethnische Säuberung Palästinas. Verlag 2001, 2007, hier zitiert nach www.forumgermanicum.net/forum/archive/index.php?t-708.html

120 Benny Morris lt. Wikipedia zum Plan D. In: en.wikipedia.org/wiki/plan_Dalet

Befehl zum Handeln.« Zudem sei in dem Plan nicht die Möglichkeit vorgesehen gewesen, dass die palästinensischen Dörfer durch Kapitulation »ihrem Schicksal entgehen konnten«. Seine Schlussfolgerung: »Es ist nicht so, dass die zionistische Bewegung, indem sie den Nationalstaat gründete, einen Krieg begann, der ›tragischerweise, aber unvermeidlich‹ zur Vertreibung von Teilen der einheimischen Bevölkerung führte. Es ist eher umgekehrt: Die ethnischen Säuberungen des Landes waren das Ziel, wonach die Bewegung trachtete, um den Staat zu gründen. Der Krieg war die Folge, das Mittel, um sie auszuführen.« [121]

Der Plan Dalet

»Das Ziel dieses Planes ist, die Kontrolle über die Gebiete des hebräischen Staates zu gewinnen. Er zielt auch darauf ab, die Kontrolle über die Gebiete der jüdischen Siedlungen und (Bevölkerungs-)Konzentrationen zu gewinnen, die außerhalb der Grenzen (des hebräischen Staates) liegen, gegen reguläre, halb-reguläre und kleine Kampfeinheiten, die von außerhalb oder innerhalb des Staates operieren … Ganz allgemein ist das Ziel des Planes, keine Okkupationsoperationen außerhalb der Grenzen des hebräischen Staates durchzuführen. Jedoch was die feindlichen Stützpunkte betrifft, die direkt an der Grenze liegen und die als Plattform für die Infiltration in staatliches Territorium genutzt werden könnten, so müssen diese zeitweilig besetzt und nach Feinden durchsucht werden – in Übereinstimmung mit den o. a. Richtlinien, und sie müssen dann in unser Defensivsystem eingebaut werden, bis die Operationen beendet sind…

Zunehmende Operationen gegen Zentren der feindlichen Bevölkerung, die innerhalb oder in der Nähe unseres Defensivsystems liegen, um zu verhindern, dass sie als Basen für aktive bewaffnete Kräfte benutzt werden.«

Der Plan D definierte den Feind, seine zu erwartenden

militärischen Kräfte, seine vermuteten Operationen und taktischen Methoden. Alle Maßnahmen, die der Verhinderung dieser unterstellten Absichten dienten, wurden als eine Art Putativnotwehr legitimiert.

Auf dieser Grundlage wurden die eigenen Ziele als rein defensive dargestellt und die Aufgaben der verschiedenen militärischen Abteilungen festgelegt. Die Zerstörung der arabischen Dörfer (durch Brand, Explosionen, Verlegung von Minen in die Trümmer), ihre Durchkämmung nach Widerstandskräften und ggf. die Vertreibung der Bevölkerung aus dem Staatsgebiet wurden im Plan D ebenso als defensive Maßnahme bezeichnet wie die Okkupation und Kontrolle der staatlichen Einrichtungen (Post, Telefon, Eisenbahn, Polizei, Häfen) in den großen Städten. Dazu gehörte auch, die arabischen Wohngebiete zu isolieren, von den Transport- und Kommunikationslinien abzuschneiden, was auch die Versorgung mit Wasser, Strom und Treibstoff beinhaltete. Dies sollte durch das Verlegen von Minen, die Sprengung von Brücken und ein System von Hinterhalten sowie durch Sabotageaktionen bewirkt werden. Auch die militärischen Angriffe auf feindliche Basen außerhalb des Staatsgebietes wurden entsprechend des Grundkonzeptes als Defensivmaßnahmen, als Gegenangriffe bezeichnet.

Allerdings wurden diese Maßnahmen bereits ergriffen und auch außerhalb des künftigen israelischen Staatsgebietes angewandt, bevor der erste arabische Soldat einen Fuß auf palästinensischen Boden gesetzt hatte – wohlgemerkt auf das den Palästinensern von der UNO zugeteilte Territorium. Ganz offensichtlich waren auch viele Operationen gegen die palästinensische Zivilbevölkerung gerichtet, die ihrer Lebensgrundlagen beraubt würden, wenn sie ihre Städte und Dörfer nicht verließen.[122]

---

122 Alle Informationen und Zitate zum Plan Dalet in: Plan Daleth (Plan D), in: www.mideastweb.org/pland.htm

Die Gründung des Staates Israel

Am 14. Mai 1948 endete die britische Mandatsherrschaft über Palästina. An diesem Tag wurde der Staat Israel gegründet; und an eben diesem 14. Mai begann der Angriff der wie eine Übermacht erscheinenden arabische Truppen aus Ägypten, Transjordanien, Irak, Syrien und Libanon auf Israel. Aber wie war diese Übermacht tatsächlich beschaffen?

Die ägyptischen Streitkräfte galten als die am schlechtesten ausgerüstete Armee Arabiens. Von den höchstens 10.000 Soldaten, die für den Krieg bereitgestellt wurden, verfügte nur eine 4.500 Mann starke Abteilung über Panzer und Luftunterstützung. Ihre Munitionsvorräte waren gering und Fahrzeuge zur Durchquerung der Wüste so gut wie nicht vorhanden. König Abdallah von Transjordanien hatte Verbände der Arabischen Befreiungsarmee und der Arabischen Legion geschickt. Die Arabische Legion war die am besten ausgerüstete und trainierte Armee Arabiens, ihr Offizierskorps war überwiegend britisch. Dies galt auch für ihre Finanzierung und den Nachschub.[123] Aufgrund einer Vereinbarung zwischen Golda Meir und König Abdallah haben sich die Streitkräfte aus Jordanien, deren Zahl auf 4.500 geschätzt wird, nur unwesentlich an den Kampfhandlungen gegen Israel beteiligt. Aus dem Irak kam eine Panzergrenadierbrigade mit einer Stärke von 3.000 bis 4.000 Mann, aus Syrien eine gemischte Brigade aus maximal 3.000 Mann, Libanon steuerte höchstens 1.000 Soldaten bei. Die Kräfte des Muftis Hussaini, Hauptträger des bewaffneten palästinensischen Widerstandes, betrugen kaum mehr als 3.000 Bewaffnete. »Faktum ist«, so Simcha Flapan, »dass die Überlegenheit der Juden sowohl über die arabischen Palästinenser als auch über die arabische Invasionsarmee nie in Zweifel stand.«[124] Und »die Zionisten selbst waren sich ihrer militärischen Überlegenheit sicher.«[125]

---

123 Nathan Weinstock: Das Ende des britischen Mandats: Der »Unabhängigkeitskrieg« des Yischuws und die Geburt des israelischen Staates, S. 5f. In: www.trend.infoparteisan.net/trd1104/t201104/html

124 Flapan, S. 286

125 A. a. O., S. 287

Die Hagana konnte bei Ausrufung des Staates 60.000 Männer und Frauen – bei einer Gesamtbevölkerung von 650.000 – mobilisieren. Zwischen März und Juli waren an kriegstauglichen Freiwilligen nach Israel geströmt: über 7.400 aus Marseille, über 2.600 aus Italien, über 2.800 aus Balkanländern. Danach trafen Freiwillige aus Polen, West- und Nordeuropa, Lateinamerika und Nordamerika ein. Im Dezember 1948 erreichte die israelische Armee eine Stärke von 96.441 Bewaffneten. Sie waren überwiegend gut ausgebildet, im Unterschied zu den arabischen Soldaten hoch motiviert und sie erhielten massive Militärhilfe aus dem Ausland. Von Anfang an war der Jishuv den gesamten arabischen Streitkräften überlegen. Dies wurde im Verlaufe des Krieges noch deutlicher.

Eine besondere Rolle bei der militärischen Unterstützung Israels spielte die Tschechoslowakei. Nach Arno Lustiger, aber auch anderen Autoren, lieferte die Tschechoslowakei auf Geheiß Stalins Waffen, Munition und militärische Ausrüstungen. Doch die Unterstützung war, wie Lustiger ausführt, noch umfassender: »Die Überlebenden des Holocaust aus Osteuropa, die über die DP-Lager illegal nach Palästina einwanderten, und die Waffenlieferungen bewirkten, dass der gerade entstandene Staat dem Ansturm von fünf arabischen Armeen standhalten konnte.«[126] Wenn man Milan Rokos[127] Glauben schenkt, war nicht das »Geheiß Stalins« ausschlaggebend, sondern eine Vereinbarung der Regierung Masaryk mit der zionistischen Führung, die auch von der Nachfolge-Regierung Gottwald übernommen wurde. Nach der Erinnerung des in Prag geborenen israelischen Historikers Yehuda Bauer, der an einem Treffen des ZK der tschechischen KP teilgenommen hatte, wurde die Entscheidung für die Militärhilfe so getroffen: »Jemand sagte, dass man die sowjetischen Kollegen fragen muss. Es wurde geantwortet, dass bereits gefragt wurde und die Antwort war: Wenn ihr nicht an das Spanien Francos verkauft, könnt ihr machen, was ihr wollt.« Über eine Luftbrücke wurden die Waffen – 20.000 Gewehre, Maschinengewehre und Munition – heimlich

---

126 Arno Lustiger: Rotbuch: Stalin und die Juden. Berlin 1998, S. 187
127 Lidovo Noviny vom 10.05.08

nach Israel transportiert. Im Mai 1948 lieferte die Tschechoslowakei mehrere Flugzeuge vom Typ Avia S-199 und Spitfire. Israelische Piloten wurden in Böhmen ausgebildet, Panzerfahrer in Mähren, Flugzeugmechaniker und Fallschirmspringer in Nordböhmen. Außerdem wurde eine jüdische Brigade von etwa 1.000 Mann zusammengestellt und in Mähren ausgebildet. Die meisten von ihnen hatten während des Zweiten Weltkrieges in der Armee von General Svoboda gekämpft, die in der Sowjetunion gebildet worden war.

Petr Munk gehört zu den in der Tschechoslowakei ausgebildeten Kampfpiloten. Unter dem Namen Yehuda Manor lebt er noch in Israel und kommt ausführlich in dem Artikel von Rokos zu Wort. Er ist einer »von Hundert tschechischen Gründern des jüdischen Staates«. Ben-Gurion würdigte deren Rolle bei der Gründung Israels: »Es war die Hilfe von Jan Masaryk und Vladimir Clementis. Ich werde sie nie vergessen. Außer diesen zwei Männern, mit denen wir verhandelten, hat uns im Namen des tschechischen Volkes die tschechische Regierung geholfen. Ich möchte, dass jeder Jude über diese Hilfe weiß und sie auch schätzt. Ohne deren Waffen hätten wir keinen Erfolg gehabt.«[128] Sicher ist aber auch die Einschätzung richtig, dass ohne die Zustimmung Stalins diese Unterstützung nicht möglich gewesen wäre. Diese Phase der Unterstützung des jungen israelischen Staates endete, als Stalin sich außenpolitisch von Israel ab- und den arabischen Staaten zuwandte. Dies hatte für die Akteure in der Tschechoslowakei schlimme Folgen: »Lange Gefängnisaufenthalte und auch Todesurteile waren keine Ausnahme.«[129]

Die arabischen Streitkräfte mussten im Februar 1949 ihre Niederlage eingestehen. Unter den vielfältigen Gründen war das personelle und technische Übergewicht der israelischen Streitkräfte entscheidend. Die Mehrheit der arabischen Soldaten waren Analphabeten, überwiegend schlecht ausgebildet und verfügten über eine niedrige Kampfmoral. Es gab faktisch kein gemeinsames Oberkommando, da-

---

128 Milan Rokos, Tschechische Gründer Israels, Lidove Noviny v. 10.05.08, in: haGalil.com

129 Rokos, S. 3

gegen jede Menge organisatorische Mängel innerhalb der Streitkräfte und eine schlechte Ausrüstung. Zudem wurde ihre Kampfkraft durch innerarabische Konflikte geschwächt.

Infolge des Krieges hatten etwa 720.000 Palästinenser durch Flucht und Vertreibung das von den israelischen Truppen kontrollierte Gebiet verlassen. Gleichzeitig wanderte eine große Zahl jüdischer Emigranten in Israel ein: Schon in den ersten vier Monaten nach der Staatsgründung strömten 50.000 Juden nach Israel, bis Dezember 1951 kamen weitere rund 700.000. Am Ende des Krieges von 1948/49 hatte Israel 78 Prozent Palästinas unter seiner Kontrolle. Israel zählte 1953 bereits eineinhalb Millionen jüdische Einwohner.[130] Nach der Staatsgründung waren die Herkunftsregionen der jüdischen Einwanderer mehrheitlich nicht mehr Europa sondern afroasiatische Länder, vor allem Jemen, Marokko, Libanon, Syrien und Irak, wo es infolge des Krieges zu antijüdischen Pogromen gekommen war.

Dieser erste Palästina-Krieg war für die palästinensische Bevölkerung eine Katastrophe. Er brachte der arabisch-palästinensischen Bevölkerung Flucht und Vertreibung aus dem von der israelischen Armee kontrollierten Machtbereich. Nur noch 22 Prozent des Territoriums waren den Palästinensern geblieben, weit weniger, als der UN-Teilungsplan vorgesehen hatte. Diese Phase ist als Naqba (Katastrophe) in die palästinensische Geschichte eingegangen. Simcha Flapan sieht in dem Krieg, der für die Juden ein Unabhängigkeitskrieg war, »das traumatische Ereignis in den jüdisch-arabischen Beziehungen«.[131] »Als Ergebnis dieses Krieges errang das jüdische Volk nach zweitausendjährigem Exil und nach mehr als fünfzig Jahren intensiver zionistischer Besiedlung einen eigenen Staat... Die Palästinenser dagegen wurden zu einem Volk von Flüchtlingen, ihrer Heimat und jeder realistischen Hoffnung auf nationale Selbstbestimmung beraubt, wehrlos der Unterdrückung und Diskriminierung durch Juden wie Araber ausgeliefert. Die ganze arabische Welt litt unter der demütigenden Niederlage, die Israel ihr beigebracht hatte;

---

130 Robbe, S. 31
131 Flapan, S. 9

und so fiel sie Verwicklungen und Unruhen zum Opfer, die bis heute kein Ende genommen haben.«[132]

Dieser Krieg von 1948 hätte vermieden werden können. Davon ist Flapan überzeugt. Sein Argument: Israel hätte nur um sechs Monate die Staatsgründung verschieben müssen, denn die USA seien bei der Vermittlung eines Kompromisses mit den arabischen Staaten schon weit vorangeschritten gewesen. Die UNO hatte vorgeschlagen, nicht vor Oktober 1948 den Staat Israel zu gründen. Aber Israel rief seine Unabhängigkeit bereits im Mai mit der Begründung aus, dass ja schon Ende April der letzte britische Soldat das Land verlassen habe. Die Verkürzung der geplanten Gründungsfrist, so Flapan, war das Ergebnis »einer folgenschweren Wahl zwischen zwei Alternativen: der friedlichen Verwirklichung der Teilungsresolution auf der einen und der Lösung des Problems durch Krieg auf der anderen Seite. Die Wahl fiel auf den Krieg«.[133]

Am 19. März 1948 hatte die Regierung der USA einen Vermittlungsvorschlag an beide Seiten gerichtet: Sie sollten sich darauf verständigen, jegliche militärischen Unternehmungen zu unterlassen und die geplante Staatsgründung zu verschieben. Die Debatte konzentrierte sich dann auf die Waffenruhe und die Verschiebung der Staatsproklamation. Israel lehnte diesen Vorschlag ab, während die arabische Seite sich damit einverstanden erklärte. Nachum Goldmann, der spätere Vorsitzende des Jüdischen Weltkongresses, war wie Flapan der Meinung, wenn Israel sich mit der Ausrufung des jüdischen Staates, eines Staates, der de facto ohnehin schon existierte, mehr Zeit gelassen hätte, wäre eine Verständigung mit den Arabern möglich gewesen.[134] Noch schärfer äußerte sich Goldmann in einem Interview 1974. Mit der Ausrufung der Unabhängigkeit am 14. Mai 1948 beging Israel »eine Erbsünde«[135] Nach Flapan war es im Wesentlichen Ben-Gurion, der keine Verständigung mit der palästinensischen

---

132　Ebd.
133　A.a.O., S. 231
134　A.a.O., S. 232
135　New Outlook Dez. 1974, S. 17-19

Seite und den anderen arabischen Staaten wollte. Er hatte schon über Golda Meir mit dem transjordanischen Monarchen Abdallah ein Geheimabkommen geschlossen, wonach das Gebiet, das die UNO dem arabisch-palästinensischen Staat zugesprochen hatte, aufgeteilt werden sollte. Beide, Abdallah und Ben-Gurion, waren strikte Gegner eines unabhängigen palästinensischen Staates. Für Israel bedeutete diese Abmachung einen territorialen Zugewinn von 6.000 km². Damit war sein Territorium fast 50 Prozent größer, als die UNO durch den Teilungsplan festgelegt hatte. Nach Ende des Krieges lebten nur noch 120.000 von den vormals über 1,2 Millionen Palästinensern in dem nun erweiterten israelischen Staatsgebiet (Waffenstillstandslinien von 1949) unter Bedingungen weitgehender politischer und rechtlicher Restriktionen, die bis zum heutigen Tag andauern.

Die Vertreibung der Palästinenser war indessen nicht bloß das Produkt der Kriegsereignisse von 1948. Im Zusammenhang mit dem Plan Dalet war dies schon angeklungen. Der bekannte israelische Historiker und Autor der linksliberalen Zeitung Haaretz, Tom Segev, kommt zu dem Ergebnis, dass »die Vorstellung des Bevölkerungstransfers in der zionistischen Ideologie tief verwurzelt« ist. »Sie ist eine logische Folgerung des Prinzips der Trennung von Juden und Arabern und spiegelt den Wunsch wider, den jüdischen Staat in der Tradition der europäischen, nicht der nahöstlichen Kultur zu errichten.«[136] Darüber hinaus, so Segev, entsprang die Vertreibung der Palästinenser »nicht nur der zionistischen Ideologie« sondern »auch der Tatsache, dass es zwischen den beiden Nationalbewegungen keine Basis für einen Kompromiss gab«.[137] Denn die jüdischen und palästinensischen Kräfte, die einen Kompromiss wollten, waren nicht mehrheitsfähig.

Das Recht des palästinensischen Volkes auf einen unabhängigen Staat, das von der UNO immer wieder betont wurde und wird, das selbe Völkerrecht, auf das sich Israel stets beruft, wurde dem zionistischen Ziel eines möglichst homogenen jüdischen Staates bislang immer untergeordnet.

---

136   Tom Segev: Es war einmal ein Palästina. München 2005, S. 445
137   A. a. O., S. 446

Im historischen Rückblick blieb das linke, humanistische Konzept des binationalen Staates eine Utopie. Es erwies sich, so Daniel Reisel von Brit Shalom, als unrealistisch, denn weder unter Juden noch unter den Palästinensern gab es ein ausreichend starkes Interesse, ernsthaft die schwierige Kooperation zu versuchen. Die territoriale Lösung, die Bildung eines eigenen jüdischen Staates, war das »realitätstaugliche« Konzept; es setzte auf Machtpolitik, Krieg und Vertreibung, statt auf Ausgleich und Gerechtigkeit. Es war das Konzept jener Kräfte innerhalb des Zionismus, die dem UN-Teilungsplan nur mit dem Vorbehalt zugestimmt hatten, das Israel zugestandene Territorium bei nächster Gelegenheit auf ein Gebiet auszudehnen, das nach Möglichkeit bis nach Ägypten und zum Euphrat reichte, und die sich deshalb bis heute einer Festlegung der israelischen Grenzen widersetzen. Diese Kräfte waren die bestimmenden, mit ihnen war eine friedliche Kompromisslösung unrealistisch. Mit der binationalen Lösung war die Hoffnung verbunden gewesen, eine offenkundige Ungerechtigkeit gegenüber den arabischen Bewohnern Palästinas, die mehr als die Hälfte ihres bisherigen Landes verloren, zu vermeiden. Doch selbst wenn innerhalb der beiden Bevölkerungsgruppen eine Mehrheit für die binationale Lösung vorhanden gewesen wäre, – ihre politischen Führer waren zu Kompromissen nicht bereit. Unter diesen Bedingungen ließ sich der UN-Teilungsplan nicht durchsetzen.

Der Holocaust legitimierte die Gründung Israels

Die Verfolgungsgeschichte der europäischen Juden kennt neben Zeiten systematischer Diskriminierung, Glaubensunterdrückung und Vertreibung auch zahlreiche mörderische Pogrome – in West- und in Osteuropa. Ein religiös begründeter Antijudaismus und rassistische antisemitische Vorurteile wurden über die Jahrhunderte tradiert und konnten jederzeit mobilisiert werden, um die meist von den Herrschenden, einschließlich der christlichen Kirchen, gesteuerten Pogrome durch organisierte Volkswut und Massenhysterie zu unterfüttern. Der Mechanismus, in Klassengesellschaften die Wut der

Unterdrückten auf einen Sündenbock – so die Juden – umzulenken, hatte sich in Europa bewährt und er wirkte bis ins 20. Jahrhundert fort, ja bis in die Gegenwart. Der Antisemitismus war über Generationen tradierter Bestandteil des Alltagsbewusstseins der Menschen; die Einsicht in seine gesellschaftliche Funktion gehörte mehr oder weniger nur zum Allgemeingut der Linken, die ihn als hässliche Begleiterscheinung des Kapitalismus ansahen.

Die deutsche Arbeiterbewegung wurde in den 30er Jahren des letzten Jahrhunderts mit der anwachsenden faschistischen Bewegung in Deutschland konfrontiert. Obwohl die Nationalsozialisten den tradierten bürgerlichen Antisozialismus zu einem wütenden Antikommunismus zuspitzten und in der Konstruktion einer »jüdisch-bolschewistischen Weltverschwörung« mit ihrem hasserfüllten Antisemitismus verbanden, hat die Arbeiterbewegung weder die Gefahr der eigenen Vernichtung, geschweige denn die Gefahr der Auslöschung des europäischen Judentums erkannt. Letzteres zunächst auch nicht, als das NS-Regime dezidiert judenfeindliche Gesetze wie die Nürnberger Rassengesetze erließ. Von den bürgerlichen Kräften mit ihren tiefen Ressentiments gegenüber der Arbeiterbewegung und antisemitischen Einstellungen war ohnehin kein Bewusstsein von den Gefahren des Faschismus zu erwarten gewesen. Die KPD veröffentlichte Mitte November 1938 die Erklärung »Gegen die Schmach der Judenpogrome«, mit der sie »an alle Kommunisten, Sozialdemokraten, Demokraten, Katholiken und Protestanten« appellierte: »Helft unseren gequälten jüdischen Mitbürgern mit allen Mitteln! Isoliert mit einem Wall der eisigen Verachtung das Pogromistengesindel von unserem Volke!« Nicht die Juden seien es, die den Frieden gefährdeten und Deutschland in einen neuen Krieg trieben. »Es sind die Krupp, Thyssen, Mannesmann, Flick usw., die alten imperialistischen Verderber Deutschlands, die Kriegsgewinnler vom letzten Weltkrieg, die Inflationsgewinnler in der Republik, die Rüstungsgewinnler von heute, in deren Auftrag Hitler bereit ist, das deutsche Volk wieder in einem Krieg hinzuopfern.«[138]

---

138 Die Rote Fahne – Sonderausgabe gegen Hitlers Judenpogrome, 1938, Nr. 7. In: Institut für Marxismus-Leninismus beim Zentralkomitee der SED (Hg.): Geschichte der deutschen Arbeiterbewegung Bd. 5, Berlin 1966, S. 509 ff.

Die deutschen Juden wurden nach und nach aus dem gesellschaftlichen Leben ausgeschlossen, zunehmend drangsaliert, ihrer Existenzgrundlagen beraubt, im Krieg schließlich in Konzentrations- und Vernichtungslager deportiert und ermordet. Die Vernichtungspolitik gegenüber den Juden wurde in allen im Krieg unterworfenen Ländern Europas systematisch fortgesetzt, vor allem durch die Waffen-SS, aber auch durch die Wehrmacht. In die Vorbereitung, Durchführung und Rechtfertigung der NS-Vernichtungspolitik waren in Deutschland Millionen Menschen auf allen Ebenen der Gesellschaft einbezogen. Außer den unmittelbar Verantwortlichen in der NS-Regierung, der SS und der Gestapo nahmen in unterschiedlichem Maße an der Vernichtung des Judentums teil: Politiker, Unternehmer, Wissenschaftler, Juristen, Publizisten, Künstler, Ärzte, die Kirchen, Beamte verschiedenster Ebenen, Wehrmachtsangehörige von höchsten bis zu den niedersten Rängen, Polizisten bis hin zu den denunzierenden Nachbarn, Männern und Frauen. Selbst die Bahnarbeiter, die die Weichen für die Züge nach Auschwitz stellten, haben ihren Beitrag zum Funktionieren des Holocausts geleistet. Viele der Täter profitierten direkt oder indirekt – zum Beispiel von der Ausschaltung der Juden aus dem Wirtschaftsleben; nichtjüdische Deutsche erhielten deren Arbeitsplätze, nichtjüdische Ärzte, Rechtsanwälte, Wissenschaftler, Wirtschaftsführer, aber auch Künstler und Schauspieler wurden von lästiger Konkurrenz befreit. Auch an der Enteignung der ins Exil Vertriebenen, an der »Arisierung« jüdischer Unternehmen bereicherten sich nicht nur ausgewiesene Nazis. Von der Vertreibung der Juden aus ihren Häusern und Wohnungen, von der Beschlagnahmung von Kunst- und anderen wertvollen Gegenständen profitierte eine große Zahl nichtjüdischer Deutscher.

Juden in den KZ und Vernichtungslagern leisteten unbezahlte Zwangsarbeit für deutsche Konzerne oder sie wurden von skrupellosen Ärzten als menschliche »Versuchskaninchen« für pseudomedizinische Experimente missbraucht. Auf ihren geschundenen Körpern stiegen die KZ-Ärzte ihre Karriere-Leitern empor.

Weder die Linken noch die Juden selbst hatten sich diese ungeheuerlichen, barbarischen Ausformungen des Antisemitismus jemals vorstellen können; diese fast ein ganzes Volk erfassende Erosion der zivilisatorischen und moralischen Grundlagen des gesellschaftlichen Zusammenlebens, diese grenzenlose Enthemmung, die alle christlichen und humanistischen Werte als leere Hülsen über Bord warf. Aus Deutschland, dem Land der Dichter und Denker, war ein Land der Richter und Henker (Karl Kraus) geworden. In keinem anderen faschistischen Land war die Vernichtung der Juden ein systematisch verfolgtes und industriell betriebenes Ziel der Regierungspolitik gewesen. Und nirgendwo sonst außer in Deutschland konnte eine faschistische Regierung auf millionenfache Unterstützung für ihre Politik der Auslöschung des jüdischen Volkes bauen. Ohne diese Unterstützung hätte die bürokratische Vernichtungsmaschinerie, in der die individuelle Verantwortung später als »Befehlsnotstand« verneint wurde, nicht funktionieren können! Das macht die Einmaligkeit des Holocaust aus, dem an die 6 Millionen Juden aus ganz Europa zum Opfer gefallen sind. Das unterscheidet ihn von allen vorangegangenen Pogromen, aber auch von jedem der vorangegangenen Völkermorde an anderen Völkern.

Viele der überlebenden Juden der KZ und Vernichtungslager, die sich nach der deutschen Kapitulation zum großen Teil in Lagern für Displaced Persons sammelten, wollten Deutschland so schnell wie möglich verlassen. Sie wollten zu ihren wenigen verbliebenen Angehörigen, die nach Palästina geflohen waren oder in anderen Ländern Zuflucht gefunden hatten. Doch diese Länder sperrten sich vor der Aufnahme neuer jüdischer Flüchtlinge. Die Zionisten Israels organisierten illegale Schiffsreisen, während die Mandatsmacht Großbritannien Flüchtlingsschiffe sogar vor den Küsten Palästinas zur Umkehr zwang. Angesichts der fürchterlichen und ungeheuerlichen Details über den Holocaust, die nach und nach an die deutsche und internationale Öffentlichkeit gelangten, war die Situation der jüdischen Flüchtlinge und in Auffanglagern wartenden Überlebenden in jeder Hinsicht inakzeptabel. Nicht eine Übergangslösung war gefragt, sondern eine Lösung, die dem jüdischen Volk die Chance gab, einen »sicheren Hafen«, ein gesichertes eigenes Staatswesen aufzubauen. Diese internationale Aufgabe war von höchster Dringlichkeit. Und wie immer, wenn Großmächte mit ihren höchst widersprüchlichen, ja sogar entgegengesetzten Interessen einen Kompromiss aushandeln, um einen lokalen Konflikt zu regeln, war auch der in Palästina erreichte Kompromiss mit dem Makel der Ungerechtigkeit versehen. Er war ohne die Einbeziehung der beiden Konfliktparteien entstanden. Darüber hinaus war die UNO nicht bereit, sich als Garantiemacht für die Durchsetzung des Teilungsplanes zur Verfügung zu stellen. So enthielt der Kompromiss im Kern alle späteren Konfliktfelder, die die Lösung der Nahostfrage bis zum heutigen Tag unendlich erschwert haben.

Aus Anlass des UNO-Beschlusses über die Teilung Palästinas wiederholte Andrej Gromyko wesentliche Grundgedanken seiner Rede vom Mai 1947 und betonte: »Sie wissen, dass es in Westeuropa kein einziges Land gab, dem es gelang, das jüdische Volk gegen die Willkürakte und Gewaltmaßnahmen der Nazis zu schützen. Die Lösung des Palästina-Problems, basierend auf einer Teilung Palästinas in zwei separate Staaten, wird von grundlegender historischer Bedeutung sein, weil eine solche Entscheidung die legitimen Ansprüche des jüdischen Volkes berücksichtigt.«[139] Nach Einschätzung von Arno Lustiger bildete diese Rede Gromykos zusammen mit der Balfour-Deklaration die entscheidende Voraussetzung für die »völkerrechtliche Anerkennung eines jüdischen Staates in Palästina«. »Ohne die Intervention der Sowjetunion wäre der Staat Israel nicht gegründet worden, zumindest 1948 nicht.«[140] Sie habe die Staatsgründung dadurch gefördert, dass sie die Migration von »Hunderttausenden Juden aus dem Ostblock« zunächst in die Lager für Displaced Persons in Westeuropa und von da nach Palästina zugelassen und damit die UNO unter Druck gesetzt habe, so dass sie dem Teilungsplan zustimmte.

Man kann zwar heute mit Recht davon ausgehen, dass nicht Solidarität mit den Jüdinnen und Juden die eigentlichen Beweggründe Stalins waren, sondern dass er auf diese Art und Weise die

---

139 Lustiger, S. 185 f.

140 Lustiger, S. 183

geopolitische Konkurrenz zu Großbritannien austragen und »den Westen« schwächen wollte. Trotzdem bleibt die Rede Gromykos auch heute noch bedeutsam. Die Tragik besteht darin, dass nur ein Staat ohne den anderen zustande kam. Der Grundgedanke Gromykos, dass die Lösung des Problems zwei Staaten bedingt, findet sich heute in veränderter Form in jenen Grundsätzen wieder, die die Nahostpolitik der Autoren bestimmen: Frieden und Sicherheit für Israel – Frieden und Gerechtigkeit für Palästina. Dieser Zusammenhang ist unauflösbar.

Zu den Konflikten, in die der herrschende Zionismus die israelische Linke stürzte, gehört, dass die permanente Unterordnung des sozialistischen Ansatzes im Zionismus unter die nationalen Ziele verlangt wurde. In der Realität, die die sozialistisch orientierten jüdischen Einwanderer im arabisch geprägten Palästina vorfanden, war es nicht einfach, ihr emanzipatorisches sozialistisches Bewusstsein aufrechtzuerhalten. Dazu schrieb Mario Offenberg: »Wie man weiß, waren in der Partei Sozialistischer Arbeiter (MPS), die sich 1919 in Jaffa konstituierte, nur jüdische Arbeiter organisiert, die getragen von ihrem zionistischen Bewusstsein ins Land gekommen waren, um ihre zionistischen Vorstellungen in irgendeiner Verbindung mit dem Sozialismus zu verwirklichen. Sie waren also einerseits zum großen Teil durch die Überzeugung geprägt, die weltweite ›Judenfrage‹ müsste durch die territoriale Konzentration der Juden in Palästina gelöst werden, während ihnen andererseits die arabische Realität dieses Landes in die Augen stach. In dieser Situation lag ein Widerspruch, und die zionistischen Einwanderer steckten mitten in ihm drin: Ihr zionistisches Bewusstsein kollidierte frontal mit ihrem sozialistischen.«[141] Die MPS löste diesen Konflikt, indem sich ihre Mehrheit als Kommunistische Partei Palästinas (später Kommunistische Partei Israels) konstituierte, mit der zionistischen Bewegung brach und Mitglied der Kommunistischen Internationale wurde.

---

141 Mario Offenberg: Kommunismus in Palästina. Nation und Klassen in der antikolonialen Revolution. Meisenheim 1975, S. 168

Als Palästina und der Nahe Osten durch nationalistische Konflikte erschüttert wurden, nahm die Kommunistische Partei eine internationalistische Haltung ein. Sie wollte gemeinsam mit den Arabern gegen die britische Mandatsmacht und die reaktionären Kräfte in Palästina kämpfen und gewann innerhalb der arabischen Bevölkerung eine – wenn auch schwache – Basis. Der Kommunistischen Partei ist es hoch anzurechnen, dass sie als einzige Partei auch im späteren Israel gleichberechtigt Juden und arabische Israelis als Mitglieder hatte und hat.

V. Antizionismus, Antisemitismus, Wiedergutmachung

Zu antisemitischen Aspekten des Antizionismus

Die antisemitischen Züge, die im Antizionismus vor allem der späten Stalinzeit enthalten waren, waren schon im »großen Terror« der Jahre 1936–1938 erkennbar. Sie prägten aber insbesondere nach 1945 die Politik. Diese Aspekte bedürfen weiterer Forschungen. Eine wichtige Quelle ist u. a. Arno Lustigers »Rotbuch Stalin und die Juden«, dem viele Details entnommen wurden.

Sowjetunion
In den Jahren vor der Oktoberrevolution waren Juden nicht nur im »Bund«, sondern in allen oppositionellen Parteien und revolutionären Bewegungen aktiv. Auch unter den Führern der russischen Revolution waren zahlreiche Juden wie etwa Leo Trotzki, Karl Radek, Grigori J. Sinowjew, Leo B. Kamenew, Feliks Dzierzynski oder Jakow M. Swerdlow. Wladimir I. Lenin hatte den Antisemitismus immer entschieden verurteilt. Wie andere Marxisten seiner Zeit war er der Überzeugung, dass auf dem Wege der vollständigen Assimilation im Sozialismus der Antisemitismus verschwinden und die Lösung der »Judenfrage« gelingen werde. Es zeigte sich aber bald, dass dies kein automatischer Prozess war. Nach der Erringung der Macht wurde die jüdische Religion wie alle anderen Religionen in Russland bzw. der Sowjetunion verfolgt und die Entwicklung der traditionellen jüdischen

Kultur behindert. Aber die »säkularisierte und kommunistisch inspirierte« jiddische Kultur und Kunst erlebte eine neue Blüte: in Theater, Literatur, Buchproduktion, Malerei. Juden erlangten das Recht auf ihre Muttersprache in den Schulen, den Verwaltungen und vor Gericht. Doch aufgrund ihrer sozialen Herkunft waren viele von den staatsbürgerlichen Rechten ausgeschlossen, denn laut Verfassung von 1922 durften nur Angehörige der »werktätigen Klassen« am politischen Leben teilnehmen.[142] 1934 wurde Birobidschan zum Autonomen Jüdischen Gebiet ernannt. Birobidschan war eine Region im Osten an der chinesischen Grenze mit einem strengen Kontinentalklima und wirtschaftlich noch nicht erschlossen. Hier sollte die Sehnsucht der Juden nach einem eigenen Territorium in Erfüllung gehen?

Die Juden, die sich dort anzusiedeln versuchten, stießen auf katastrophale klimatische Verhältnisse, die ihnen unbekannt waren. Als Städter waren sie zudem völlig unvorbereitet für die landwirtschaftliche Produktion. Das Projekt schien wirtschaftlich zum Scheitern verurteilt. Laut Lustiger waren bis 1933 trotz materieller Anreize gerade erst 3.000 Menschen umgesiedelt – statt der erwarteten 25.000. Doch die Hoffnung auf eine eigene Republik wurde von den jüdischen Kommunisten zunächst nicht aufgegeben. Birobidschan sollte ein Gegengewicht gegen das zionistische Projekt in Palästina bilden – und dies unter dem Dach eines sozialistischen Staates, so hofften die jüdischen Kommunisten. Schulen wurden gebaut, Zeitungen auf Jiddisch publiziert. »Im Glauben, für die Juden eine proletarische Heimat zu bauen, wanderten auch Juden aus dem Westen und sogar aus Palästina nach Birobidschan aus«, schreibt Lustiger.[143] Doch während der »Säuberungen« 1937/38 sind »fast alle« Juden dort ums Leben gekommen. Die Führung des Autonomiegebietes wurde Opfer der Verfolgungspolitik, die nicht auf die autonome Region beschränkt war. Fast die gesamte jüdische Kultur der Sowjetunion fiel diesem Terror zum Opfer. Jüdische Zeitungen, Theater, Verlage und Schulen wurden liquidiert.

---

142   Lustiger, S. 72
143   A.a.O., S. 80

Diese Verfolgungen waren nicht antisemitisch begründet, schreibt Lustiger. »Der stalinistische Terror vor 1939 folgte ganz anderen Gesetzen als die Judenverfolgungen in Deutschland zur selben Zeit. Hunderttausende Sowjetbürger gerieten in die Fänge des NKWD, weil ihre Verwandten im Ausland lebten, weil sie in den zwanziger Jahren Westeuropa bereisten oder im Spanischen Bürgerkrieg gekämpft hatten oder sich vor der Revolution in anderen Parteien (»Bund« oder Zionisten) organisiert hatten.« Doch diese Gründe trafen in besonders hohem Maße auf die Juden zu. Das Risiko, »trotzkistischer« Abweichungen oder des »Bundismus«, des »jüdischen Nationalismus« oder des »Zionismus« verdächtigt zu werden, traf sie in besonderem Maße.[144]

Während der Kriegsjahre kam es zur Entspannung. Dem 1941 gegründeten Jüdischen Antifaschistischen Komitee (JAFK) war von Stalin die Aufgabe zugedacht, weltweit für die Unterstützung der Sowjetunion im Kampf gegen Hitlerdeutschland zu werben. Ein Jahr nach dem Überfall auf die Sowjetunion richtete das JAFK einen Appell an die Juden der Welt:

»Die Existenz des jüdischen Volkes ist in Gefahr: Lechajm o lemawet – Überleben oder umkommen!... Die Verantwortung für die Existenz der Juden ruht auf allen Juden zusammen und auf jedem einzelnen von uns. Gemeinsam mit allen Völkern unserer sowjetischen Erde schwören die Juden der Sowjetunion, ihr Hab und Gut, ihr Leib und Leben in der Schlacht gegen den mörderischen Faschismus zu opfern. Mit unserem Blut, mit dem Blut unserer Kinder, Brüder und Schwestern haben wir diesen Schwur unterzeichnet.«[145] Dem Ruf nach Solidarität und Hilfe antworteten Juden in aller Welt. Zeitweilig auch der Jishuv und die zionistische Gewerkschaft Histadrut. In der Sowjetunion konnte sich eigenständiges jüdisches Leben erneut entfalten; das antifaschistisch-jüdische Komitee in der Sowjetunion gewann weltweite Bedeutung. Doch alle seine Aktivitäten und die seiner einzelnen Führungsmitglieder waren den politischen

---

144 A. a. O., S. 83

145 Lustiger, S. 129

Interessen der Regierung untergeordnet und standen unter Kontrolle und Beobachtung durch den sowjetischen Geheimdienst. Dieser war bald davon überzeugt, dass erneut restriktive Maßnahmen gegen das wiedererwachende und sich ausbreitende jüdische Nationalbewusstsein notwendig seien. Antijüdische Stimmungen wurden erneut geschürt und Vertreter des JAFK schon verfolgt, während die UdSSR noch offiziell international zugunsten eines jüdischen Staates in Palästina agierte.

Die Gründung des Staates Israel löste unter den Juden der Sowjetunion eine regelrechte Euphorie, proisraelische Erklärungen und öffentliche Sympathiekundgebungen aus. Doch ab 1949 kam es zu einer gravierenden Kursänderung in der Stalinschen Politik gegenüber Israel und den Juden.

Stalins Gründe

Am Ende des Zweiten Weltkriegs zerbrach die Anti-Hitler-Koalition und die ideologischen wie machtpolitischen Widersprüche zwischen den einstigen Bündnispartnern bestimmten nun ihre Beziehungen, die mit dem Begriff »Kalter Krieg« treffend bezeichnet sind.

Seit am Ende des Ersten Weltkrieges im Nahen Osten reiche Erdölvorkommen entdeckt worden waren, rückte diese Region ins Zentrum der strategischen Interessen der Großmächte. Die Schwächung der bislang unangefochtenen Vormachtstellung des britischen Empires lag nicht nur im Interesse des US-Imperialismus, sondern auch der Sowjetunion. Die zionistische Nationalbewegung mit ihrem Kampf gegen die britische Mandatsmacht schien zunächst für die sowjetischen Interessen der geeignete Partner zu sein. Denn viele Juden, nicht nur die in linken Parteien organisierten, sympathisierten mit der Sowjetunion, deren Rote Armee Auschwitz und andere Lager in Osteuropa befreit hatte. Zweifellos haben diese strategischen Interessen Stalin veranlasst, 1947 in der UNO dem Ende der

> britischen Mandatsmacht und dem Teilungsplan zuzustimmen. Er erhoffte eine prosowjetische Orientierung Israels und ließ den ursprünglichen Plan eines binationalen Staates mit mehrheitlich arabischer Bevölkerung fallen aus dem Kalkül, dass die arabische Bevölkerung sich probritisch orientieren würde. Die Sowjetunion und die Tschechoslowakei erkannten Israel sofort nach der Staatsgründung an, andere Staaten des sozialistischen Lagers folgten im gleichen Jahr 1948. Sie verurteilten einhellig die Araber als Aggressoren im ersten Palästinakrieg.
>
> Doch bald ging es der sowjetischen Außenpolitik darum, auf die arabische Nationalbewegung stärkeren Einfluss zu gewinnen. Stalins Hoffnungen auf eine prosowjetische Färbung der israelischen Politik erfüllten sich nicht, denn bei den ersten Parlamentswahlen erreichten die Kommunisten nur 3,5 Prozent und die linkssozialistische Mapam nur 14,7 Prozent. Auch innenpolitische Erwägungen mögen für Stalins Umorientierung eine Rolle gespielt haben. Sein Schwenk zu einer proarabischen, antizionistischen Außenpolitik fand eine innenpolitische Entsprechung.

In der Sowjetunion wurde nun eine antizionistische und z.T. auch antisemitische Kampagne in Gang gesetzt – im Zeichen des Kampfes gegen den »Kosmopolitismus«, der als Feind des proletarischen Internationalismus betrachtet wurde. Die internationalen Kontakte, die das JAFK zur Mobilisierung der Solidarität mit der Sowjetunion während des Krieges geknüpft hatte, wurden ihm nun von der Staatssicherheit als »antisowjetische« und »nationalistische« Sabotage und Spionage ausgelegt. Verstärkt wurde diese Kampagne durch die sogenannte »Ärzteverschwörung«. Jüdische Ärzte wurden aufgrund von Falschaussagen beschuldigt, führende Staats- und Regierungsvertreter absichtlich falsch behandelt zu haben. Diese Kampagnen lösten eine antijüdische Hetze aus. Es kam zu Massenentlassungen von Juden aus der Armee, aus den Zeitungen, aus Kunst und Kultur, Wissenschaft und Wirtschaft. Es folgten Verhaftungen, unter Folter erzwungene Aussagen und Denunziationen. Der Prozess gegen 15 Mitglieder des JAFK vom Mai bis Juli 1952 endete mit dem Todesurteil gegen 13 Angeklagte. Ein Angeklagter war während der Haft zusammengebrochen, er starb im Januar 1953. Als einzige wurde Lina Stern zu Arbeitslager und anschließender Verbannung verurteilt. Erst 1989 wurden die Opfer rehabilitiert.

Der geplante »Ärzteprozess« – von den beschuldigten »Mörder-Ärzten« waren sechs Juden – wurde mit antijüdischer Propaganda publizistisch vorbereitet. Dies führte zu einer Art Massenhysterie. Patienten fürchteten, von jüdischen Ärzten vergiftet zu werden. Auf den Straßen wurden Juden angepöbelt; sie wurden aus dem öffentlichen Leben ausgeschaltet. Der Tod Stalins Anfang März 1953 verhinderte den Ärzteprozess und stoppte die antijüdische Eskalation, ohne indessen den Antijudaismus, der oft den stets latent vorhandenen Antisemitismus bediente, aus dem gesellschaftlichen und politischen Leben der Sowjetunion zu verbannen.

Kosmopolitismus

Kosmopolitismus bezeichnet ursprünglich einen philosophischen Standpunkt, der die gesamte Welt als Heimat und alle Menschen als gleichwertige Mitbürger ansieht. In der UdSSR und auch in der DDR wurde dieser Begriff in der späten Stalinzeit völlig pervertiert. Zunächst der Idee des proletarischen Internationalismus entgegengesetzt, wurde der Kosmopolitismus dann als »reaktionäre Ideologie der imperialistischen Bourgeoisie« definiert und als Kampfbegriff im Kalten Krieg eingesetzt. Seine antijüdische, antisemitische Stoßrichtung erhielt er dadurch, dass die begriffliche Herkunft als Weltbürgertum als konstituierend für die Juden, die über keinen eigenen Staat verfügten, unterstellt wurde.

Die antijüdischen Prozesse in der Sowjetunion wurden fast gleichzeitig mit dem öffentlichen Schauprozess gegen Slánský in Prag (1952), der Verhaftung von Noel Field und weiteren Willkürakten durchgeführt; sie trafen vor allem jüdische Kommunistinnen und Kommunisten. Auch in anderen Ostblockstaaten und in kommunistischen Parteien Westeuropas fanden Verfolgungen statt, unter deren Opfern sich sehr viele jüdische Kommunisten und Kommunistinnen befanden. Diese Politik war von antisemitischer Propaganda in kommunistischen Parteien und im öffentlichen Leben der realsozialistischen Länder begleitet. Die Juden in der Sowjetunion wurden in dieser Phase der Nachkriegspolitik Stalins für Propagandazwecke missbraucht, seinem Kampf um Machterhalt und den strategischen außenpolitischen Interessen der Sowjetunion untergeordnet und geopfert. Prominente Vertreter der sowjetischen Juden, die sich ihrer Heimat aufs engste verbunden fühlten, haben dabei ihr Leben verloren.

Gleichzeitig ist für sehr viele Überlebende des Holocaust die Rettung vor dem Tod mit dem Namen Stalins verbunden. Es war die Rote Armee, die Auschwitz befreite, es war die Rote Armee, die einen wesentlichen Anteil daran hatte, Hitlers Wehrmacht zu schlagen und zur Kapitulation zu zwingen. Arno Lustiger kommt in seinem »Rotbuch« zu dem Urteil: »Nachdem wir uns in diesem Buch ausführlich mit den an den sowjetischen Juden von Stalin und seinen Nachfolgern begangenen Verfolgungen und Verbrechen beschäftigt haben, ist es unerlässlich, der Millionen sowjetischer Soldaten zu gedenken, die im Kampf gegen Hitlerdeutschland gefallen sind oder in der Gefangenschaft ermordet wurden. Ohne ihr Opfer wäre die Welt verloren; sie haben uns vor der Herrschaft des mörderischen Nazismus gerettet. Auch den Helden der Roten Armee verdanken wir neben den westlichen Alliierten unser Überleben.«[146] Aber auch Jüdinnen und Juden, die sich in den besetzten europäischen Ländern versteckt hielten oder dem Widerstand angeschlossen hatten, verdankten ihr Überleben u.a. der Roten Armee.

---

146 A.a.O., S. 300

Auf diesen Aspekt hat zeitlebens der jüdische Widerstandskämpfer Peter Gingold hingewiesen, wenn er gefragt wurde, wie man nach Stalin noch Kommunist sein könne. Er schilderte, wie seine Eltern in Frankreich jahrelang ihr illegales Versteck nicht verlassen durften und in Radio Moskau den Vormarsch der Roten Armee verfolgten. »Wenn von da Siegesmeldungen über die deutsche Armee kamen, rief mein Vater beglückt aus: ›Josselle hat wieder einen Sieg verkündet.‹ Josselle ist der jiddische Kosenamen für Josef.« Für sehr viele jüdische Menschen, »die nur, weil sie geboren schon zum Tode verurteilt waren«, so Gingold, waren die Siege der Roten Armee unter Stalin eine große Hoffnung.[147]

Der Slánský-Prozess

Rudolf Slánský, Generalsekretär der KP der CSSR (1945–1951) und stellvertretender Ministerpräsident der CSSR (1945–1951), gestand im Schauprozess im Herbst 1952, »Hauptspion der amerikanischen Imperialisten« und ein »Agent des Zionismus« zu sein und bat in seinem Schlusswort am 27. November 1952 um die Todesstrafe. Am 13. Dezember wurde er mit 13 Mitangeklagten gehenkt, die mehrheitlich wie Slánský jüdischer Herkunft waren. Einer der drei Überlebenden des Prozesses, Artur London, ehemaliger Vizeaußenminister der CSSR, hat 1969 in seinem Buch »Ich gestehe. Der Prozess um Rudolf Slánský« beschrieben, wie es möglich war, erfahrene Kommunisten, die im antifaschistischen Kampf große Opfer gebracht und z. T. auch Konzentrationslagerhaft überstanden hatten, zu völlig unsinnigen Selbstbezichtigungen zu bringen. Nach London wurden auf der Basis der Erfahrungen des stalinistischen Terrors nicht nur die Opfer, sondern auch die Zeugen, Sachver-

---

147 Aus der Autobiographie von Peter Gingold: Paris – Boulevard St. Martin No. 11. Ein jüdischer Antifaschist und Kommunist in der Résistance und der Bundesrepublik, Köln 2009, S. 182.

ständigen, Staatsanwälte, Verteidiger und Richter einer lückenlosen Manipulation unterzogen. Regie führten nach Auskunft Londons sowjetische Polizeioffiziere. London schildert die Torturen und Folterungen, denen er ausgesetzt war, auch die Erniedrigungen durch antisemitische Schmähungen. »Alles, was Hitler getan hat, war nicht gut, aber er hat die Juden vernichtet, und das war gut so. Noch viel zu viele sind den Gaskammern entkommen«, wurde ihm einmal in einem Verhör vorgehalten.[148] Nach siebenmonatigen Verhören und Misshandlungen und dem Zwang, seine Aussagen auswendig zu lernen, so schrieb London, »ekele ich mich vor mir selbst, ekele ich mich vor meiner Vergangenheit, vor allem, was einmal mein Leben war.« Das war der Zeitpunkt, wo er alles zu gestehen bereit war. Sein Bericht steht für das Martyrium der Mitangeklagten und Ermordeten.

Die Gründe für die stalinistischen Schauprozesse sind schwer nachzuvollziehen: Ausschaltung von konkurrierenden ideologischen Vorstellungen (wie zum Beispiel den »Titoismus«), Einschüchterung von Abweichlern, Verfolgungswahn, Kalter Krieg, Vasallentreue gegenüber Stalin, Benutzung des Antisemitismus, um einen Sündenbock für eigenes Versagen zu finden und um bei den Handlangern vergessen zu machen, dass die Angeklagten selbst Kommunisten waren? Innerhalb der kommunistischen Bewegung waren diese blutigen Exzesse gegenüber den eigenen, prominenten Parteimitgliedern nur schwer zu vermitteln. Die antijüdische, antisemitische Propaganda konnte zwar an dem historisch tradierten Judenhass, der überall in Europa latent vorhanden war, anknüpfen. Aber auch mit dessen Hilfe würden weder die Verfolgung und Folterung der Kommunisten

---

148 Slansky-Prozess. Wort für Wort geprobt. Der SPIEGEL 35/1969 vom 25.08.1969, S. 78

noch die schändlichen Schauprozesse gerechtfertigt werden können. Deshalb waren die Geständnisse wichtig, deshalb wurden Einzelheiten über lange Jahrzehnte geheim gehalten, selbst noch nach der Rehabilitierung der Opfer. Innerhalb der deutschen Linksparteien haben sich SED, KPD und DKP nur im Ansatz, die PDS aber vorbehaltlos mit diesem schwärzesten Kapitel der eigenen Geschichte auseinander gesetzt und sich prinzipiell von jeglicher Form stalinistischer Partei-Politik distanziert.

Noel Field 1904–1970

Der US-amerikanische Diplomat und Kommunist leitete zusammen mit seiner Frau Herta Leiter in Marseille seit dem Frühjahr 1941 das Unitarian Service Committee (USC), eine Hilfsorganisation wie das Emergency Rescue Committe (ERC) unter Varian Fry. Aufgabe des USC war es, Flüchtlinge in Internierungslagern oder der Illegalität, die die Auslieferung an die Gestapo und die SS zu fürchten hatten, zu unterstützen und ihnen die Ausreise zu ermöglichen. Durch seine Tätigkeit konnten insbesondere auch viele von den Nazis verfolgte Kommunisten gerettet werden.

1949 wurde Noel Field in Ungarn vom Geheimdienst verhaftet und der Spionage für den US-Geheimdienst angeklagt. Viele der Kommunisten, die zuvor mit ihm in Kontakt gestanden hatten, wurden nun auch unter Generalverdacht gestellt und verfolgt. Die unter Folter von Field erpressten Aussagen wurden gegen sie verwendet. Dies geschah auch im Slánský-Prozess.[149]

---

149 Bernd-Rainer Barth, Die Affäre Noel Field. Textarchiv: Berliner Zeitung Archiv. 24. Januar 2004

DDR

In seinem Buch »Fremd unter meinesgleichen«[150] schildert Helmut Eschwege auf bewegende Weise, wie er als jüdischer Kommunist und Widerstandskämpfer in der DDR den bald nach der israelischen Staatsgründung einsetzenden Anti-Judaismus erlebt hat und welche Folgen der Slánský-Prozess für die Juden der DDR hatte. Doch zunächst, bei der Gründung des Staates Israel, konnte er keine Anzeichen für eine solche Entwicklung erkennen. Er zitiert eine Meldung des SED-Pressedienstes vom 8. Mai 1948, in der die arabischen Gegner der Teilung Palästinas mit dem »hinterhältigen Verhalten der USA-Imperialisten« identifiziert wurden. Behauptet wurde, die Arabische Legion setze sich »vorwiegend aus faschistischen Elementen zahlreicher Nationalitäten« zusammen und stehe »zum Teil unter der Führung von deutschen SS-Leuten der Rommel-Armee«.[151] Die Gründung des Staates Israel wurde als legitim angesehen: »Zum ersten Mal trat nunmehr nach 2.000 Jahren das Kabinett einer jüdischen nationalen Regierung zusammen.« Im Vorwort zu einer Broschüre der SED, die am 12. Juni 1948 erschien, erklärte das Mitglied des Politbüros der SED Paul Merker: »Im Kampfe um Palästina stoßen gewaltige Interessen des angloamerikanischen Imperialismus zusammen… Die jüdische werktätige Bevölkerung kämpft um ihre Heimstätte. Ihr nationales Bewusstsein ist durch den furchtbaren Terror des Nazismus und Faschismus gegen das jüdische Volk stark gewachsen… Der Kampf der jüdischen Werktätigen in Palästina ist ein fortschrittlicher Kampf. Er richtet sich nicht gegen die werktätigen Massen der Araber, sondern gegen deren Bedrücker. Er findet die Unterstützung der Sowjetunion und der gesamten fortschrittlichen Menschheit.«[152] Unter anderem enthielt diese Broschüre auch eine Erklärung des damaligen Präsidenten der DDR, Wilhelm Pieck, aus der hier zitiert sei: »Die demokratischen

---

150 Helmut Eschwege: Fremd unter meinesgleichen. Erinnerungen eines Dresdner Juden. Berlin 1991
151 A. a. O., S. 64
152 A. a. O., S. 63

Kräfte Deutschlands begrüßen den Beschluss der UN, Palästina in einen arabischen und einen jüdischen Staat zu teilen. Wir betrachten die Schaffung eines jüdischen Staates als einen wesentlichen Beitrag, um Tausenden von Menschen, denen der Hitlerfaschismus die schwersten Leiden zufügte, den Aufbau eines neuen Lebens zu ermöglichen.«[153]

Aber es dauerte nicht lange, bis sich die SED dem politischen Umschwung anschloss, den die Sowjetunion in der Nahost-Frage vollzog und der bald auch im sowjetischen Einflussbereich mit Schauprozessen verbunden war. 1951 wurde auf Anweisung der KPdSU in der DDR damit begonnen, alle Mitglieder der SED zu überprüfen und Anhänger des »Sozialdemokratismus, Kosmopolitismus und Objektivismus« zu entlarven.

Parteisäuberungen

Nicht nur in den kommunistischen Parteien Osteuropas fanden nach sowjetischem Vorbild Parteisäuberungen statt, sondern auch in den KPs in Westeuropa und sogar in Japan.

Überprüft wurden leitende Funktionäre und Mitglieder im Hinblick auf ideologische Abweichungen wie »Trotzkismus« und »Titoismus«. Wer als Agent, Verräter oder Spion »entlarvt« wurde, wurde systematischen Disziplinierungsmaßnahmen unterzogen: »Parteistrafen, Funktionsenthebungen, Ausschlüsse«, – und für KPD-Funktionäre kamen zusätzlich auch »angeordnete Übersiedlungen in die DDR und staatliche Repressivmaßnahmen in der DDR« hinzu.[154] Die »Säuberungen« standen im Zusammenhang mit den stalinistischen Schauprozessen gegen Rajk (Ungarn), Kostow (Bulgarien) und Slánský (Tschechoslowakei), die zusammen

---

153 A. a. O., S. 63 ff.

154 Herbert Mayer: Parteisäuberungen in der bundesdeutschen KPD – Ein westeuropäisches Fallbeispiel. In: Utopie kreativ, Heft 81-82, 1997/07, S. 90

mit weiteren Angeklagten, hingerichtet wurden. Diese Prozesse hatten, wie Herbert Mayer darlegt, »Disziplinierungsfunktion«, das heißt »die Funktion und das Ziel, die Macht und Kontrolle der Führung und des Apparats über die Partei zu sichern«. Die »Säuberungen« in der westdeutschen KPD wurden wesentlich von der Führungsgruppe der SED initiiert, wären aber ohne Zustimmung der KPD-Führung unmöglich gewesen. Wie in der SED-Führung wurden auch in der KPD prinzipiell alle Funktionäre unter Verdacht gestellt, die in »der westlichen Emigration oder Kriegsgefangenschaft« gewesen waren, und gerade unter den »Westemigranten« befanden sich viele Juden. Ausgespart von der Verdächtigung der Parteifeindschaft blieben aber auch nicht Kommunistinnen und Kommunisten, die von den Nazis in Zuchthäuser und KZ gesperrt worden waren. Zwischen 1948 und 1951 verloren die Landesverbände der KPD zwischen 20 und 25 Prozent ihrer Mitglieder (Mayer) – sicher nicht nur als Folge der Parteisäuberungen. Keine Parteileitung ging unbeschadet aus diesen Überprüfungen hervor. Ihrer Funktionen enthoben wurden Herbert Müller, Landessekretariat Rheinland-Pfalz, Georg Fischer, Landessekretariat Bayern, Hugo Paul, Landesvorsitzender von NRW, Fritz Bäsel, stellvertretender Landesvorsitzender Saar, Harry Naujoks und Walter Möller aus der KPD-Landesleitung in Hamburg, Hermann Nuding, Hugo Ehrlich und Walter Fisch aus dem Sekretariat des Parteivorstands. Es war eine Art »Selbstenthauptung« (Mayer) der KPD, von der sie sich nie wieder erholte. Die stellvertretenden KPD-Vorsitzenden Kurt Müller und Fritz Sperling wie auch der Landesvorsitzende von Hamburg, Wilhelm Prinz, die selbst die »Parteisäuberungen« vorangetrieben hatten, wurden in der DDR verhaftet.

Fritz Sperling hatte als antifaschistischer Widerstandskämpfer Gefängnis in Hitlerdeutschland, Internierung in der Schweiz und nach 1945 erneut Gefängnishaft in Bayern durchlitten. Trotz schwerer gesundheitlicher Schäden hatte er mit ganzer Kraft am Wiederaufbau der KPD in Westdeutschland mitgewirkt. Am 26.2.1951 wurde er in der DDR verhaftet, 1954 aufgrund falscher Anschuldigungen in einem Geheimprozess zu sieben Jahren Zuchthaus verurteilt, am 8.3.1956 nicht zuletzt wegen seines schlechten Gesundheitszustandes entlassen und nach drei Monaten zur Rehabilitierung vorgeschlagen. Am 21.4.1958 starb er, ohne dass zuvor die Verantwortlichen zur Rechenschaft gezogen worden waren. »Nach seiner Meinung waren Verantwortliche dafür in der Spitze der KPD zu suchen, aber ein besonderes Maß an Schuld traf die Führung der SED«, schreibt der Historiker Karl Heinz Jahnke[155], der an Hand von Dokumenten und Zeitzeugenaussagen das tragische Leben Fritz Sperlings und seiner Frau Lydia nachgezeichnet hat. In der kurzen Zeit nach seiner Freilassung bis zu seinem Tod wollte Sperling eine Klärung herbeiführen über die »Schuld und Verantwortung des Staatssekretärs für Staatssicherheit, Erich Mielke, und die von Generalstaatsanwalt Melsheimer, der den Haftbefehl unterzeichnete und die Hauptverantwortung für den Prozess trug«.[156] Er wollte aber auch die Rolle von Walter Ulbricht und Max Reimann (KPD-Vorsitzender) geklärt wissen. Sperling setzte sich mit seiner eigenen Haltung zu Beginn der »Säuberungen« kritisch auseinander, nahm seine – 1950 ehrlich gemeinte – Selbstkritik als politisch falsch zurück. Nach langer Einzelhaft, nach »Sonderbehandlung« und Folterungen hatte er 1953 Protokolle unterschrieben, in denen er sich selbst beschuldigte. Erst danach war er vor ein Gericht gestellt worden. Für ihn waren die wirklichen Parteifeinde diejenigen, die unter Missachtung der »leninschen

---

155 Karl Heinz Jahnke: »...ich bin nie ein Parteifeind gewesen«. Der tragische Weg der Kommunisten Fritz und Lydia Sperling. Bonn 1993
156 Jahnke, S. 104

> Normen« die kommunistischen Parteien deformiert, wenn nicht gar pervertiert hatten und auch nach Stalins Tod verhinderten, »alle Ursachen, die zu den an mir begangenen Verbrechen führten, die in Wahrheit Verbrechen an der Partei sind«, aufzudecken.[157] Seine Forderung nach vollständiger Rehabilitation verstand er als »Kampf um die völlige Wiederherstellung der innerparteilichen Demokratie«. Seine Stellungnahme vom 14. Mai 1956 über seine künftigen Aufgaben in der KPD schloss er mit dem Appell: »Niemand darf der Partei die Wahrheit vorenthalten« und mit einer Erklärung, die Tausende von Opfern des Stalinismus in ähnlicher Form abgegeben haben: »Die Zeit, die mir noch zu leben bleibt, kämpfe ich als Kommunist für das Glück der Menschheit, für den Kommunismus.«[158]

Eschwege wurde bei dieser Überprüfung in eine Diskussion über seine jüdische Nationalität verstrickt. Er sollte am Ende ein Dokument unterschreiben und sich zur deutschen Nationalität bekennen. Nachdem er nach entnervenden Gesprächen gegen seine Überzeugung die Unterschrift geleistet hatte, beschwerte er sich bei der Landeskommission zur Überprüfung der Parteimitglieder über den Druck, der auf ihn ausgeübt wurde, und zitierte verschiedene Autoren einschließlich Stalin, die den Juden eine eigenständige Nationalität zuerkannten. »Die Parteiüberprüfung, die mir einen ersten Schock versetzt hatte, war ein Vorzeichen für die künftige Verfolgung, die damit zusammenhing, dass ich ein Jude war und mich dazu bekennen wollte.«[159] Nach dem Slánský-Prozess wurden in der DDR die Räume von jüdischen Gemeinden und Wohnungen nach »Verdächtigen« durchsucht, Verhaftungen von Juden vorgenommen, Verhöre durchgeführt. Jüdische Kommunisten, insbesondere wenn sie »Westemigranten« gewesen

---

157   A. a. O., S. 174
158   A. a. O., S. 175
159   Eschwege, S. 67

waren, wurden beschuldigt, die Konterrevolution vorbereiten zu wollen. Inhaftierte wurden gequält, um sie zu belastenden Aussagen über Mitgefangene zu zwingen. Paul Merker hatte sich für die Entschädigung der von den Nazis beraubten Juden ausgesprochen und aus der Emigration zurückgekehrten Juden empfohlen, den jüdischen Gemeinden beizutreten. Ihm wurde nun vorgeworfen, »ein Subjekt der USA-Finanzoligarchie« zu sein, der die Entschädigung nur deshalb fordere, »um dem USA-Finanzkapital das Eindringen in Deutschland zu ermöglichen.« Er wurde 1950 aus der SED ausgeschlossen und 1955 zu acht Jahren Zuchthaus verurteilt. Im Juli 1956, nach dem 20. Parteitag der KPdSU, wurde er entlassen, aber erst 1958 rehabilitiert.

Leo Bauer war erst 1949 aus Hessen nach Ost-Berlin übergesiedelt. In Hessen war er Mitglied der Landesleitung der KPD, des Landtags und der Verfassungsberatenden Landesversammlung Groß-Hessens gewesen. In Ost-Berlin übernahm er die Aufgabe des Chefredakteurs des Deutschlandsenders. Zusammen mit Paul Merker und anderen wurde er 1950 aus der SED ausgeschlossen und verhaftet.1952 wurde er von einem sowjetischen Militärtribunal als »US-Spion« zum Tode verurteilt. Die Strafe wurde dann in 25 Jahre Strafarbeitslager in Sibirien umgewandelt. 1955 wurde er entlassen und nach Westdeutschland abgeschoben.

Als im Januar 1953 in Moskau der »Ärzteprozess« gegen überwiegend jüdische Ärzte drohte, fürchteten auch viele Juden in der DDR, dass sich ihre Lage auf lebensgefährliche Weise verschlechtern könnte. Sie flohen in großer Zahl aus der DDR. Durch den Tod Stalins im März 1953 kam es nicht zum Schlimmsten. Aber zum Guten kam es auch nicht. Unter Verwendung von falschen Behauptungen verlor Helmut Eschwege seine Arbeit und wurde schließlich auch aus der SED ausgeschlossen. Zu den Gründen zählten immer auch sein Engagement für die jüdische Gemeinde und seine Emigration in Palästina. Eschwege klagte dagegen und wurde ein halbes Jahr später wieder in die SED aufgenommen. 1956 wurde er wegen parteischädigenden Verhaltens erneut ausgeschlossen. Ermutigt durch den XX. Parteitag der KPdSU, auf dem die Verbrechen des Stalinkultes wie auch der Slánský-Prozess verurteilt wurden, versuchte Eschwege wieder, die Aufhebung seiner Mitgliedschaft rückgängig zu machen. Diese Auseinandersetzung zog sich bis 1966 hin, bis endgültig entschieden wurde, dass die Aufnahme in die SED nicht in Frage komme.

1988 besuchte der Präsident des jüdischen Weltkongresses die DDR. In diesem Zusammenhang berichteten Zeitungen über die Bekämpfung des Antisemitismus in der DDR. Eschwege nahm dies zum Anlass, um an das Büro von Erich Honecker und an das ZK der SED einen Brief zu schreiben. Hierin erinnert er an die antijüdischen Verfolgungen »in Auswertung der Lehren des Slánský-Prozesses« und schlug vor, »all die Genossen, die in der Periode der Stalinschen Prozesse in der DDR verfolgt wurden, zu rehabilitieren, auch wenn sie sich gegen die oft öffentliche Verketzerung Israels durch die Medien der DDR zur Wehr gesetzt haben.« Die Hoffnung auf späte Gerechtigkeit erfüllte sich nicht. Erich Honecker behauptete, alle Betroffenen des Stalinkultes und des Slánský-Prozesses seien bereits voll rehabilitiert, und in Verkehrung der historischen Tatsachen führte er aus: »Nicht der Zufall rettete damals einige Deiner Freunde vor dem Gefängnis, sondern die Tatsache, dass unsere Partei von vornherein die Machenschaften des Slánský-Prozesses und aller anderen Prozess nicht mitgemacht hat.«[160]

In seiner Studie über Juden und Judenbild im Literaturunterricht der DDR hat sich Matthias Krauß mit der Frage auseinandergesetzt, ob die DDR antisemitisch war und die Schulen den Völkermord an den Juden – der Begriff Holocaust wurde nicht verwendet – verschwiegen haben. Krauß stellt ausführlich dar, welch große Rolle jüdische Schriftsteller im Lehrplan der DDR-Schulen spielten. Er unterschlägt dabei auch nicht negative Erscheinungen des Antijudaismus in der Regierungspolitik der frühen 50er Jahre. Doch habe sich die DDR »nicht als israelfeindlich« begriffen, sondern »im Gegensatz stehend zu einer ›imperialistischen‹ Politik Israels«. Diese Haltung war – so Krauss – begleitet von »einer überaus harten Verfolgung des

---

160 Eschwege, S. 150

Antisemitismus und vor allem faschistischer Täter im eigenen Land«. Die »Nationalkultur« der DDR »legte eindringliche und erschütternde Zeugnisse der faschistischen Judenverfolgung vor, es lässt sich begründet behaupten, dass die wichtigsten künstlerischen Zeugnisse zu diesem Thema in der DDR entstanden sind und nicht in der Bundesrepublik. Davon war der Deutschunterricht im sozialistischen Teil Deutschlands nicht allein berührt, davon war er durchtränkt.«[161]

Erklärungsansätze

Das Auftreten von Antisemitismus in kommunistischen Bewegungen in Europa ist zweifellos zum einen der Reflex des latent im Alltagsbewusstsein vorhandenen Antisemitismus. Diese Erklärung reicht indessen nicht aus. Richtig, aber ebenfalls nicht hinreichend, ist der Hinweis auf eine defizitäre theoretische Reflexion in den kommunistischen Parteien. Aus der Sicht der kommunistischen Orthodoxie der 30er Jahre galt der Antisemitismus nur als »Übergangsphänomen«, das für den Grundcharakter des Faschismus als höchster Form des Kapitalismus allenfalls periphere Bedeutung besitze. Selbst in der Zeit des deutschen Faschismus sah die KPD in der Judenverfolgung nur ein nachgeordnetes Problem und nicht ein eigenes konstitutives Moment, einen eigenständigen Faktor des deutschen Faschismus. Diese Defizite blockierten nach 1945 auch die Aufarbeitung der Geschichte jüdischer Opfer des Faschismus und des jüdischen Widerstandes. Verstärkt wurde die Blockade-Haltung in der DDR auch dadurch, dass viele der deutschen Kommunisten jüdischer Herkunft, die z. T. führende Parteifunktionen innehatten, aus assimilierten jüdischen Familien stammten. Sie sahen sich in erster Linie als Kommunisten und spalteten den jüdischen Anteil ihrer Biografie über Jahrzehnte ab, obwohl viele ihrer Familienangehörigen Opfer des Holocaust geworden waren.

---

161 Matthias Krauß: Völkermord statt Holocaust. Jude und Judenbild im Literaturunterricht der DDR. Leipzig 2007, S. 182

Doch alle diese zutreffenden Momente können nicht erklären, warum kommunistische Parteien, insbesondere die KPdSU, die Juden und die »Judenfrage« in Form von Antisemitismus und Antizionismus zum Instrument im Kampf um innen- und außenpolitische Macht missbraucht haben. Für Linke ist es bitter, Lustigers scharfe Verurteilung der sowjetischen Politik (nicht nur unter Stalin) als machiavellistisch akzeptieren zu müssen, die er anlässlich Gromykos Rede vor der UNO so formuliert: »Man muss in der Tat selbst ein unmenschlicher Machiavellist sein, um die öffentliche Stellungnahme der Sowjetunion, speziell die herzzerreißende Argumentation Gromykos für die Juden vor der UNO, als tagespolitisches Manöver zu durchschauen.«[162]

Zu ergänzen ist aber, dass diese unbestreitbar machiavellistische Machtpolitik immer in krassem Widerspruch zu den grundlegenden kommunistischen Prinzipien gestanden hat. Und unbestreitbar ist auch, dass unzählige Kommunistinnen und Kommunisten ohne jedes Machtkalkül, ohne jeden tagespolitischen Opportunismus aus tiefster humanistischer Überzeugung drangsalierten und verfolgten Jüdinnen und Juden in Freundschaft und Solidarität verbunden waren. Der selbstkritische Umgang mit der Geschichte der linken, sozialistischen und kommunistischen Bewegung wird es erleichtern, alle Formen der Totalitarismus-Ideologie und der Gleichsetzung von Faschismus und Kommunismus einer differenzierten Analyse zu unterziehen.

Wiedergutmachung durch die Bundesrepublik Deutschland

Die West-Integration der Bundesrepublik Deutschland war Bestandteil des bereits voll entbrannten Kalten Krieges. Westdeutschland wurde nun von den USA als »Bollwerk gegen den Kommunismus« gebraucht. Die Nürnberger Prozesse gegen die Hauptkriegsverbrecher (1945–1949) waren vorbei, die Forderungen des von den Alliierten gemeinsam beschlossenen Potsdamer Abkommens (1945) ad acta gelegt.

---

162 Lustiger, S. 187

Aus dem Potsdamer Abkommen von August 1945

Das Potsdamer Abkommen war das Ergebnis der Potsdamer Konferenz vom 17. Juli bis 2. August 1945, bei der die drei Siegermächte Sowjetunion, USA und Großbritannien die Grundsätze für die politische und geografische Neuordnung Deutschlands festgelegt haben. Frankreich hat später dem Abkommen zugestimmt, wodurch die Verantwortung für Gesamtdeutschland auf die »Vier Mächte« verteilt wurde.

Im Abkommen heißt es in »Kapitel III. Deutschland« u. a.:
»Alliierte Armeen führen die Besetzung von ganz Deutschland durch, und das deutsche Volk fängt an, die furchtbaren Verbrechen zu büßen, die unter der Leitung derer, welche es zur Zeit ihrer Erfolge offen gebilligt hat und denen es blind gehorcht hat, begangen wurden...

Der deutsche Militarismus und Nazismus werden ausgerottet, und die Alliierten treffen nach gegenseitiger Vereinbarung in der Gegenwart und in der Zukunft auch andere Maßnahmen, die notwendig sind, damit Deutschland niemals mehr seine Nachbarn oder die Erhaltung des Friedens in der ganzen Welt bedrohen kann.

Es ist nicht die Absicht der Alliierten, das deutsche Volk zu vernichten oder zu versklaven. Die Alliierten wollen dem deutschen Volk die Möglichkeit geben, sich darauf vorzubereiten, sein Leben auf einer demokratischen und friedlichen Grundlage von neuem wiederaufzubauen.«

Als Ziele der Besetzung Deutschlands werden genannt:
- völlige Abrüstung und Entmilitarisierung Deutschlands
- Das deutsche Volk müsse seine totale militärische Niederlage sowie seine Verantwortung dafür erkennen, dass die mitleidlose Kriegführung und der fanatische Widerstand der Nazis die Wirtschaft zerstört und Chaos und Elend unvermeidlich gemacht haben.

- Die NSDAP mit allen Gliederungen und Unterorganisationen und NS-Ämter müssen beseitigt werden.
- Alle NS-Gesetze, welche die Grundlagen des Regimes geliefert haben und der Diskriminierung auf Grund von Rasse, Religion und politischer Überzeugung dienten, müssen abgeschafft werden.
- Kriegsverbrecher müssen verhaftet und vor Gericht gestellt werden.
- NSDAP-Mitglieder und Feinde der alliierten Ziele müssen aus öffentlichen und halböffentlichen Ämtern entfernt werden.
- Erziehungswesen, Gerichtswesen, Verwaltung, Parteien usw. müssen demokratisiert und von nazistischen und militaristischen Ideen gereinigt werden.

Zu den wirtschaftlichen Grundsätzen gehören:
- Mit dem Ziele der Vernichtung des deutschen Kriegspotenzials ist die Produktion von Waffen, Kriegsausrüstung und Kriegsmitteln, ebenso die Herstellung aller Typen von Flugzeugen und Seeschiffen zu verbieten und zu unterbinden.«
- »In praktisch kürzester Frist ist das deutsche Wirtschaftsleben zu dezentralisieren mit dem Ziel der Vernichtung der bestehenden übermäßigen Konzentration der Wirtschaftskraft, dargestellt insbesondere durch Kartelle, Syndikate, Trusts und andere Monopolvereinigungen.«
- »Bei der Organisierung des deutschen Wirtschaftslebens ist das Hauptgewicht auf die Entwicklung der Landwirtschaft und der Friedensindustrie für den inneren Bedarf (Verbrauch) zu legen.«

Wenige Jahre nach Kriegsende setzte sich unter den Westalliierten die Auffassung durch, dass man im Krieg »das falsche Schwein geschlachtet« habe, eine Formulierung, die Winston Churchill zugeschrieben wird. Anstatt den deutschen »Militarismus und Nazismus« auszurotten, »damit Deutschland niemals mehr seine Nachbarn oder die Erhaltung des Friedens in der ganzen Welt bedrohen kann«, anstatt zu diesem Zwecke die gesamte deutsche »Industrie, welche für eine Kriegsproduktion benutzt werden kann«, vollständig abzurüsten, sollte die möglichst rasche Remilitarisierung Westdeutschlands auf die Tagesordnung gesetzt werden. Das lag auch im Interesse der konservativen Adenauer-Regierung. Sie konnte diese Aufgabe nur lösen, wenn sie einen wie immer gearteten Ausgleich mit dem im Entstehen begriffenen jüdischen Staat herstellte und die westdeutsche Bevölkerung auf Remilitarisierungskurs brachte.

Schon im September 1945 hatten die West-Alliierten einem Memorandum der Jewish Agency zugestimmt, in dem von Deutschland »Reparationen, Wiedererstattung und Entschädigung für das jüdische Volk« gefordert wurden. Im März 1952 begann die Bonner Regierung mit dem Staat Israel und der Claims Conference, die Teile der jüdischen Gemeinschaft in Fragen der Entschädigung vertrat, Verhandlungen über die Wiedergutmachung, wie alle Geldleistungen fortan heißen sollten. Die Juden Osteuropas und der arabischen Länder wurden dabei nicht berücksichtigt. Die westdeutsche Regierung stand unter Druck, denn zur gleichen Zeit fand in London die »Konferenz zur Regelung der Auslandsschulden« über Reparationsforderungen der Westalliierten gegenüber Deutschland statt. Dass die Frage der Reparationszahlungen auf den Abschluss eines Friedensvertrages vertagt wurde, war u. a. dem Verhandlungsgeschick von Hermann Josef Abs zu verdanken, dessen Rolle in der NS-Zeit noch dargestellt wird. Doch dieses Ergebnis konnte Adenauer nicht vorhersehen, als er schrieb: »Es war mir klar, dass dann, wenn die Verhandlungen mit den Juden scheiterten, auch die Verhandlungen auf der Londoner Schuldenkonferenz (die zur selben Zeit stattfanden) einen negativen Verlauf nehmen würden, da die jüdischen Bankkreise einen nicht zu unterschätzenden Einfluss auf den Verlauf der Schuldenkonferenz ausüben würden.« Außerdem hatten die USA, Großbritannien und Frankreich im Vertrag vom Mai 1952, mit dem sie der Bundesrepublik Deutschland Souveränität gewährten, sie zugleich verpflichtet, Wiedergutmachung zu leisten.[163]

Von der Staatsgründung Israels hatten die westdeutsche Öffentlichkeit und auch die ein Jahr später gegründete Bundesrepublik zunächst kaum Notiz genommen. Es waren die Publizisten Eugen Kogon und Walter Dirks, die 1949 an Regierung und Parlament appellierten, »die so lange schon hingeschleppte Wiedergutmachung« einzuleiten und bestmögliche Beziehungen zum jüdischen Volk und seinem Staat herzustellen.[164] Auch der Vorschlag des sozialdemokratischen Politikers Carlo Schmid vom Februar 1951, Israel als »Rechtsnachfolger für alle erbenlosen Rückerstattungs- und Wiedergutmachungsansprüche« anzuerkennen, stieß zunächst nicht auf Gehör.

Das änderte sich mit dem »Luxemburger Abkommen«, das seitdem als »Eintrittskarte« der Bundesrepublik Deutschland in das Westbündnis gilt. Es wurde am 10. September 1952 von Bundeskanzler Adenauer, dem israelischen Außenminister Moshe Sharett und dem Präsidenten des Jüdischen Weltkongresses und Vorsitzenden der Claims Conference Nachum Goldmann unterzeichnet. Darin wurde Israel eine globale Entschädigung in Höhe von 3 Milliarden DM zugesichert, darunter Mittel für die Eingliederung von einer halben Million jüdischer Flüchtlinge und Displaced Persons, aber auch für Vermögensverluste von Juden in den von Nazi-Deutschland besetzten Gebieten. Mit der Dachorganisation der jüdischen Diaspora wurde eine ähnliche Regelung über 450 Millionen DM vereinbart. Wenig bekannt ist, dass Außenminister Sharett, nach einem Bericht des Historikers Ilan Pappe, vorschlug, einen Teil der Entschädigung »an palästinensische Flüchtlinge weiterzuleiten, um zu korrigieren, was man als das kleinere Unrecht (die Tragödie der Palästinenser) bezeichnet hat, welches durch das schrecklichere (den

---

163 Mark Weber: Die Wiedergutmachung als Plan und Wirklichkeit. Die westdeutschen Zahlungen an Israel und das Weltjudentum. In: Deutschland in Geschichte und Gegenwart 37 (1), 1989

164 Martin Kloke: 40 Jahre deutsch-israelische Beziehungen. In: www.bppb.de/EV50UI,2,0,40_Jahre-deutschisraelische_Beziehungen

Holocaust) verursacht wurde.‹ Es blieb bei dem Vorschlag.«[165] Die Entschädigungen kamen bei weitem nicht allen Überlebenden des Holocausts zugute. Nur ein Drittel von ihnen erhielten »in irgendeiner Form« Entschädigungszahlungen. »Zwei Drittel der Holocaustüberlebenden starben, ohne dass sie eine solche von Deutschland erhalten hätten.«[166]

Dieses Abkommen hätte ohne die Stimmen der sozialdemokratischen Opposition 1953 keine Mehrheit im Bundestag gefunden. Zu viele Abgeordneten der christlich-liberalen Regierungskoalition enthielten sich der Stimme oder lehnten das Abkommen ab, wobei antisemitische Anklänge nicht zu überhören waren.[167] Der CDU-Abgeordnete Eugen Gerstenmaier, der sich gern als Widerstandskämpfer sah, begründete seine Zustimmung wie folgt: Im »Namen und zu Lasten Deutschlands«, so Gerstenmaier, wurden die Juden ermordet. »Das Ergebnis war der Gegenschlag der Geschichte«. Dadurch wurde »ganz Deutschland in ein großes Ghetto verwandelt« mit »Mauern von Hass, Verachtung und Ablehnung«. Der Vertrag entspringe der Pflicht »gegenüber den Opfern der Tyrannei«, aber auch der Pflicht gegenüber »sich selbst, seinem Namen und seiner geschändeten Ehre«.[168] Diese Argumentation wies die Verantwortung für den NS-Terror, die Vernichtung der Juden, aber auch für die Zerschlagung der Nazi-Diktatur anonymen Kräften der Geschichte zu, die auch Deutschland zu einem Opfer gemacht hatten. Das zeigt, wie wenig dieses Abkommen mit Schuldeingeständnis und Sühne zu tun hatte. Das war auch schon bei den Verhandlungen über die Höhe der »Wiedergutmachung« sichtbar geworden, in denen sich Adenauer ausgerechnet vom »Arisierungs«-Experten Hermann Josef Abs hatte beraten lassen. Bei Adenauers Versuch, den »Preis« herunterzuhandeln, »begann ein Feilschen um Tote und Flüchtlinge, um Eingliederungskosten, ›erben-

---

165 Norman G. Finkelstein: Die Holocaust-Industrie. Zürich 2001, S. 144
166 Jüdische Zeitung, Nr. 01 (41), Januar 2009
167 Kloke, S. 2
168 Rede von Eugen Gerstenmaier zum Wiedergutmachungsabkommen mit Israel, 18. März 1953

lose Ansprüche‹ und die Leistungsfähigkeit der deutschen Wirtschaft«, bis die verhandlungsleitenden Anwälte Otto Küster und Franz Böhm zurücktraten. Sie kritisierten das Fehlen eines »aufrichtigen Willen(s) für eine Vereinbarung«.[169]

Für den israelischen Historiker Moshe Zuckermann hatte dieses Abkommen mit Moral »nur in einem zynischen ideologischen Sinne etwas zu tun. Denn was auf der Tagesordnung stand, war die im Rahmen des ausgebrochenen Kalten Krieges zu befestigende Neuordnung der Welt und die mit dieser neuen Weltteilung einhergehende Ortsbestimmung Deutschlands«. Die Beziehungen zwischen BRD und Israel charakterisierte er als »Beziehungen, die auf zweckrationalem Tausch basieren und objektiv vorherrschende Ressentiments, Misstrauen und Hass bewusst in Klammern setzen«. Sie »dürfen nicht als etwas apostrophiert sein, was sie nicht sind und vielleicht über viele weitere Jahrzehnte nicht sein werden: Sie haben nichts mit Moral zu tun, sondern nur mit ihrer Ideologisierung und der Verdinglichung von Schuld, Schande und Scham durchs Tauschprinzip, das tendenziell alles austauschbar werden lässt.«[170]

Noch schwieriger als die Wiedergutmachung war es, die Remilitarisierung durchzusetzen, denn die Schrecken des Krieges, von Zerstörung und millionenfachem Tod hatten in der Bevölkerung einen starken Wunsch nach einem normalisierten Leben in Frieden verankert – die vielleicht einzige massenhaft gezogene Lehre aus Faschismus und Krieg. Während der Antisemitismus, eine der ideologischen Säulen des deutschen Faschismus, nicht mehr gesellschaftsfähig war, konnte der Antikommunismus, die zweite ideologische Säule, leicht wieder stabilisiert werden, nun, da es gegen »den Kommunismus« ging. Das Verbot der KPD 1956 verlieh

---

169 Markus A. Weingardt: Deutsche Israelpolitik: Etappen und Kontinuitäten, Aus Parlament und Zeitgeschichte, 15/2005, S. 23. Vgl. auch Eberhard Czichon: Deutsche Bank – Macht – Politik. Faschismus, Krieg und Bundesrepublik. Köln 2001, S. 253 ff.

170 Moshe Zuckermann: Verdinglichte Sühne. Von Interessen und Befindlichkeiten. Anmerkungen zu den deutsch-israelischen Beziehungen. In: Junge Welt, 29.11.2008

dem in der Bevölkerung virulenten Antikommunismus staatliche Weihen. Dieses Verbot richtete sich in hohem Maße auch gegen die Massenkampagne gegen die Remilitarisierung, in der die ansonsten schon weitgehend isolierten westdeutschen Kommunistinnen und Kommunisten die treibende Kraft gewesen waren. Zwischen 1951 und 1968 wurden rund 125.000 Ermittlungsverfahren gegen sie und andere oppositionelle Linke eingeleitet, fast 7.000 wurden rechtskräftig verurteilt. Demgegenüber, so ermittelte der Freiburger Historiker Joseph Foschepoth, wurden von den mehr als 1 Million NS-Tätern »nicht einmal 6.500 NS-Verbrecher rechtskräftig verurteilt.«[171] Diese Zahlen bringen das innenpolitische Klima der Adenauer-Ära und der gesamten Nachkriegszeit in Westdeutschland auf den Begriff. In diesem antikommunistischen Klima der 1950er Jahre versuchten mehrere Bundesländer die Vereinigung der Verfolgten des Naziregimes (VVN) zu verbieten, zumeist vergeblich. Ende der 50er Jahre betrieb die Bundesregierung einen Verbotsprozess gegen die VVN. Peter Gingold erinnert sich in seiner Autobiographie: »Der Verbotsprozess platzte jedoch mit einem Eklat, als August Baumgarten, ein Überlebender des KZ Sachsenhausen, den Vorsitzenden des Gerichts als ehemaligen NS-Richter entlarvte.« Die VVN machte öffentlich, dass der Senatspräsident und Vorsitzende Richter, Prof. Dr. Werner, ein belasteter Nazi war. Das Verbotsverfahren wurde eingestellt.[172]

Die Restaurationspolitik traf innerhalb der Eliten auf einen breiten Konsens. Denn mit Beginn der Westeinbindung wurden die Kommandohöhen in Staat, Wirtschaft und Gesellschaft wieder mit Nazis besetzt. Auf diese Weise, so Egon Bahr, löste Adenauer »die gigantische Aufgabe der Integration von Millionen NSDAP-Mitgliedern und Vertriebenen in den neuen Staat«.[173] Aber zu einem sehr hohen Preis. Hans Maria Globke wurde dafür zum Symbol. Mit

---

171 Neues Deutschland, 8. Januar 2009
172 Gingold, a.a.O., S. 135
173 Der Mann hinter Adenauer: Hans Maria Globke, ARTE/WDR, 8. Oktober 2008

seinen undurchsichtigen Kontakten zu Geheimdiensten und seinen Zuständigkeiten – u. a. für Personalfragen – war er Adenauers unverzichtbare »rechte Hand«. Der Staatssekretär im Bundeskanzleramt, Jurist und Verwaltungsfachmann, hatte sich im NS-Staat als Kommentator der Nürnberger Rassengesetze und Verfasser der Durchführungsbestimmungen zur Ausbürgerung und Deportation der Juden hervorgetan. Immer hielt Adenauer seine schützende Hand über ihn, auch als Globke im Eichmann-Prozess als Entlastungszeuge für den Angeklagten angefordert wurde. »Globke brachte alte Nazis und Zentrumsleute in führende Positionen, darunter den BND-Chef Reinhard Gehlen. Er kontrollierte die Geheimdienste und holte Hitlers Generäle in die Führungsspitze der Bundeswehr.«[174] Globke blieb nicht der einzige ehemalige Nazi in hohen politischen Ämtern. Ihm folgten, um einige wenige Beispiele zu nennen: Bundeskanzler Kurt Georg Kiesinger, dessen braune Vergangenheit erst Beate Klarsfeld mit ihrer Ohrfeige zu einem öffentlichen Skandal machte; Bundespräsident Heinrich Lübke, über dessen Verquickung mit dem Nazi-Regime in Westdeutschland niemand etwas wissen wollte; der einstige NS-Marinerichter und Ministerpräsident von Baden-Württemberg Hans Filbinger, der noch in den letzten Kriegsmonaten Todesurteile verhängt und Hinrichtungen veranlasst hatte – in einem Fall sogar noch nach der Kapitulation vom 8. Mai 1945. Auch andere Führungsspitzen wurden entweder bruchlos oder nach kurzem Zwischenspiel wieder von alten Nazis bzw. verantwortlichen Führungskräften des NS-Regimes besetzt. Hermann Josef Abs etwa war von 1938 bis 1945 im Vorstand der Deutschen Bank und mitverantwortlich für die »Arisierung« jüdischer Banken und Unternehmen. Von 1948 bis 1952 war er Vorstandsvorsitzender der Kreditanstalt für Wiederaufbau, dann Finanzberater Adenauers, anschließend wieder im Vorstand der Deutschen Bank, von 1967 bis 1976 Vorsitzender des Aufsichtsrats und bis zu seinem Tod 1994 Ehrenvorsitzender der Deutschen Bank.

---

174 Weltexpress, 7.10.2008

Ermittlungen gegen die Deutsche Bank 1946/1947

Nachdem die Finanzabteilung der Militärregierung der Vereinigten Staaten für Deutschland ihre Ermittlungen über die Rolle der Deutschen Bank im NS-Staat abgeschlossen hatte, legte sie einen umfassenden Bericht vor, den OMGUS-Bericht, der erst Ende der 1980er (!) Jahre als Buch in deutscher Übersetzung erschienen ist.

Der Bericht begann mit den Empfehlungen, dass
»1. die Deutsche Bank liquidiert wird,
2. die verantwortlichen Mitarbeiter der Deutschen Bank angeklagt und als Kriegsverbrecher vor Gericht gestellt werden,
3. die leitenden Mitarbeiter der Deutschen Bank von der Übernahme wichtiger oder verantwortlicher Positionen im wirtschaftlichen und politischen Leben Deutschlands ausgeschlossen werden.«

Die Untersuchung der wirtschaftlichen Tätigkeit der Deutschen Bank im Dritten Reich hatte u. a. ergeben, dass »die gegen die Juden gerichtete Politik der Nazis dem ständigen Drang der Deutschen Bank nach Ausdehnung ihrer Macht« diente. 1938 hatte sie den Kundenkreis der aufgelösten Firma Mendelssohn & Co. Berlin übernommen, der größten Privatbank in Deutschland. Die Deutsche Bank wirkte auch mit bei der »Arisierung« des privaten Bankhauses von Simon Hirschland, Essen, übernahm die Kontrolle über dessen Nachfolger Burkhardt & Co. und beteiligte sich an der »Arisierung« zahlreicher anderer Unternehmen. Als größte deutsche Geschäftsbank übernahm sie »alleine oder gemeinsam mit einem Partner die Federführung in praktisch allen größeren Kreditkonsortien, durch welche die Finanzierung des gesamten Wiederaufrüstungsprogramms ermöglicht wurde.« Sie spielte die führende Rolle bei der Ausbeutung der wirtschaftlichen

Ressourcen der »annektierten, okkupierten und zu Satelliten gemachten Ländern Europas«. Auf diese Weise wurde sie während des Krieges »zur größten Bank des europäischen Kontinents«.

Sie unterstützte schon früh die NS-Bewegung, angeschlossene Organisationen und führende NS-Vertreter mit regelmäßigen Zuwendungen.

Die amerikanischen Ermittler waren zu der Schlussfolgerung gelangt:

»Die Deutsche Bank benutzte ihre gewaltige Macht in der deutschen Wirtschaft, um bei der Durchführung der verbrecherischen Politik des Naziregimes auf wirtschaftlichem Gebiet mitzuwirken. Die Verantwortung dafür liegt bei den Mitgliedern des Vorstandes, die solche Handlungen leiteten, bei den Mitgliedern des Aufsichtsrats, die ihre Zustimmung gaben, und bei den leitenden Mitarbeitern und Angestellten, die sie ausführten.«[175] Die Empfehlungen des OMGUS-Berichtes entsprachen dem Geist des Potsdamer Abkommens von 1945, wonach die Deutsche Bank in den westlichen Besatzungszonen in zehn Teilinstitute aufgelöst werden sollte. Erst 1957 wurde die Bank als Einheit in ihrer früheren Struktur wieder zugelassen.

Hermann Josef Abs hatte während des Zweiten Weltkrieges die Auslandsabteilung der Deutschen Bank geleitet und war demnach für den »Anschluss« der Banken jener Länder verantwortlich, die »annektiert, okkupiert und zu Satelliten« gemacht worden waren. Er saß auch im Aufsichtsrat des IG Farben-Konzerns, der ca. 350.000 Zwangsarbeiter ausbeutete: unter anderem im konzerneigenen KZ Auschwitz-Monowitz.

---

175 O.M.G.U.S. – Ermittlungen gegen die Deutsche Bank, www.glasnost.de/hist/ns/omgus1.html sowie ...omgus2 und ...omgus3. Vgl. auch Eberhard Czichon: Die Bank und die Macht. Hermann Josef Abs, die Deutsche Bank und die Politik. Köln 1995 sowie ders.: Deutsche Bank – Macht – Politik, a.a.O.

> Die IG Farben-Tochter DEGESCH lieferte Zyklon B für den Massenmord.
> Weder Abs noch andere Verantwortliche der Deutschen Bank wurden jemals zur Verantwortung gezogen. Sie wurden nicht einmal aus »verantwortlichen Positionen« ausgeschlossen. Im Gegenteil: Abs konnte unter der Regierung Adenauer seine Karriere fortsetzen. Er galt bis zu seinem Tode (1994) als »Deutschlands mächtigster Mann«.

Das einstige NSDAP- und SS-Mitglied Reinhard Höhn gründete in den 50er Jahren die Akademie für Führungskräfte der Wirtschaft in Bad Harzburg. Mehr als eine halbe Million Manager haben diese Akademie durchlaufen. Einer der führenden Verfassungsrechtler des Dritten Reiches, Theodor Maunz, schrieb mit seinem Schüler, dem späteren Bundespräsidenten Roman Herzog, den heute noch maßgeblichen Kommentar zum Grundgesetz.

Etliche der einstigen »Wirtschaftsführer« der wichtigsten Konzerne im NS-Staat waren nach 1945 vor Gericht gestellt worden. Sie trugen mehr oder weniger Mitverantwortung für Planung und Vorbereitung, Beginn und Führung von Angriffskriegen, für Plünderung und Raubzüge in den von der Deutschen Wehrmacht überfallenen Ländern sowie für die Ermordung von Zwangsarbeiterinnen und Zwangsarbeitern; z. B.:

- Alfried Krupp von Bohlen und Halbach, der Junior-Chef des Krupp-Konzerns und NS-Wirtschaftsführer, wurde 1948 vom Nürnberger Militärtribunal zu 12 Jahren Haft verurteilt und nach drei Jahren entlassen.
- 23 leitende Angestellte des IG Farben-Konzerns standen 1947 vor dem Nürnberger Kriegsverbrechergericht. Nur zwölf von ihnen wurden wegen »Plünderung«, »Versklavung« oder des »planmäßigen Einsatzes von Zwangsarbeitern« aus dem KZ Auschwitz-Monowitz zu Gefängnisstrafen verurteilt. Alle wurden vorzeitig aus der Haft entlassen, die meisten wurden innerhalb kürzester Zeit in Aufsichtsräte berufen.

Dies sind nur wenige Beispiele, die deutlich machen, dass die von Westdeutschland gezahlten materiellen Entschädigungen an Juden nicht mit einer innenpolitischen Auseinandersetzung mit dem verbrecherischen NS-Regime und dem Antisemitismus korrespondierten. Die West-Integration der Bundesrepublik förderte sogar die schnelle Abkehr von Konzepten der gesellschaftlichen »Entnazifizierung« und »demokratischen Umerziehung«, die die Westalliierten, vor allem die USA, zunächst in Gang gesetzt hatten. Verurteilte NS-Verbrecher, insbesondere Konzern-Verantwortliche, wurden bald wieder auf freien Fuß gesetzt; sie wurden für die wirtschaftliche Restauration der alten Machtverhältnisse gebraucht. In vielen anderen gesellschaftlichen Bereichen – Politik, Militär, Geheimdienst, Justiz, Wissenschaft und Bildung, Gesundheitswesen, Verwaltung – konnten sich die alten Nazi-Eliten bald wieder sicher fühlen. Insofern ist es sicher nicht übertrieben, das Verhältnis des westdeutschen Staates zu Israel als zunächst instrumentell und seinen Machtinteressen untergeordnet zu bezeichnen. Von israelischer Seite sah dies nicht anders aus. Nur dass es in der Position war, seine materiellen und politischen Forderungen durch den Holocaust moralisch zu untermauern.

Dass die Bundesrepublik mit ihren kollektiven materiellen Entschädigungsleistungen zum Aufbau Israels und – zu einem kleinen Teil – zur individuellen Entschädigung von jüdischen Opfern der NS-Verbrechen beigetragen hat, war sowohl unter moralischen, als auch unter politischen Gesichtspunkten eine historische Notwendigkeit. Nach den gleichen Kriterien wäre es aber ebenfalls notwendig gewesen, die anderen Opfergruppen innerhalb und außerhalb Deutschlands zu entschädigen. Doch das Bundesentschädigungsgesetz (BEG) schloss z. B. von vornherein verfolgte Homosexuelle, Deserteure, Euthanasieopfer und die sogenannten Asozialen von Entschädigungen aus. Sinti und Roma hatten es schwer, ihre Ansprüche geltend zu machen. Die Millionen von Zwangsarbeitern und -arbeiterinnen aus den von Deutschland besetzten Ländern blieben ohne Entschädigung. Erst ab 2001, als die meisten Überlebenden gestorben waren, fand sich Deutschland zu bescheidenen Entschädigungszahlungen bereit. Im Londoner Schuldenabkommen von 1953 war die »Wiedergutmachung« für Verbrechen von Wehrmacht und SS auf einen Friedensvertrag mit Gesamtdeutschland verschoben worden. Es ist mehr als beschämend, dass die Bundesrepublik auch heute noch den wenigen Überlebenden von Massakern wie z.B. im griechischen Distomo sowohl eine finanzielle Entschädigung als auch eine Schuldanerkenntnis verweigert.

Für die wirtschaftliche Entwicklung Israels waren die »Wiedergutmachungszahlungen« von unschätzbarem Wert. Ohne sie, so Goldmann 1976, »würde der Staat Israel nicht die Hälfte seiner gegenwärtigen Infrastruktur besitzen: Jeder Zug in Israel ist deutsch, die Schiffe sind deutsch, ebenso wie die Elektrizität, ein großer Teil der Industrie ... ohne die individuellen Pensionen zu erwähnen, die an die Überlebenden gezahlt wurden.«[176]

14. März 1960 – das Treffen von Adenauer mit Ben-Gurion

Die Historiker Yeshayahu Jelinek und Rainer Blasius[177], die das historische Zusammentreffen von Ben-Gurion und Adenauer im Hotel Waldorf Astoria in New York am 14. März 1960 dokumentierten, sahen in der Hallstein-Doktrin (vgl. Seite 146f.) den Hauptgrund, warum bei diesem Treffen die Aufnahme diplomatischer Beziehungen nicht vereinbart wurden. »Außerdem sickerten Informationen durch, dass Adenauer für den Verzicht auf offizielle Beziehungen mit Israel und für die freundlichen Worte seines Gesprächspartners über das ›Deutschland von heute‹ einen hohen Preis in Aussicht gestellt habe, um das wegen der Hakenkreuz-Schmierereien und der Verwüstung jüdischer Friedhöfe im Dezember 1959/Januar 1960 in Köln und anderen deutschen Städten wieder angekratzte Image der Bundesrepublik aufzupolieren.« Nach diesem Treffen, das manche Erwartungen, wie die der Aufnahme diplomatischer Beziehungen, nicht erfüllte, wurde in der Öffentlich-

---

176 Weber, S. 3

177 Yeshayahu A. Jelinek, Rainer A. Blasius: Ben-Gurion und Adenauer im Waldorf Astoria. In: Vierteljahreshefte für Zeitgeschichte, Jg. 45 (1997), H. 2

keit über die Höhe dieses »Preises« spekuliert. Gelegentlich wurden Zahlenangaben gemacht, wie z. B. ein über zehn Jahre laufender Kredit in Höhe von zwei Milliarden DM bzw. ein 500-Millionen-Dollar-Kredit, um die Negev-Wüste fruchtbar zu machen.[178]

Um die tatsächliche Höhe der Kredite rankten sich indessen nicht nur in den Medien Legenden, sondern auch innerhalb der Adenauer-Regierung selbst. Die Gesprächsaufzeichnungen vom Waldorf-Astoria-Treffen wurden als Staatsgeheimnis behandelt; und während die israelische Seite stets konkrete Zahlen ins Gespräch brachte, sprach die deutsche Seite nur von einer allgemeinen Zustimmung zu Wirtschaftskrediten. Am 5. September 1960 stellte endlich der Staatssekretär im Auswärtigen Amt, van Scherpenberg, in einer »streng geheimen Aufzeichnung« fest, dass Adenauer dem israelischen Ministerpräsidenten »eine Zusage über 500 Mio. Dollar über Entwicklungshilfe nach Ablauf des Wiedergutmachungsabkommens gemacht hat.«[179] An der Geheimhaltung war insbesondere die westdeutsche Regierung interessiert, denn Scherpenberg befürchtete, »dass eine solche Zusage an Israel zur Folge haben werde, dass die arabische Seite die ›DDR‹ anerkennen werde«.[180] Dieser Wirtschaftskredit wäre erst ab April 1966 fällig gewesen. Aber die israelische Seite drängte auf einen früheren Zeitpunkt. Dazu Jelinek und Blasius: »Nach Auffassung des Chefs des Bundeskanzleramtes, Hans Globke, seien die Voraussetzungen für eine ›Kredithingabe‹ bei Abschluss des Prozesses in Jerusalem gegen den Leiter des ›Referats für Judenangelegenheiten‹ im Reichssicherheitshauptamt, Adolf Eichmann, am 14. August 1961 gegeben.«[181] Israel sicherte strikte Geheimhaltung zu. »Zum Jahresende 1961 lief somit die Aktion ›Geschäftsfreund‹ unter der Federführung des Auswärtigen Amtes vorzeitig und als Entgegenkommen Adenauers für Ben-Gurion an. Und so gewährte die Bundesregierung aufgrund von Adenauers allgemein gehaltener Zusage an Ben-Gurion

---

178   A. a. O., S. 310 f.
179   A. a. O., S. 312
180   Ebd.
181   Jelinek, S. 113

– »Wir werden Ihnen helfen« – Israel zwei Kredite pro Jahr, jeweils zwischen 50 und 100 Millionen DM; bis Mai 1966 waren es 629,4 Millionen DM.[182]

Schon Anfang Juni 1962 trug Verteidigungsminister Shimon Peres in Bonn, bezugnehmend auf Adenauers Zusage im Waldorf Astoria, seine Wunschliste vor. Sie umfasste 6 Schnellboote, 3 U-Boote, 36 Haubitzen, 24 Hubschrauber, 12 Noratlas-Transportflugzeuge, 15 Panzer, 54 Flak-Geschütze und Cobra-Raketen mit einem Gesamtwert von 240 Mio. DM. Staatssekretär Karl Carstens und Außenminister Gerhard Schröder (CDU) sprachen sich strikt gegen diese Lieferungen aus: »Die Israelis wollen es zum Bruch zwischen uns und den Arabern kommen lassen.« Schröder lehnte ausdrücklich die Verantwortung dafür ab und erklärte gegenüber dem Bundeskanzler: »Wir sollten weder mit den Ägyptern noch mit den Israelis militärische Beziehungen haben«.[183] Dennoch wurde unter dem Decknamen Frank/Kol die gewünschte Militärhilfe aufgenommen und auf Druck der USA um 150 Panzer aus amerikanischer Produktion erweitert. »Laut einer Aufzeichnung vom Mai 1966 wurden an Israel kostenfrei Waffen im Werte von 194 Millionen DM geliefert; außerdem wurden Abfindungen gezahlt für im Verlauf der Nahost-Krise nicht mehr durchgeführte Lieferungen von Panzern etc. – und zwar im Umfang von 140 Millionen DM.«[184]

Trotz dieser finanziellen Zuwendungen Westdeutschlands an Israel blieben die Beziehungen in hohem Maße störanfällig. Das zeigte sich, als die israelische Außenministerin Golda Meir im Sommer 1962 gegen die Tätigkeit deutscher Waffenexperten in Ägypten mit dem Hinweis auf die NS-Vernichtungspolitik protestierte: Als Helfer Nassers drängten sich Deutsche wieder dazu, »an einem Plan der Tötung von Juden und der Zerstörung jüdischer Städte und jüdischen Landes teilzunehmen«.[185] Die Adenauer-Regierung konnte ihre Nahost-Politik

---

182   A. a. O., S. 113 f.
183   A. a. O., S. 315
184   Ebd.
185   Ebd.

nicht mehr aufrechterhalten, der gegenseitige Botschafteraustausch wurde unumgänglich, aber erst unter der Regierung Erhard in die Tat umgesetzt. Im Bewusstsein »der besonderen Lage der Deutschen gegenüber den Juden in aller Welt einschließlich Israels« kündigte Erhard seine Bereitschaft an, binnen Kurzem mit Israel neue Verhandlungen über Wirtschaftshilfen zu führen.[186]

Antisemitische Einstellungen waren in den Nachkriegsjahren in der westdeutschen Bevölkerung ebenso wie in den Eliten weit verbreitet. In der Öffentlichkeit tabuisiert, wurde der Antisemitismus in den »Untergrund« gedrängt, wo er nach wie vor wirksam ist. Er speiste auch die Auseinandersetzungen in der Bundesrepublik um die Rückerstattung des »arisierten« jüdischen Eigentums. Die Rückerstattung werde zum Staatsbankrott führen, mit dem Gesetz würden aus »dem verarmten deutschen Volk viele Milliarden herausgepresst«. Den Rückerstattungs-Berechtigten wurde vorgeworfen, »in meist schamloser Weise völlig unberechtigte Bereicherungen« einzuheimsen. So hieß es in einem offenen Brief, der im Namen tausender »völlig schuldloser, schwer bedrängter« Rückerstattungs-Pflichtiger an die Bundesregierung geschickt wurde.[187] Auch die bürokratischen Hindernisse, mit denen überlebende Juden bei ihren Anträgen auf Rückerstattung kämpfen mussten, sind sicher nicht nur der Hartleibigkeit einzelner Beamter geschuldet. Das betraf vor allem Rückerstattungsanträge gegen den Staat. Für Hamburg stellt Jürgen Lillteicher fest, dass die Beamten der Oberfinanzdirektionen alles unternahmen, »um die Haftungsverpflichtungen der Bundesrepublik Deutschland bis an die Grenze der Vertretbarkeit zu verringern.«[188] Die Verfolgungsgeschichten wurden von den Behörden und vor den Gerichten »entfremdet, parzelliert, entkonkretisiert ... geradezu surrealisiert«. Dies geschah mit einem »Verfremdungseifer, der das notwendige Maß

---

186 A. a. O., S. 317

187 Constantin Goschler, Jürgen Lillteicher (Hg.): »Arisierung« und Restitution. Die Rückerstattung jüdischen Eigentums in Deutschland und Österreich nach 1945 und 1989. Göttingen 2002. Hier: Einleitung der Herausgeber, S. 11

188 Jürgen Lillteicher: Rechtsstaatlichkeit und Verfolgungserfahrung. In: Goschler, Lillteicher, S. 150

überstieg und eher die restitutionsfeindliche Haltung der Finanzbeamten verriet«. Nach Lillteicher wagten sich »die Finanzverwaltung und die Finanzjustiz so weit hervor, dass sie sogar das Eingreifen der Alliierten riskierten.« Ihre Abwehrstrategien müssen für viele Antragsteller derart quälend und erschöpfend gewesen sein, dass sie aufgaben. »Die vom Gesetz geforderte schnelle und möglichst umfangreiche Rückerstattung wurde nicht erreicht«, so resümiert Lillteicher seine Untersuchung. »Es kam zu erheblichen Verzögerungen, tiefen Konflikten und schwerwiegenden Unregelmäßigkeiten. Ein Bewusstsein, dass die Rückerstattung im Grunde genommen die zivilrechtlich relevanten Aspekte der auf dem Gebiet des Strafrechts begangenen Verbrechen gegen die Menschheit behandelte, war nur bruchstückhaft vorhanden.«[189] Der Widerstand gegen die Rückerstattung verbarg sich hinter der »Fassade eines einfallsreichen, ausgetüftelten und scheinbar unangreifbaren Legalismus«. Und dieser Widerstand ging, wie der Autor feststellt, auch auf persönliche Motive zurück: »… denn so mancher Finanzbeamte bekleidete auch nach 1945 noch dieselbe Position, die er zur Zeit des Nationalsozialismus innegehabt hatte. Die Ablehnung eines Rückerstattungsantrages hatte hier für manche Beamte auch eine persönlich exkulpatorische Funktion.«[190]

Der Kalte Krieg und die West-Integration der Bundesrepublik, die eine offene Auseinandersetzung mit dem Antisemitismus, den NS-Verbrechen und dem Widerstand unmöglich machten, dagegen den Antikommunismus zur Staatsdoktrin erhoben, trafen im besonderen auch die überlebenden jüdischen Widerstandskämpferinnen und -kämpfer in Westdeutschland. Als doppelt Verfolgte waren ihre Überlebensbedingungen extrem hart und ihre Überlebenschancen extrem gering gewesen. Als Kommunistinnen und Kommunisten verloren sie nach dem Bundesergänzungsgesetz von 1953 und dem Bundesentschädigungsgesetz von 1956, dem Jahr des KPD-Verbotes, ihren Anspruch auf Entschädigung, sofern sie ihre politischen Aktivitäten nicht aufgaben.

---

189 A.a.O., S. 155
190 A.a.O., S. 156ff.

Antizionismus = Antisemitismus?

Die ideologischen Repräsentanten des Staates Israel versuchten weltweit, ihren Anspruch auf die Deutungshoheit »des Zionismus« geltend zu machen, und fuhren für diese Zwecke schweres moralisches Geschütz auf. Dieses richteten sie gegen die jüdischen Antizionisten, die Ben-Gurion zum Beispiel als »vom Hass zu jeder jüdischen Sache« durchsetzte »Psychopathen und Sadisten« verunglimpfte, die »in ihrer Verkommenheit und Hässlichkeit verderben und in ihrem eigenen Dreck ersticken« werden.[191] Bis heute werden jüdische Antizionisten als »Verräter« und Psychopathen mit ausgeprägtem »Selbsthass« verurteilt. Die nichtjüdischen Antizionisten, insbesondere die Linken in Westdeutschland, die etwa Kritik an der israelischen Besatzungspolitik äußerten, wurden und werden als Antisemiten moralisch und politisch zu diskreditieren versucht.

Die jüdischen Publizisten Eike Geisel und Mario Offenberg[192] haben die Funktion dieser Gleichsetzung von Antizionismus und Antisemitismus analysiert. Sie fragten nach den Gründen, warum den Herrschenden in Westdeutschland diese Formel Antizionismus = Antisemitismus so gut ins Konzept passte, und kamen zu dem Ergebnis, dass sie zu einer Waffe in der »Restaurationsideologie umgemünzt« wurde. »Die Metamorphose vom Judenvernichter zum Philosemiten fiel der an der Aufrechterhaltung ihrer sozialen und Wiedererrichtung ihrer politischen Herrschaft interessierten westdeutschen Bourgeoisie leicht: Die vorübergehende Wiederbelebung der sog. freien Marktwirtschaft fand in der ›kommunistischen Bedrohung aus dem Osten‹ erneut einen Gegner, der die Funktion des die gesamte Ordnung bedrohenden Feindes übernehmen konnte.« Die Verurteilung

---

191 Nathan Weinstock: Das Ende Israels? Hg. und eingeleitet von Eike Geisel und Mario Offenberg. Einleitung der Herausgeber, Fußnote 8. In: www.trend.infopartisan.net/trd0304/t100304.html

192 Ebd.

des Antisemitismus verknüpfte der westdeutsche Staat mit der »Reduktion der faschistischen Terrorherrschaft auf die Vernichtung der Juden ... und eliminierte gleichzeitig alle anderen Verbrechen des Faschismus aus dem Bewusstsein.«[193] Durch die Wiedergutmachungszahlungen an den Staat Israel wurde Westdeutschland »nazirein« oder »koscher«. »Gegenüber der demokratischen und antifaschistischen Öffentlichkeit modelte die mit der Wiedereinstellung früherer Nationalsozialisten in den öffentlichen Dienst (Generäle, Richter, Lehrer, Politiker) und dem Wiederaufstieg des westdeutschen Kapitalismus beschäftigte Bourgeoisie die Wiedergutmachungszahlungen in tätige Reue um.«[194]

An die Stelle des im Bewusstsein der Nachkriegsbevölkerung noch lebendigen Antisemitismus trat eine »dem Scheine nach« projüdische Stimmungswelle, Judentum wurde mit Israel gleichgesetzt. Die Vergangenheitsbewältigung wurde auf diese Weise in die Außenpolitik transponiert. »Nach einer enormen Anleihe für Israel erklärt Ben-Gurion das Adenauer-Globke-Regime für ›nazirein‹ und versieht die Integration der Bundeswehr in die NATO mit moralischer Reputation«.[195]

Geisel und Offenberg sehen in der ideologischen »Verzerrung der Faschismus- und Antisemitismusfrage« und der prozionistischen »Ausrichtung der Politik der Restaurationsregierungen in Westdeutschland« einen entscheidenden Grund dafür, dass von Anbeginn an eine »kritische Auseinandersetzung mit dem Zionismus und Israel« verhindert wurde. Dem wäre hinzuzufügen: Auch eine kritische Auseinandersetzung mit der Zeit des deutschen Faschismus, seinen Hauptstützen, Zielen und Verbrechen wurde auf diese Weise hintertrieben.

---

193 A.a.O., S. 5
194 Ebd.
195 A.a.O., S. 6

Entschädigungspolitik in SBZ und DDR

»Wir bitten die Juden in aller Welt um Verzeihung. Wir bitten das Volk in Israel um Verzeihung für Heuchelei und Feindseligkeit der offiziellen DDR-Politik gegenüber dem Staat Israel und für die Verfolgung und Entwürdigung jüdischer Mitbürger auch nach 1945 in unserem Land.«[196]

Als die Abgeordneten aller Fraktionen der Volkskammer diese Erklärung abgaben, waren die Chancen der DDR für eine »Wiedergutmachung« und für die Aufnahme diplomatischer Beziehungen schon vorbei. Es war der 12. April 1990, im Oktober jenes Jahres trat die DDR der Bundesrepublik Deutschland bei.

Angelika Timm hat »das gestörte Verhältnis der DDR zu Zionismus und Staat Israel« in ihrem Buch »Hammer, Zirkel, Davidstern«[197] gründlich analysiert und 1997 der Öffentlichkeit vorgestellt. Dieser Untersuchung zufolge hat die DDR-Politik im Großen und Ganzen den Vorgaben der Sowjetunion und den bereits vor 1933 von den kommunistischen Parteien begründeten Positionen zur Judenfrage, zu Antisemitismus und Zionismus entsprochen. Darüber hinaus war ihre Außenpolitik auch durch den Kampf gegen die Hallstein-Doktrin, die die Nichtanerkennung der DDR verlangte, geprägt.

Die Hallstein-Doktrin

Die nach Walter Hallstein (CDU) benannte Doktrin hat in der ersten Phase des Kalten Krieges bis in die 1960er Jahre die Außenpolitik der Bundesrepublik Deutschland geprägt. Hallstein war Staatssekretär im Auswärtigen Amt von 1951 bis 1958. Der Hallstein-Doktrin zufolge hat die Bundesregierung die Aufnahme oder Unterhaltung diplomatischer Beziehungen durch dritte Staaten mit der DDR als unfreundlichen Akt betrachtet

---

196 Erklärung der Volkskammer vom 12.04.1990

197 Angelika Timm: Hammer, Zirkel, Davidstern. Das gestörte Verhältnis der DDR zu Zionismus und Staat Israel. Bonn 1997

und in der Regel mit dem Abbruch beziehungsweise der Nichtaufnahme diplomatischer Beziehungen beantwortet. Denn die Bundesrepublik Deutschland sah sich als Rechtsnachfolgerin des Deutschen Reiches und erhob einen Alleinvertretungsanspruch für das gesamte deutsche Volk. Eine Ausnahme von der Hallstein-Doktrin bildeten von Anfang an die diplomatischen Beziehungen zur Sowjetunion. Umstritten war die Doktrin in der bundesdeutschen Politik vor allem deshalb, weil man befürchtete, dass Länder, die die DDR bereits diplomatisch anerkannt hatten, ihrerseits den Kontakt zur Bundesrepublik ablehnen und sie damit isolieren könnten. Um Beziehungen zu den arabischen Staaten aufrecht zu erhalten, wandte die Bundesrepublik die Hallstein-Doktrin nicht an, als im Winter 1957 die DDR in Kairo ein Büro eröffnete, das für den diplomatischen Kontakt mit dem gesamten arabischen Raum zuständig sein sollte. Tatsächlich hat sie die Hallstein-Doktrin lediglich zweimal angewandt: gegen das blockfreie, aber sozialistisch regierte Jugoslawien im Jahr 1957 und 1963 gegen das sozialistische Kuba Fidel Castros. Umgekehrt brachen viele arabische Staaten die Beziehungen zu Westdeutschland ab, als die Bundesregierung 1965 Israel anerkannte. Zu einer Anerkennungswelle der DDR in der arabischen Welt kam es erst 1969, als Ost-Berlin im Nahost-Konflikt eindeutig Stellung gegen Israel bezog. Nach 1969 wurde die Hallstein-Doktrin unter Willy Brandt de facto aufgegeben, da sie offenkundig gescheitert war und im Rahmen der »Neuen Ostpolitik« die Bundesrepublik selbst in ein vertragliches Verhältnis zur DDR eintrat. Aber auch nach der Entspannung der deutsch-deutschen Beziehungen und der Aufnahme beider Staaten in die UNO bestand die Bundesrepublik darauf, die alleinige rechtmäßige Vertreterin des gesamten deutschen Volkes sein. Nur sie sei völkerrechtlich identisch mit dem Deutschen Reich und allein demokratisch legitimiert, für das deutsche Volk im Ausland zu sprechen.

Entschädigungszahlungen an Juden und an Israel, die mit denen der BRD vergleichbar waren, hat es von Seiten der DDR nicht gegeben. Die Gründe dafür waren unterschiedlich und stellten zum Teil auch einen Reflex der durch Antizionismus geprägten Politik gegenüber Israel dar.

Für die Kommunisten der SBZ/DDR stand die Verpflichtung aus dem Potsdamer Abkommen im Mittelpunkt, in der DDR die wirtschaftlichen, sozialen und ideologischen Wurzeln des Faschismus, Militarismus und Antisemitismus zu vernichten. Dies sollte durch eine grundlegende gesellschaftliche Umgestaltung geschehen. Außerdem hatte die DDR die Gesamtlast der laut Potsdamer Abkommen vorgesehenen Reparationen an die Sowjetunion zu tragen. Die Frage der Restitution arisierten, geraubten jüdischen Eigentums, sofern es sich um Eigentum von Unternehmen betraf, stand in der DDR prinzipiell im Widerspruch zu dem Wunsch nach sozialistischer Umgestaltung der Eigentumsverhältnisse. Diese Schlussfolgerungen, die die DDR aus den Verbrechen des NS-Regimes zog, hatten zunächst keine antizionistische Stoßrichtung, auch wenn sich die Wiedergutmachungs-Politik auf eine »angemessene Entschädigung« beschränkte. Erst später nahm die Politik eine antizionistische Färbung an.

Paul Merker, der sich schon in der Emigration für Entschädigungen ausgesprochen hatte, widersprach dem Argument, dass es bei der Entschädigung nur darum gehe, »nun den jüdischen Großkapitalisten ihre früheren Vermögen, Betriebe oder Banken zurückzugeben«. Er betonte gegenüber Wilhelm Pieck: »Was zurückgegeben werden muss, ist: das Eigentum der jüdischen Gemeinden, das mobile und immobile Eigentum von jüdischen Privatpersonen, soweit sie in der Zone leben, unter Ausschluss aller derjenigen Dinge, die in Staatshand übergegangen sind.« Für letzteres schlug er einen späteren Schadensausgleich vor.[198] Unmittelbar vor der Gründung der DDR wurde mit der »Anordnung zur Sicherung der rechtlichen Stellung der anerkannten Verfolgten des Naziregimes« am 5. Oktober 1949 über Richtung und Umfang der Entschädigung entschieden: gegen das von Merker vertretene

---

198   Timm, S. 65

Hermann Brill und
das thüringische Wiedergutmachungsgesetz

Das Land Thüringen hatte am 14. September 1945 ein Wiedergutmachungsgesetz beschlossen, in dem Verfahren und Bedingungen für die Restitution von jüdischem Eigentum festgelegt wurden. Die sowjetische Besatzungsmacht tolerierte das Gesetz zunächst, unterlief es aber später mit dem SMAD-Befehl Nr. 82 (29. April 1948), durch das der Transfer von Vermögen ins Ausland verboten wurde. Dieses Gesetz, das erste in allen vier Besatzungszonen, ging auf den thüringischen Ministerpräsidenten Hermann Brill zurück. Der Sozialdemokrat war 1933 aus der SPD aus Enttäuschung über ihre passive Haltung gegenüber den Nationalsozialisten ausgetreten und hatte in der sozialistischen Gruppe »Neubeginnen« mitgearbeitet. Später beteiligte er sich an der Widerstandsgruppe »Deutsche Volksfront«, wurde verhaftet und von den Nazis zu zwölf Jahren Zuchthaus verurteilt. 1943 wurde er in das KZ Buchenwald eingeliefert. 1945, nach der Selbstbefreiung des KZ Buchenwald, wirkt er am »Buchenwalder Manifest« mit, dem er sich verpflichtet fühlte:

»Solange Faschismus und Militarismus in Deutschland nicht restlos vernichtet sind, wird es keine Ruhe und keinen Frieden bei uns und in der Welt geben... Diese riesenhafte Arbeit kann nur geleistet werden, wenn sich alle antifaschistischen Kräfte zu einem unverbrüchlichen Bündnis zusammenschließen.«

Brills Vorstellungen vom Neuaufbau des demokratischen Deutschlands standen im Widerspruch zur sowjetischen Militärregierung bzw. zu den führenden Vertretern der KPD in der SBZ. So musste er noch 1945 Thüringen verlassen. Er leistete einen großen Beitrag zur Entwicklung demokratischer Strukturen in Hessen und Westdeutschland: Von 1946 bis 1949 war er Chef der Hessischen Staatskanzlei, 1948 arbeitete er als Mitglied des Verfassungskonvents in Herrenchiemsee am Grundgesetz mit und war 1949 bis 1953 Mitglied des Deutschen Bundestages.

Entschädigungs-Konzept. Aber für die jüdischen »Opfer des Faschismus« war der Staat bereit, vor allem soziale Verantwortung zu übernehmen, indem er ihnen u. a. privilegiert Wohnraum, medizinische Versorgung sowie eine besondere Rente zur Verfügung stellte.[199] Jüdische Gemeinden wurden wiedergegründet und erhielten das in der NS-Zeit geraubte Eigentum zurück. Auch für Immobilien, die keinen kultischen Zwecken dienten, konnten Anträge auf Rückübertragung gestellt werden. Doch stießen die jüdischen Gemeinden oft auf bürokratische Hemmnisse, die durchaus auch antisemitisch motiviert waren. Sie erhielten ihr Vermögen, so Timm, »insgesamt nur zu einem geringen Teil zurück«.[200] Nach der Auflösung der Länder 1952 teilte das Ministerium der Finanzen den jüdischen Gemeinden jährliche Zuwendungen zu, mit denen sie – so Timm – die Synagogen und Friedhöfe erhalten und notdürftig restaurieren konnten. »Die Gelder wurden nicht als Wiedergutmachungs- oder Entschädigungszahlungen, sondern als ›großzügige Unterstützung des sozialistischen Staates‹ für die Gemeinden verstanden – als eine Leistung also, zu der die DDR nicht verpflichtet sei.«[201]

Wiedergutmachungsverpflichtungen, wie sie die Bundesrepublik im Luxemburger Abkommen eingegangen war – damals als »Geschäft zwischen westdeutschen und israelischen Großkapitalisten« kritisiert –, hielt die DDR zu keinem Zeitpunkt ihrer Existenz für notwendig. So wurde die »Rückerstattung Ost« erst nach der Vereinigung Deutschlands wieder aktuell.[202]

Wie in den Westzonen und der BRD lebte in der SBZ und den Anfangsjahren der DDR der Antisemitismus der kaum vergangenen NS-Zeit in der Bevölkerung fort. Er äußerte sich 1947/48 in zunehmenden Hakenkreuzschmierereien und Vandalismus auf jüdischen Friedhöfen, in der Leugnung der jüdischen Verfolgungen und der Vernichtungslager in der NS-Zeit und in antisemitischer

---

199 Reinhard Rürup: Einleitung. In: Goschler, Lillteicher, S. 192
200 Timm, S. 80
201 Ebd.
202 Rürup, S. 193 f.

Hetze.[203] Obwohl in den Verfassungen aller fünf Länder der SBZ die Verbreitung von NS-Gedankengut verboten war, hielten die jüdischen Gemeinden, die VVN und die Liberaldemokratische Partei ein spezielles Gesetz für die Strafverfolgung von nationalem, religiösem und Rassenhass für notwendig. Es wurde 1947 der sächsischen Landesregierung zugeleitet, dann auch den anderen Landesregierungen. Doch die Sowjetische Militäradministration in Sachsen (SMAS), der der Gesetzentwurf vorgelegt wurde, äußerte Bedenken, ob – wie Timm schreibt – »die Demokratisierung des deutschen Volkes bereits weit genug fortgeschritten sei, um ein solches Gesetz zu erlassen, ›ohne dass sich eine unerwünscht große Zahl von Strafverfolgungen wegen unbedachter Äußerungen ... verärgerter Menschen‹ ergebe.« Abgelehnt wurde der Entwurf am 21. April 1949. Max Fechner als Chef der deutschen Justizverwaltung vermochte keinen Handlungsbedarf zu erkennen. Außerdem würde eine zoneneinheitliche Regelung vorbereitet, die sich vor allem mit »Angriffe(n) gegen die neue demokratische Ordnung« befassen sollte, also mit der Abwehr »politisch-oppositioneller Tendenzen«.[204] Die veränderte Haltung der Sowjetunion zur »Judenfrage« und zum Zionismus, die in der zweiten Jahreshälfte 1948 sichtbar wurde, hat das Ende dieses Gesetzentwurfes bewirkt.

Der scharfe Antizionismus der sowjetischen Regierung und auch der Slánský-Prozess gaben dem latenten Antisemitismus neue Nahrung, die Helmut Eschwege auch in den »unteren Einheiten der Partei« ausmachte. Nach dem Slánský-Prozess wurde Juden der »Kämpferstatus« entzogen.[205] Und manchen jüdischen, »unliebsam gewordenen Widerständlern« wurden die Bezüge gekürzt, indem sie zu Opfern herabgestuft wurden. Die Verfolgung jüdischer Politiker und Persönlichkeiten des öffentlichen Lebens war ebenso tragisch, wie die bedingungslose Identifizierung Israels mit dem Imperialismus falsch war (siehe Kapitel VII). Dennoch verdient die offizielle

---

203 Timm, S. 198-206
204 A.a.O., S. 109f.
205 A.a.O., S. 154

Politik der DDR insgesamt nicht die Bezeichnung antisemitisch. Sie war antizionistisch, war gegen die aggressive Expansionspolitik der israelischen Regierung gerichtet und in ihrer Verurteilung des Zionismus zu pauschal.

Erst in den 1980er Jahren bemühte sich die DDR um eine deutliche Verbesserung ihrer Beziehungen zu den jüdischen Bürgern und Institutionen ihres Landes und erwog auch Entschädigungen für im Ausland lebende Bürger deutsch-jüdischer Herkunft. Geplante Vereinbarungen mit der Jewish Claims Conference und diplomatische Beziehungen zu Israel konnten aber nicht mehr realisiert werden.[206]

---

206 Manfred Behrend: Zwischen Wertschätzung und Diskreditierung – SED-Führung und Juden. In: Glasnost-Archiv. www.glasnost.de/autoren/behrend/sedjuden.html

VI. Die arabische Revolution

Die arabische Welt, die vom Westen Marokkos am atlantischen Ozean bis in den Osten Iraks reicht, ist ein Konglomerat arabisierter und islamisierter Ethnien und schließt viele nationale und religiöse Minderheiten ein. Dieses Völkergemisch entstand in einer an Turbulenzen reichen Geschichte, die viele Eroberer kannte: Phönizier, Perser, Babylonier, Assyrer, Griechen, Römer, Mamelucken, Araber und Mongolen. Zuletzt die Osmanen. Sie alle hinterließen tiefe Spuren und ein mannigfaltiges kulturelles Erbe. Mit dem Eindringen der kapitalistischen Moderne in die Region erhob sich der Ruf nach Einheit der arabischen Nation, die sich verspätet und fragmentarisch entwickelte. Die nationalbürgerlichen Revolutionäre hatten die arabische Einheit auf ihre Fahne geschrieben. Die Bewegungen in Ägypten, Syrien und Irak, die am weitesten fortgeschritten waren, stehen hier im Mittelpunkt, nicht aber die Golfstaaten, die noch immer feudale Herrschaftsstrukturen aufweisen, aber wegen ihres Ölreichtums zu weltweiten Akteuren aufgestiegen sind. Die immer bedeutendere Rolle des – nichtarabischen – Iran in der Region und seine Einwirkungen auf Hamas und Hisbollah können im Rahmen dieses Buches nicht dargestellt werden. Hierzu wäre eine gesonderte Untersuchung notwendig.

Die Anfänge

Zu Beginn des 19. Jahrhunderts hatte die »Nahda«-Bewegung, die sich mit ihren panarabischen Ideen gegen die osmanische Oberherrschaft richtete, den Boden für den Fortschritt der arabischen Gesellschaften vorbereitet. In Folge der »Nahda« setzte ab 1919 die bürgerliche Entwicklung vor allem in Ägypten, Syrien und Irak ein. Die Trennung von Staat und Religion war eine zentrale Forderung: Die Religion gehört Gott, das Vaterland all seinen Bürgern. Liberale Parteien wurden gegründet, Verfassungen erarbeitet, die Wahl von Parlamenten institutionalisiert – alles wies darauf hin, dass trotz offensichtlicher Defizite der Weg zur Modernisierung nach westlichem Muster eingeschlagen wurde. Die entscheidende Bremse stellten die Kolonialmächte dar, die wenig Interesse an einer industriellen Entwicklung zeigten. So geriet dieser erste Modernisierungsversuch sehr schnell an seine Grenzen.

Es waren arabische Intellektuelle, Würdenträger und Offiziere in der osmanischen Armee in Mesopotamien, die 1914 aus Enttäuschung über den jungtürkischen Nationalismus ein Dokument verfassten, die »Damaskus-Protokolle«, in dem sie die Unabhängigkeit der Araber zwischen Mittelmeer und Rotem Meer forderten. Für diesen Preis waren sie bereit, Großbritannien im Krieg zu unterstützen und gegen die osmanische Oberherrschaft zu revoltieren. Der britische Hochkommissar in Ägypten, Henry McMahon, hatte dem zugestimmt, nachdem die Osmanen auf Seiten Deutschlands in den Krieg eingetreten waren. Dass die Araber 1916 tatsächlich gegen die Osmanen aufstanden, hatte mit der blutigen Unterdrückungspolitik der nationalistischen Jungtürken-Regierung zu tun. Cemal Pascha, der dem »Jungtürken-Triumvirat« angehörte, war seit Ende 1914 Oberbefehlshaber der Mesopotamien-Armee. Auf seinen Befehl wurden mehrfach drakonische Strafaktionen gegen arabische Oppositionelle durchgeführt. Unter den Hingerichteten befanden sich auch arabische Notabeln, wie der Mufti von Gaza, Ahmad Arif Al-Hussaini, und sein Sohn. Als Cemal am 6. Mai 1916 eine weitere Gruppe von arabischen Führern in Damaskus und Beirut aufhängen ließ, rührte sich in allen Regionen Arabiens Empörung und Widerstand. Wichtige Stammesführer aus dem heutigen Saudi-Arabien wie Sherif Hussein und sein Sohn Feisal, Emir von Mekka, sprachen sich nun für den Aufstand aus. In der Überzeugung, dass die Briten ihre Versprechen einhalten würden, begannen die Araber am 10. Juni 1916 die arabische Revolte, an der sich auch einige Tausend junge Araber aus Palästina beteiligt haben sollen. Sie wurden mit Waffen und Geld von den Briten unterstützt. Cemal Pascha, dem die Araber den Beinamen »Blutrünstiger« und »Schlachter« gegeben hatten, ging erneut mit aller Härte gegen die Aufständischen vor und stellte viele politische und kulturelle Führer der Araber vor Militärtribunale. Erst die Niederlage, die die britische Armee unter General Allenby der osmanischen Armee beibrachte, setzte Cemals unheilvollem Wirken in Syrien/Palästina ein Ende.[207]

Nach dem Kollaps des Osmanischen Reiches brachen die Briten ihr Versprechen gegenüber den Arabern; gemeinsam mit den Franzosen teilten sie sich die arabischen Besitzungen der Osmanen auf. Lediglich das heutige Saudi-Arabien erhielt den Status einer Unabhängigkeit. Die Konferenz der Sieger von 1920 in San Remo bestätigte im Wesentlichen die im Sykes-Picot-Abkommen getroffenen Vereinbarungen, die mit der Idee eines unabhängigen und geeinigten Arabiens überhaupt nichts mehr zu tun hatten. Für die Araber war das Jahr 1920 mit der ersten Katastrophe (Naqba) verknüpft. Die zweite Naqba war die der Vertreibung der Palästinenser im Zusammenhang mit der israelischen Staatsgründung. »Für alle arabischen Nationalisten«, so schrieb ein damaliger Zeitzeuge, »erschien die Entscheidung des Völkerbundes, der in San Remo tagte, den arabischen Osten in verschiedene Einzelstaaten zu zerteilen: Syrien, Irak, Libanon, Palästina, Transjordanien, als eine scheußliche Niedertracht. Die Gründung dieser Staaten schien den Arabern als eine Absurdität, fern von allen historischen, kulturellen und religiösen Traditionen.«[208] Die Gründung dieser Halbstaaten unter französischer oder britischer Mandatsverwaltung war ein Akt des Kolonialismus mit der klaren Absicht, den Nahen Osten zu zerstückeln. Gegen diese Willkür der imperialistischen Kolonialmächte und ihren Verrat erhoben sich überall im arabischen Raum Bewegungen für die arabische Unabhängigkeit und Einheit; nirgendwo waren sie so stark wie in Ägypten und Irak. Sie griffen gar bis Marokko über. In Ägypten gründete sich die Wafd-Partei und führte

---

207 Abdelaziz A. Ayyad: The Arab Nationalism and the Palestinians 1850–1939, December 1999, S. 31 ff.

208 Michel Pablo: The Arab Revolution 1958. In: www.marxist.org/archive/pablo/1958

einen verbissenen Kampf gegen den von den Engländern 1922 eingesetzten König. Im Irak spielten die Briten die Sunniten gegen die Schiiten aus und gaben den Sunniten die politische Macht. Dies führte zu erbitterten Kämpfen zwischen beiden religiösen Strömungen und stellte die Existenz eines gemeinsamen irakischen Staates infrage. Noch im heutigen Irak werden die von außen geschürten Konflikte zwischen beiden Richtungen des Islam zur Stabilisierung der US-Besatzungspolitik instrumentalisiert. In Libanon, Syrien und Palästina entfaltete sich in der Zeit zwischen beiden Weltkriegen ebenfalls der Kampf gegen die Mandatsmächte. »Der Fall Palästinas, des am meisten arabisierten Landes im fruchtbaren Halbmond«,[209] stellte aufgrund der jüdischen Kolonisierung eine Besonderheit dar. Dort waren es nicht nur die Briten, die die Araber daran hinderten, die nationale Selbstständigkeit zu erlangen, sondern die Aktivitäten der jüdischen Gemeinschaft, des Jishuv, raubten ihnen mehr und mehr die Möglichkeiten für eine eigenständige Existenz. Das Wirken der Zionisten in Palästina war ein weiterer Grund, der den arabischen Nationalismus beflügelte.

Einheit oder Unabhängigkeit

In den 30er Jahren wurden mehrere Versuche unternommen, die arabische Welt zu vereinen. Es sollten eine gemeinsame arabische Universität in Jerusalem gegründet werden und ein einheitliches Währungs- und Zollsystem entstehen. Alle diese Unternehmungen wurden durch die herrschenden Kolonialmächte unterlaufen. Doch der Zweite Weltkrieg schwächte deren Position und gab den Unabhängigkeitsbestrebungen einen nicht mehr aufhaltbaren Aufschwung. Die meisten arabischen Länder wurden nun unabhängig. Die wichtigsten Stationen dieser Entwicklung:
- die irakische Revolution gegen die Briten 1941,
- die Aufgabe von Syrien und Libanon durch die Franzosen im November 1943,

---

209 Ebd.

- die Alexandria-Konferenz im September 1944, die den Grundstein für die spätere Arabische Liga legte.

Von Anfang an reichte der Arm der Kolonialmacht England über die Feudalregime in die Arabische Liga hinein. Der Konflikt zwischen der saudischen und jordanischen Königsfamilie lähmte die ersten überstaatlichen Ansätze der Araber. Die britische Interessenpolitik war darauf ausgerichtet, die bilateralen Beziehungen zu den feudalen Königsfamilien auszubauen und deren staatliche Gebilde zu konsolidieren. Der Wunsch nach Einheit musste hinter dem nach Unabhängigkeit und Anerkennung der Souveränität der neu entstandenen Staaten zurücktreten.[210]

Die arabischen Staaten Nordafrikas verblieben auch nach dem Zweiten Weltkrieg unter der kolonialen Herrschaft Frankreichs, das besonders unter der Regierung der SFIO, der Vorläuferpartei der heutigen französischen Sozialisten, finster entschlossen war, seine Kolonialherrschaft über Nordafrika aufrechtzuerhalten. Dies insbesondere, weil im Indochinakrieg die Befreiungsbewegung Vietminh der französischen Kolonialmacht in der Schlacht von Dien Bien Phu (1954) eine historische Niederlage beigebracht hatte. Marokko und Tunesien erhielten 1956 trotzdem ihre Unabhängigkeit. Doch Algerien, wo sehr viel Erdöl und Erdgas lagerte, wollte Paris nicht hergeben. Zwischen der algerischen Befreiungsbewegung FLN und Frankreich entwickelte sich einer der blutigsten Kolonialkriege der Neuzeit. In dem acht Jahre dauernden Unabhängigkeitskrieg, der 1962 endete, sind schätzungsweise 18.000 französische Militärs und 350.000 bis 1 Million algerische Männer, Frauen und Kinder getötet worden.

Die ägyptische Revolution und der Einheitsgedanke

Insgesamt begann nach dem Zweiten Weltkrieg eine neue Phase der arabischen Nationalbewegung, die auf wirkliche Unabhängigkeit vom Imperialismus zielte. Diese neue Phase forderte ernsthafte Ver-

---

210   Pablo, S. 6

änderungen der gesellschaftlichen und ökonomischen Strukturen der arabischen Welt. Die Träger dieses neuen Einheitsgedankens waren junge Offiziere – wie Nasser in Ägypten – sowie Parteien, die verschiedene Varianten eines »arabischen Sozialismus« verkörperten. Sie brachten die antifeudale Revolution voran, die die Landreform anstieß, wichtige Ressourcen nationalisierte und eine Staatswirtschaft organisierte. Auf ihrem Weg putschten sie die korrupten, mit dem Imperialismus liierten Feudalregime weg und gerieten in Konflikt mit den imperialistischen Mächten. Sie wandten sich an die Sowjetunion um Hilfe. Um diese Regime in Schach zu halten, benutzten erst die Franzosen und dann die USA Israel. An diesem Punkt hat Israel den Frieden verspielt, hat sich instrumentalisieren lassen und den Feindschaftsgraben zu den Arabern, der durch die palästinensische Tragödie bereits aufgerissen war, abgrundtief geweitet.

Die Gruppen der jungen arabischen Militärs und Intellektuellen, die nach Unabhängigkeit und Modernisierung strebten, waren mit den Kernen einer entstehenden Bourgeoisie verbunden. Diese Kerne waren klein, aber im Wachstum begriffen. Die Entwicklung der Ölindustrie eröffnete einen Prozess der Industrialisierung. Das Interesse der arabischen Bourgeoisie lag darin, die Macht der Feudalherren und der wucherischen Geldverleiher, die den industriellen Aufschwung behinderten, zurückzudrängen. Die um die Ölindustrie sich entfaltende Industrialisierung brachte auch ein Proletariat hervor – vorwiegend in Ägypten und im Irak. Die tradierten Wirtschafts- und Sozialstrukturen waren ein riesiges Hindernis für die Entwicklung der Moderne im Nahen Osten. Sie verhinderten die Herausbildung einer leistungsstarken Landwirtschaft. Die Mehrheit der Bevölkerung lebte auf dem Land. Ihr standen im Durchschnitt 0,6 Hektar unbewässerten Landes zur Verfügung. Die Ertragsquote war minimal und reichte nicht einmal für den Eigenbedarf, geschweige denn zum Verkauf eines Mehrprodukts auf dem Markt, mit dem es eine binnenwirtschaftliche Erweiterung hätte geben können. Das bewässerte Land befand sich in den Händen von Großgrundbesitzern, für die sich landlose Arbeiter verdingen mussten. Der Islam verbot ein Pachtsystem zu fixen Raten und öffnete dadurch das Tor für die Erhebung willkürlicher Pachtzinsen. Hinzu kam, dass aus islamischer Tradition Eigentum nicht über Titel, sondern über tradierte Nutzrechte hergestellt war. Diese Verhältnisse bremsten die Aktivitäten zur Bodenmelioration und intensiven Bewirtschaftung, denn in der Regel wurden in den Dörfern die Nutzungsrechte immer wieder neu aufgeteilt.

So rückte die Agrarreform ins Zentrum des neuen arabischen Nationalismus. Ziel der Landreform war es, jedem Landarbeiter ein ausreichend großes Stück Land zur Bewirtschaftung zu geben. Zugleich stellte sich auch die Frage nach der Verteilung des sagenhaften Reichtums, der aus der Ölrente floss. Die arabischen Revolutionäre erhoben die Forderung nach Einkommensgerechtigkeit und nach Nutzung der Ölreichtümer zur Entwicklung und zum Wohle der gesamten arabischen Nation. Im Mittelpunkt stand die Forderung der Nationalisierung der Ölproduktion. Denn das Erdöl gehörte den ausländischen Unternehmen und die Gewinne flossen ins Ausland ab. Der Imperialismus antwortete darauf mit einer Konfrontationspolitik, die mehrfach in Kriege mündete, die letztlich den arabischen Nationalismus bezwangen.

Die Revolution in Ägypten von 1952 löste eine panarabische Welle in den 50er und 60er Jahren aus. »Die panarabische Idee wurde neu gestaltet, indem sie einen klaren fortschrittlichen Charakter erhielt«.[211] Im Jahre 1952 war noch fast der gesamte arabische Raum von Frankreich und Großbritannien abhängig, die überall ihre militärische Macht demonstrierten. Innerhalb von zehn Jahren änderte sich dies, und der arabische Raum gewann seine Unabhängigkeit. Britisches Militär war nur noch an wenigen Orten anwesend. Im Bürgerkrieg in Jemen stellte sich Ägypten an die Seite der republikanischen Kräfte. Nassers Ägypten trat als Gegner der feudalreaktionären Regime in Irak, Jordanien und Saudi-Arabien auf. In dieser Periode fanden vielversprechende große Umwandlungen innerhalb der Region statt. Ägypten z. B. erlebte zu jener Zeit sein größtes Wirtschaftswachstum, das laut Weltbankberichten über 7,6 Prozent betrug. Heute, nachdem

---

211 Abdelhalim Quandil, Interview 28. Februar 2006. In: Es reicht – die ägyptische Oppositionsbewegung. Österreichisch-Arabisches Kulturzentrum Wien, Campo Antiimperialista, S. 91

das Mubarak-Regime dem Druck der USA nachgegeben hat und die Wirtschaft Ägyptens liberalisierte, sind es im günstigsten Fall gerade noch 2 Prozent. In den revolutionären Staaten der arabischen Welt wurden die Daseinsfürsorge ausgebaut und Kampagnen zur Alphabetisierung durchgeführt.

»Arabischer Sozialismus«

Für die arabische Linke, zu der auch drei bedeutsame kommunistische Parteien (Irak, Ägypten, Algerien) gehörten, stand die Frage nach einer klassenübergreifenden Einheitsfront, die die Massen in der Auseinandersetzung mit dem Imperialismus sammelte, im Mittelpunkt ihrer Strategie. Aber zwischen dem »arabischen Sozialismus« und den Kommunisten gab es einen Verdrängungswettbewerb, der in teils barbarische Repressionen gegen die Kommunisten mündete, die in dieser Phase keine Solidarität aus den Ländern des »realen Sozialismus« erfuhren. Dahinter stand auch eine Krise der nationalen Bourgeoisien jener Länder, die zwar ein Interesse an der Modernisierung und der Entfaltung des Kapitalismus hatten, nicht aber an einer grundlegenden Agrarreform oder sonstigen Sozialreformen. In der Eigenständigkeit und dem Erstarken der Kommunisten sahen sie eine Bedrohung angesichts zunehmender sozialer Konflikte im eigenen Land. Deutlich wurde das insbesondere im Nasserismus, der im Wesentlichen die Interessen der ägyptischen nationalen Bourgeoisie reflektierte. Der gleiche Konflikt spitzte sich im Irak zu, wo die Kommunisten auf brutalste Weise von Saddam Husseins Baath-Partei verfolgt wurden. Aber auch die Sowjetunion spielte eine Rolle bei der Entwertung der kommunistischen Parteien im Nahen Osten. Moskau drängte die kommunistischen Parteien in jenen Ländern, wo fortschrittliche, revolutionäre Einheitsparteien bestanden, sich in diesen aufzulösen. Dies geschah in Algerien und in Ägypten.

Der »arabische Sozialismus« konnte seine weitgesteckten Ziele nicht erreichen. Die Agrarreform blieb auf halbem Weg stecken und die Industrialisierung weit hinter den Erfordernissen zurück. Die arabische

Einheit kam nicht zustande – trotz Nassers Versuchen, mit Syrien und dem Irak ein vereinigtes Kerngebiet zu schaffen. Der Krieg mit Israel von 1967 wurde zum Abgesang auf Nasser und den Nasserismus. Die säkulare arabische Linke zerfiel. Der Islamismus erklärte ihr den Krieg, warf ihr unislamisches Denken und den Import westlicher Vorstellungen wie z. B. der Demokratie vor. Ein Neuaufbau der Linken ist seitdem über die Anfangsphase kaum hinausgekommen.

Die palästinensische Nationalbewegung

Nach dem Krieg von 1948/49 hatten Hunderttausende von Palästinenserinnen und Palästinensern ihre Heimat verloren, waren zu Flüchtlingen geworden. Es existierten keine politischen Organisationen mehr, keine militärische Macht und kein eigenständiges palästinensisches Gebiet. Die arabischen Staaten hielten den Schlüssel zur politischen Zukunft der Palästinenser in ihren Händen. Aber infolge innerarabischer Machtkämpfe wurden die Interessen der arabischen Palästinenser immer wieder verraten. Der Teil des geographischen Palästina, den die UNO zur Bildung eines eigenständigen palästinensischen Staates vorgesehen hatte, wurde zwischen Israel und dem damaligen Transjordanien unter König Abdallah aufgeteilt. Der Gaza-Streifen wurde von Ägypten übernommen. Beide Staaten agierten folglich gegen die Errichtung einer eigenständigen palästinensischen Machtbasis.

In den Augen der meisten Palästinenser war die Herstellung der arabischen Einheit der Weg zur Befreiung Palästinas. Diese Strategie des panarabischen Nationalismus wurde von allen damals vorhandenen politischen Strukturen der Palästinenser unterstützt. Breite Unterstützung erhielten die Palästinenser in der öffentlichen Meinung der arabischen Staaten. Keine arabische Regierung von damals hätte sich offiziell eine Entsolidarisierung von den Palästinensern erlauben können. Arabische Linke und fortschrittliche säkulare panarabische Nationalisten machten sich das Anliegen der Palästinenser zueigen. Sie sahen im Kampf zur Befreiung Palästinas den Weg zur Herstellung der arabischen Einheit. Erst ab den 1960er Jahren nahm die Zahl jener innerhalb der palästinensischen Gesellschaft zu, die einen eigenen palästinensischen Weg zur Befreiung forderten. Auslöser war die militärische Niederlage Ägyptens 1956. Ägypten war militärisch geschwächt und fiel als Basis für den bewaffneten Kampf der Palästinenser aus. Kein arabischer Staat signalisierte Bereitschaft, für die Palästinenser einen weiteren Waffengang gegen Israel zu riskieren. Ägypten selbst, das über viele Jahre Guerilla-Operationen palästinensischer Fedayin duldete, forderte nun die Fedayin auf, jegliche bewaffnete Aktionen gegen Israel zu unterlassen, die eine erneute militärische Konfrontation auslösen könnten.

Dennoch entstanden militante Organisationen der Palästinenser, die eine Strategie des bewaffneten Kampfes zur Befreiung Palästinas verfolgten. Unter ihnen die 1959 gegründete Al-Fatah unter Yasser Arafat. Sie repräsentierte zunächst den radikalsten Flügel der palästinensischen nationalen Bewegung. Ihr erklärtes Ziel war die Befreiung Palästinas von der »zionistischen Okkupation«: Die Schaffung eines demokratischen säkularen Palästinas sollte durch den bewaffneten Kampf erreicht werden.

Die Palästinensische Nationalcharta vom 17. Juli 1968 (Auszug)

Artikel 1: Palästina ist das Heimatland des arabischen palästinensischen Volkes, es ist ein untrennbarer Teil des gesamtarabischen Vaterlandes und das palästinensische Volk ist ein integraler Bestandteil der arabischen Nation.

Artikel 2: Palästina ist innerhalb der Grenzen, die es zur Zeit des britischen Mandats hatte, eine unteilbare territoriale Einheit.

Artikel 3: Das arabische palästinensische Volk hat legalen Anspruch auf sein Heimatland und das Recht, nach der Befreiung seines Landes sein Schicksal nach seinen Wünschen und ausschließlich nach seinem eigenen Beschluss und Willen zu bestimmen.

Artikel 4: Die palästinensische Identität ist ein echtes, essentielles und angeborenes Charakteristikum; sie wird von den Eltern auf die Kinder übertragen. Die zionistische Okkupation und die Zerstreuung des arabischen palästinensischen Volkes durch die Katastrophen, von denen es heimgesucht wurde, haben weder zu einem Verlust der palästinensischen Identität und der Zugehörigkeit zur palästinensischen Gemeinschaft, noch zu ihrer Annullierung geführt.

Artikel 5: Palästinenser sind solche arabischen Staatsangehörigen, die bis zum Jahr 1947 regulär in Palästina ansässig waren, ohne Rücksicht darauf, ob sie von dort vertrieben wurden oder dort verblieben. Jedes Kind eines palästinensischen Vaters, das nach diesem Zeitpunkt geboren wurde – in Palästina oder außerhalb –, ist ebenfalls Palästinenser.

Artikel 6: Juden, die vor dem Beginn der zionistischen Invasion in Palästina regulär ansässig waren, werden als Palästinenser angesehen (werden).

Artikel 9: Der bewaffnete Kampf ist der einzige Weg zur Befreiung Palästinas.

Artikel 12: Das palästinensische Volk glaubt an die arabische Einheit. Um seinen Teil zur Verwirklichung dieses Ziels beizutragen, muss es jedoch im gegenwärtigen Stadium des Kampfes die palästinensische Identität und den palästinensischen Widerstand bewahren, durch ihn das (palästinensische) Bewusstsein entwickeln und jeden Plan ablehnen, der diese Identität aufheben oder schwächen könnte.

Artikel 15: Die Befreiung Palästinas ist vom arabischen Standpunkt aus nationale Pflicht. Ihr Ziel ist, der zionistischen und imperialistischen Aggression gegen die arabische Heimat zu begegnen und den Zionismus in Palästina auszutilgen.

Artikel 19: Die Teilung Palästinas im Jahr 1947 und die Schaffung des Staates Israel sind völlig illegal, ohne Rücksicht auf den inzwischen erfolgten Zeitablauf, denn sie standen im Gegensatz zu dem Willen des palästinensischen Volkes und seiner natürlichen Rechte auf sein Heimatland; sie waren unvereinbar mit den Prinzipien der Charta der Vereinten Nationen, insbesondere mit dem Recht auf Selbstbestimmung.

Artikel 21: Das arabische palästinensische Volk, das durch die bewaffnete arabische Revolution seiner Existenz Ausdruck verleiht, lehnt alle Lösungen ab, die einen Ersatz für die vollkommene Befreiung Palästinas bilden, und verwirft alle Vorschläge, die auf eine Liquidierung des Palästinaproblems oder auf seine Internationalisierung abzielen.

Artikel 22: Der Zionismus ist eine politische Bewegung, die organisch mit dem internationalen Imperialismus verbunden ist und im Widerspruch zu allen Aktionen der Befreiung und der progressiven Bewegung in der Welt steht. Er ist rassistischer und fanatischer Natur; seine Ziele sind aggressiv, expansionistisch und kolonialistisch; seine Methoden sind faschistisch.

Artikel 29: Das palästinensische Volk besitzt das fundamentale und wahre gesetzliche Recht, sein Heimatland zu befreien und wiederzugewinnen.

Beschluss des 21. Palästinensischen Nationalrates 26.4.1996, Gaza

Der Palästinensische Nationalrat, ausgehend von der in der 19. Sitzungsperiode am 15.11.1988 in Algier verabschiedeten Unabhängigkeitserklärung und der politischen Erklärung, die die Zweistaatenlösung sowie das Prinzip der friedlichen Beilegung der Konflikte festlegten, gestützt auf die in Washington am 13.09.1993 unterzeichnete Prinzipienerklärung, in der beide Seiten darin übereinstimmen, die Jahrzehnte der Konfrontation und Auseinandersetzung zu beenden, ihre gegenseitigen legitimen politischen Rechte anzuerkennen, danach zu streben, in friedlicher Koexistenz, in Würde und

> Sicherheit zu leben, um eine friedliche, gerechte, dauerhafte und umfassende Lösung zu verwirklichen und eine historische Versöhnung durch den vereinbarten politischen Prozess zu erreichen, gestützt auf ... UNO-Resolutionen zur Palästinafrage ..., die in der Prinzipienerklärung (OSLO 1) enthaltenen Verpflichtungen der PLO und den unterzeichneten Abkommen vom 09. und 10.09.1993 (Briefwechsel zwischen MP Yitzhak Rabin und Präsident Yasser Arafat), das palästinensisch-israelische Interimsabkommen für die Westbank und den Gazastreifen, das am 28.09.1995 in Washington unterzeichnet wurde, und den Beschluss des Zentralrates der PLO vom November 1993, der das Osloer-Abkommen einschließlich all seiner Ergänzungen gebilligt hat ... und die Prinzipien ... der Madrider Friedenskonferenz ... beschließt:
> 1. Änderung der Nationalcharta durch Streichung der Artikel, die im Widerspruch zu den Schreiben zwischen der PLO und der Regierung Israels vom 09.-10.09.1993 stehen...

Die Fatah gewann immer breitere Unterstützung innerhalb der palästinensischen Bevölkerung. Das konnten die arabischen Staaten nicht mehr ignorieren. Sie beauftragten die Arabische Liga, eine Organisation zur Befreiung Palästinas zu schaffen. Dies geschah 1964 mit der Gründung der Palästinensischen Befreiungsorganisation (PLO), die unter ägyptischer Kontrolle stand. Ihre Aufgabe war es, den wachsenden militanten Druck aus der palästinensischen Gesellschaft zu neutralisieren. Die Al-Fatah widersetzte sich dieser Instrumentalisierung und weigerte sich zunächst, der PLO beizutreten. 1969 übernahm der Fatah-Führer Yasser Arafat den Vorsitz der PLO, der sich auch die Demokratische Volksfront zur Befreiung Palästinas, die Palästinensische Befreiungsfront, die Arabische Befreiungsfront sowie andere kleinere Gruppen anschlossen. Sie gaben der PLO eine neue, radikalere Ausrichtung.

Auf dem palästinensischen Gebiet westlich des Jordans, auf der Westbank, deren Bewohner de jure die Rechte von jordanischen Staatsbürgern hatten, kam es zu eigenständigen politischen Aktionen. Diese gingen insbesondere von Seiten der Flüchtlinge aus, die in Jordanien de facto ausgegrenzt und benachteiligt waren. Deren Aktivitäten wurden zunehmend unterdrückt, vor allem nach dem Putschversuch des Jahres 1957, als linksnationalistische Kräfte in Jordanien nach der Macht griffen, scheiterten und alle politische Parteien und Gewerkschaften in Jordanien verboten wurden. Auch wirtschaftlich wurden die palästinensischen Gebiete der Westbank diskriminiert. Investitionen gingen fast ausschließlich in das transjordanische Gebiet. So entwickelte sich in der Bevölkerung der Westbank ein palästinensisches Bewusstsein, das antifeudale Züge trug. Es war Ergebnis der Konflikte mit den feudalen Kräften, die – gestützt durch das jordanische Königshaus – die Kontrolle über Städte und Dörfer hatten. »Für die jordanischen Palästinenser war, ähnlich wie für ihre Landsleute im Gazastreifen, die Frage der Bewaffnung und des militärischen Kampfes gegen Israel von zentraler Bedeutung.«[212] Die arabische Niederlage im Sechs-Tage-Krieg von 1967 brachte eine entscheidende Wendung in den israelisch-arabischen Beziehungen. Denn nachdem die panarabischen Strategien offensichtlich gescheitert waren, zeigten sich Ägypten und Jordanien grundsätzlich bereit, mit Israel über Land für Frieden zu verhandeln. Die palästinensische Bewegung war in einer hoffnungslosen Lage: Die internationale Öffentlichkeit nahm sie nicht wahr. Selbst die Existenz eines eigenständigen palästinensischen Volkes war nur noch wenigen bewusst. »Militärisch hoffnungslos unterlegen (sowohl den Israelis als auch den arabischen Staaten gegenüber) blieb den Palästinensern nichts anderes als Terror übrig.«[213] Dieses Zitat des konservativen Historikers Wolffsohn verdeutlicht die Tragik, dass ohne diese terroristischen Aktionen die internationale Öffentlichkeit weiterhin

---

212 Dietmar Herz: Palästina, Gaza und die Westbank. In: www.books.google.de, S. 44

213 Michael Wolffsohn, Frieden jetzt? Berlin 1996, S. 18

die Palästina-Frage ignoriert hätte. Es war ein Terror, der Ausdruck von Verzweiflung und Ohnmacht war.

Der palästinensische Widerstand durchlief mehrere Phasen, die mit tiefen Niederlagen verknüpft sind. 1970 verlor er den Kampf in Jordanien und musste das Land verlassen. Diese Ereignisse sind als Schwarzer September bekannt geworden. 1976 konnte Yasser Arafat mit seiner Rede vor der UNO einen Durchbruch in der internationalen Öffentlichkeit erzielen und den Blick einer breiten Öffentlichkeit auf die ungelöste Palästina-Frage lenken.

**Aus der Rede von Yasser Arafat
vor der UNO-Vollversammlung am 13. November 1974**

»... Es gibt noch Völker, wie in Zimbabwe, Namibia, Südafrika und Palästina und andere, die Opfer von Aggression, Unterdrückung und Terror sind. Diese Regionen der Welt erleben eine bewaffnete Auseinandersetzung, die ihnen von den kolonialistischen und rassistischen Kräften auf terroristische Weise aufgezwungen wurde. Diese unterdrückten Völker sind gezwungen, sich dagegen zu wehren. Das ist ein legaler und gerechter Widerstand.

Herr Präsident, die UNO muss sich für die Unterstützung dieser Völker einsetzen und ihnen helfen, ihr gerechtes Anliegen zum Erfolg zu bringen und ihr Selbstbestimmungsrecht zu erlangen...

Den Plünderungen, Ausbeutungen und dem Aussaugen der Schätze der armen Völker muss ein Ende gemacht werden. Diese Länder dürfen bei ihrem Bestreben nach Entwicklung, nach freier Verfügung über ihre Ressourcen und nach Beseitigung des Preisdiktats für ihre Rohstoffe nicht gehindert werden. Den gerechten Forderungen dieser Länder ... stehen immer noch Hindernisse im Wege. Die UNO muss sich energisch auf die Seite des Kampfes für grundlegende Änderungen im Weltwirtschaftssystem stellen, da nur diese allein es den unterentwickelten Ländern ermöglichen, sich rascher zu entwickeln. Diese Institution muss sich energisch gegen alle jene Kräfte wenden, die versuchen, die Verantwortung für die Weltinflation den Entwicklungsländern, insbesondere den Erdölförderländern, aufzubürden. Sie muss die Drohungen verurteilen, die gegen diese Länder, die nur gerechte Forderungen stellen, gerichtet werden...

Die palästinensische Sache ist ein wichtiger Bestandteil dieser gerechten Anliegen, für die die unter Kolonialismus und Unterdrückung leidenden Völker kämpfen... Im Namen aller, die sich für die Freiheit und das Selbstbestimmungsrecht der Völker einsetzen, appelliere ich an Sie, ihrer wie unserer Sache gleicherweise die volle Aufmerksamkeit zu schenken. Dies bildet eine grundlegende Stütze für die Sicherung des Friedens in der Welt, für die Errichtung einer neuen Welt, in der alle Völker frei von Unterdrückung, Ungerechtigkeit, Furcht und Ausbeutung leben. Innerhalb dessen und für diese Ziele trage ich Ihnen unsere Sache vor. Wenn wir hier vor diesem internationalen Forum zu Ihnen sprechen, so ist dies Ausdruck unserer Überzeugung, dass der politische Kampf unseren bewaffneten Kampf ergänzt...

Die Wurzeln des palästinensischen Problems reichen bis ins 19. Jahrhundert zurück, mit anderen Worten, bis in die Zeit, die man als die Zeit des Kolonialismus und der Annektion bezeichnet, sie reichen zurück bis in die Übergangszeit des Imperialismus, als der zionistisch-kolonialistische Plan geschmiedet wurde, das Land Palästina mit jüdischen Emigranten aus Europa zu erobern...

Wäre die jüdische Einwanderung nach Palästina mit dem Ziel erfolgt, mit uns als Bürger gleicher Rechte und Pflichten zu leben, hätten wir für sie Raum geschaffen im Rahmen der Möglichkeiten unserer Heimat, wie das mit Zehntausenden von Armeniern und Tscherkessen geschah, die immer unter uns als Brüder und Bürger lebten genau wie wir. Wenn aber das Ziel dieser Einwanderung nichts anderes ist als gewaltsame Annexion unseres Landes, unsere Vertreibung und unsere Verwandlung in Bürger zweiter Klasse – und gerade dies ist geschehen –, so kann uns unmöglich jemand raten, dies hinzunehmen oder sich ihm zu beugen...

Wir, Herr Präsident, unterscheiden zwischen Judentum und Zionismus. Zur gleichen Zeit, in der wir die zionistische, kolonialistische Bewegung bekämpfen, respektieren wir die jüdische Religion und warnen heute, nachdem ein Jahrhundert seit dem Entstehen der zionistischen Bewegung vergangen ist, dass diese Bewegung eine wachsende Gefahr für die Juden der Welt, für das arabische Volk und für die Sicherheit und den Frieden in der Welt darstellt...

Die PLO ist die einzige legitime Vertreterin des palästinensischen Volkes und in dieser Eigenschaft bringt sie die Wünsche und Hoffnungen unseres Volkes zum Ausdruck...

Wir verurteilen alle Verbrechen, die an den Juden begangen wurden, und alle Arten von versteckter und offener Diskriminierung, die Angehörige des jüdischen Glaubens erlitten haben...

Als Vorsitzender der PLO und als Führer der Palästinensischen Revolution erkläre ich hier, dass wir keinen einzigen Tropfen jüdischen oder arabischen Blutes vergießen wollen und dass wir uns nicht eine Minute lang über die Fortdauer des Krieges freuen werden, wenn ein gerechter Frieden herrscht, der auf den nationalen Rechten, Bestrebungen und Hoffnungen unseres Volkes aufbaut...

Herr Präsident, heute kam ich zu Euch, in einer Hand den Ölzweig und in der anderen Hand das Gewehr der Revolution, lasst den grünen Zweig nicht aus meiner Hand fallen ... lasst den grünen Zweig nicht aus meiner Hand fallen!«

1982 folgte erneut eine schwere Niederlage: Israel marschierte in den Libanon ein und vertrieb die PLO, die dort über quasi staatliche Strukturen verfügte. Die PLO musste nach Tunis ausweichen, wo sie kaum noch Möglichkeiten hatte, auf das Geschehen in Palästina einzuwirken. Jeder Kampf endete für die Palästinenser mit einem noch größeren Desaster. Aber in den besetzten Gebieten der Westbank und im Gaza-Streifen wuchs eine neue Generation heran, die den Kampf mit der israelischen Besatzung aufnahm. Ende 1987 brach die erste Intifada aus, die den Israelis die Grenzen ihrer Besatzungspolitik aufzeigte. Es war vor allem Israels Politik der Unterdrückung, des Landraubs und der Ausdehnung der jüdischen Siedlungen in den besetzten Gebieten, die zum Aufstand geführt hatten. Tagtäglich sahen die Palästinenser, wie ihr Land immer kleiner wurde.[214] Schließlich stärkte die Intifada zunächst die Position der PLO innerhalb der besetzten Gebiete der Westbank und des Gazastreifens. Während der achtziger Jahre meinten mehr als 80 Prozent der palästinensischen Bevölkerung, dass die PLO die einzige legitime Vertreterin des Palästinensischen Volkes sei.

1992/93 setzte sich in Israel die Einsicht durch, dass ein Kompromiss zwischen Israel und den Palästinensern notwendig sei. Zu diesem Zeitpunkt war die PLO schon nachhaltig geschwächt und von Israel als legitime Vertretung des palästinensischen Volkes demontiert worden, wie bei dem konservativen Historiker an der Bundeswehr-Universität in München, Michael Wolffsohn, nachzulesen ist. »Es waren israelische Spezialisten, die Ende der siebziger Jahre, Anfang der achtziger Jahre dazu geraten hatten, die islamischen Fundamentalisten in den besetzen Gebieten zu stärken, um die PLO zu schwächen.«[215] Israel glaubte, das sei eine glänzende Idee. Hamas wurde, das zeigte sich schon Ende der 80er und in den 90er Jahren, eine immer größere Gefahr für die PLO. [216]

---

214 Vgl. hierzu: Noam Chomsky, Der Tod Yasser Arafats im Spiegel der US-Medien, Al Ahram, 18.11.2004

215 Wolffsohn, S. 48

216 A. a. O., S. 69

Dass es 1992 zu dem Versuch einer Vereinbarung zwischen Israel und der PLO kam, ist auch Ausdruck der späten Erkenntnis Israels, dass es besser wäre, wenn die PLO und nicht die radikal islamischen Kräfte in den palästinensischen Gebieten die Oberhand behielten. Das hieß: der PLO Zugeständnisse zu machen, die deren Autorität in der eigenen Bevölkerung stärkten. Die PLO war nach dem Golfkrieg 1991, in dem sie sich auf die irakische Seite geschlagen hatte, in einer Situation der absoluten Schwäche; sie akzeptierte die Verhandlungsergebnisse von Oslo. »Es war von vornherein klar, dass das Abkommen Verrat an den palästinensischen Interessen war. Das einzige schriftliche Dokument – die sogenannte Prinzipienerklärung – legte fest, dass das Endergebnis der Verhandlungen ausschließlich auf der UN-Resolution 242 von 1967 basieren würde«.[217] In dieser Resolution wird aber nicht von dem Recht des palästinensischen Volkes auf eine Zweistaaten-Regelung gesprochen. Die Ziele Israels wurden in der Studie von Schlomo Ben-Ami, der zum Chefberater von Ehud Barak in Camp David aufrückte, im Jahre 1998 bekannt. »Der Osloer Friedensprozess sollte«, so Ben-Ami, »zu einer permanenten neokolonialen Abhängigkeit in den besetzten Gebieten führen, bei der den Palästinensern ein gewisses Maß an örtlicher Autonomie zugestanden werden sollte.«[218] Obwohl sich in der palästinensischen Bevölkerung die Auffassung gefestigt hat, dass die Friedensverhandlungen seit Oslo für sie nichts Positives gebracht haben, war die weitere Suche nach einer Verhandlungslösung die richtige Konsequenz aus den Erfahrungen des Krieges. »Es ist ein Verdienst Yasser Arafats, in einem solchen Kontext alles Menschenmögliche getan zu haben, um den israelisch-palästinensischen Konflikt in seiner politischen (und nicht religiösen oder ethnischen) Dimension zu halten: nämlich die eines Kampfes für nationale Befreiung und Unabhängigkeit, eines antikolonialen Kampfes um ein Territorium und um nationale Souveränität.«[219]

---

217 Chomsky, a.a.O.
218 Ebd.
219 Michel Warschawsky, Antizionismus ist nicht Antisemitismus, Leiter des Alternative Information Center in Jerusalem, in: www.staytuned.at/sig/0021/32927.html

Die Entwicklung der PLO nach dem Abschluss der Abkommen von Oslo und Madrid im Jahre 1993 beschleunigte den Niedergang des säkularen palästinensischen Nationalismus insgesamt. Während Israel neben vagen Absichtserklärungen die Errichtung einer Autonomiebehörde in Teilen der Westbank und im Gazastreifen zuließ, erhielt es als Gegenleistung Ruhe und das Ende der Intifada. Arafat war in die Falle getappt, die Israel auslegt hatte. »Statt einen gewiss schwierigen innerpalästinensischen Konsens zu suchen und auf dieser Basis mit Israel ein Friedensabkommen zu unterzeichnen«, der Hamas einband, vertiefte Arafat durch den Alleinvertretungsanspruch der PLO die innerpalästinensische Spaltung. Dies wirkt bis heute fort. »Es ging eben seinerzeit nicht nur um die Zukunft der PLO allein, sondern um die aller Palästinenser. Doch mit dem Ausschluss von Hamas wurde – ganz im Sinne Israels – ein Teil des palästinensischen Volkes ausgeschlossen.«[220]

Weit davon entfernt, ein eigenständiges Staatsgebilde mit einer sich entfaltenden Wirtschaft entwickeln zu können, wurden in der Folgezeit die PLO und insbesondere ihre wichtigste Komponente, die Fatah, immer stärker von Israel, Europa und den USA abhängig. Politisch und wirtschaftlich. Die Fatah stellte die Autonomiebehörde, die die Finanzmittel von außen in einen sich aufblähenden Staatsapparat und – zu beträchtlichen Teilen – auch in Korruptionskanäle leitete. Arafats Kalkül, durch rasch verbesserte Lebensumstände innerhalb der besetzten Gebiete die Auseinandersetzung gegen Hamas zu gewinnen, ging nicht auf. Hamas ihrerseits tat alles, um Arafats Pläne zu vereiteln; und auf der anderen Seite saß Israel, welches die Schwäche Arafats und der PLO ausnutzte, um die Abhängigkeit der PLO von Israel zu vergrößern. Der Graben zwischen PLO und Hamas wurde noch tiefer. Diese Spaltung schwächte Arafats Verhandlungsposition gegenüber Israel. Die nach Meinung der Hamas mageren Ergebnisse, die Arafat erzielte, stärkten den radikalen Flügel von Hamas und radikalisierten diese insgesamt.

Solange die innerpalästinensische Spaltung anhält, wird die

---

220 Mohssen Massarrat: Yassir Arafats größter Fehler, Freitag, 08.06.2007

palästinensische Gesellschaft blockiert bleiben und ihre spärlichen Ressourcen für innere Konflikte aufwenden. Damit die Palästinenser Verhandlungsmacht gewinnen, ist eine innerpalästinensische Versöhnung von zentraler Bedeutung. Diese Versöhnung muss in einer Regierung der nationalen Einheit, wie sie von Abbas, aber auch von der palästinensischen Linken gefordert wird, Gestalt annehmen. Sie muss Hand in Hand mit inneren Reformen beider palästinensischer Seiten gehen. Die Fatah muss sich dringend von dem Ruch der Korruption befreien. Dafür kämpft die palästinensische Linke seit Jahren. Die PLO ist nicht mehr stark genug, um allein die Interesse aller Palästinenser vertreten zu können. Ohne substanzielle Erfolge in Verhandlungen mit Israel wird sie weiter an Macht und Einfluss verlieren. Wenn Israel an einem säkularen politischen Verhandlungspartner interessiert ist, muss es alles vermeiden, was die Hamas weiter stärkt. Das gilt auch für die Europäer. Sie haben die Hamas-Regierung, die aus demokratischen Parlamentswahlen 2006 hervorgegangen ist, nicht anerkannt und in die Isolation getrieben. Die europäische Politik der Spaltung der Palästinenser und der Sanktionen gegen Hamas untergräbt die ohnehin geringe Stabilität der Region, stärkt die Hamas und die Hardliner in der israelischen Regierung.

Zu sozialökonomischen Entwicklungen in der arabischen Welt

Veröffentlichungen des Arab Human Development Report von 2002 besagen, dass die arabische Welt bedeutsame Fortschritte bei der Entwicklung von Gesundheit und Bildung gemacht hat. 51 Prozent der arabischen Bevölkerung sind jünger als 15 Jahre. Die Region weist noch immer eine sehr hohe Geburtenrate auf, die sich nur allmählich abschwächt. Die Einkommensverteilung ist ausgewogener als in anderen Teilen der Welt. Auch die Hungerarmut, definiert durch Einkommen von weniger als einem Dollar täglich, ist laut diesem Bericht geringer als in Lateinamerika. Dem widerspricht allerdings die Situation in Ägypten, mit etwas über 70 Millionen Menschen das bevölkerungsreichste arabische Land. Dort leben schätzungsweise über 50 Prozent der Bevölkerung unterhalb der offiziellen Armutsgrenze von zwei Dollar.

Es gibt auch andere warnende Hinweise. In den vergangenen 20 Jahren hatte die arabische Region mit Ausnahme der Sahara mit nur 0,5 Prozent das geringste Wachstum pro Kopf zu verzeichnen. Das liegt an der sehr niedrigen Arbeitsproduktivität, die trotz aller Modernisierungsversuche jährlich um 0,2 Prozent sinkt: Erreichte sie 1960 noch 32 Prozent der Arbeitsproduktivität der USA, so sind es heute nur noch 19 Prozent. Der Verfall der Arbeitsproduktivität wurde von einem Absinken der Löhne begleitet, was den Verarmungsprozess verschärft hat. Als »Heilmittel« schlagen Weltbank und andere für neoliberale Politik bekannte Institutionen einen Kurs radikaler marktwirtschaftlicher Öffnung vor.[221] Insbesondere wird gefordert, die Interventionen des Staates zu reduzieren und die Privatisierung voranzutreiben. Die gesamte auf arbeitsintensiven mittelständischen Betrieben beruhende Wirtschaft soll durch exportorientierte Betriebe mit höherer Produktivität ersetzt werden. Vergleichbare Entwicklungen in anderen Teilen der Welt zeigten indessen, dass dieses Rezept zu noch mehr Arbeitslosigkeit führt. Schon heute ist die Arbeitslosigkeit mit 20 Prozent der erwerbsfähigen Bevölkerung sehr hoch. Sie fällt noch höher aus, rechnet man diejenigen hinzu, die im informellen Sektor beschäftigt sind. Richtig dramatisch wird es werden, wenn die Geburtenraten weiterhin so hoch bleiben und immer mehr junge Leute in den Arbeitsmarkt drängen.

Der Bericht des Arab Human Development weist auch auf den enormen Ressourcenverlust hin, den der anhaltende israelisch-arabische Konflikt verursacht. Er schneidet Entwicklungspotentiale ab. Die scharfe Krise, in der sich die arabischen Gesellschaften befinden, ist auf den Urbanisierungsprozess in der arabischen Welt zurückzuführen. Mehr als die Hälfte der arabischen Bevölkerung lebt heute in großen Städten. Aber diese Entwicklung ist nicht das Resultat einer agrarischen oder industriellen Revolution, beide sind auf halbem Weg stecken geblieben und wurden partiell sogar rückgängig gemacht. Das sich im Agrarsektor

---

221 Samir Amin & Ali El Kenz: Europe and the Arab World. London New York 2005, S. 87

ausbreitende Elend ist einfach nur in die größer gewordenen Städte hineingetragen worden. Dort reichte die industrielle Entwicklung nicht aus, um die vom Land geflohenen Arbeitskräfte zu absorbieren. Die Krise wird evident in der Form der Ideologie, der Organisation und der Kämpfe, die die Akteure hervorbringen. In diesem Geflecht aus Niedergang der Wirtschaft und Rückzug des Staates von seinen Verpflichtungen zur Sicherung der Daseinsvorsorge seiner Bürger hat sich der politische Islam entwickeln können. Er ist das direkte Produkt der gescheiterten Modernisierungsversuche der arabischen Gesellschaften.

Der Diskurs des politischen Islam schlägt nur scheinbar eine reale Alternative zur Modernität vor. Diese Alternative ist politisch und nicht theologisch, sie bezieht sich nicht auf Islamtheoretiker oder Religionstheoretiker des Islam. Der politische Islam ist Gegner jeglicher Befreiungstheologie, fordert die Unterordnung des Individuums, nicht seine Emanzipation, lehnt die Demokratie ab und damit das Recht einer Gesellschaft, durch demokratische Willensbildung und Mitbestimmung die eigene Zukunft zu bauen. Organisationen wie Hisbollah und Hamas haben ihre Massenbasis in der verarmten, die Lasten der kapitalistischen Globalisierung tragenden Bevölkerung, die in den reichen, christlich geprägten Industrienationen die arroganten Verursacher ihres Elends sieht. Doch der politische Islam, einmal an die Macht gelangt, stellt bald einen neuen Flügel der Kompradorenbourgeoisie dar.[222] Am Beispiel der Hamas kann verdeutlicht werden, dass ihre Ideologie und Handlungen nicht auf Befreiung und Emanzipation der Menschen abzielen, sondern auf Unterdrückung und Verlängerung ihrer Unmündigkeit.

Die Hamas

Die Islamische Widerstandsbewegung sieht ihre Wurzeln in der ägyptischen Muslimbruderschaft. Diese führte aus religiösen Gründen, aber auch aus der Befürchtung, dass ein jüdischer Staat Ägypten be-

---

222 Amin, S. 8

drohen könnte, seit Ende der 30er Jahre des 20. Jahrhunderts einen »heiligen Krieg« gegen die britische Mandatsmacht in Palästina und die zionistischen Siedler.[223]

1987 gründete sich die Hamas als kämpfender Arm der Muslimbruderschaft in Palästina mit der Aufgabe des permanenten Jihads. Ihr Ziel: »das Banner Allahs über jedem Zentimeter von Palästina« aufzupflanzen. So heißt es im Artikel 6 ihrer Charta. Die Palästina-Frage wird als eine »religiöse Frage« angesehen, und darin ähneln sich der islamische und der israelische Fundamentalismus (s. Kap IX.). Die islamische Religion und ihre Prinzipien begründen den Kampf gegen Israel: Als vorherrschender Bezugsrahmen für Politik ist dieses fundamentalistische Verständnis von Religion aber nicht verhandelbar und kompromissfähig. Deshalb lehnt die Charta auch jegliche Verhandlungslösungen und Kompromisse ab. Palästina ist »göttliches Vermächtnis«, es muss vollständig befreit werden. Erst dann können dort die Anhänger der Religionen, Moslems, Juden und Christen, in Frieden miteinander leben. Verheerend ist die Verklärung des islamischen Widerstandskämpfers zum Märtyrer, für den nach den Worten des Propheten das jüngste Gericht nicht anbrechen werde, »bevor nicht die Moslems die Juden bekämpfen (die Juden töten), wenn sich die Juden hinter Bäumen und Steinen verstecken. Die Steine und Bäume werden sagen: O Moslems, O Abdallah, da ist ein Jude, der sich hinter mir versteckt. Komm und töte ihn.« (Artikel 7)

> **Aus der Charta der Islamischen Widerstandsbewegung (Hamas)[224] vom 18. August 1988**
>
> Hierin bezeichnet sich die Hamas als einen Flügel der Moslem-Bruderschaft in Palästina. Ihr Ziel ist, es auf jedem Stück Boden

---

223 Joseph Croitoru: Hamas. Der islamische Kampf um Palästina, Bonn 2007, S. 22 ff.

224 Übersetzung bzw. Zusammenfassung nach der im Internet veröffentlichten Version: www.yale.edu/lawweb/avalon/mideast/hamas.htm

Palästinas »das Banner Allahs« aufzupflanzen. Kampf gegen die zionistischen Invasoren ist ihr Programm.

Artikel 7: »Die Islamische Widerstands-Bewegung ist ein Glied in der Kette des Kampfes gegen die zionistischen Invasoren... Die Islamische Widerstands-Bewegung sehnt sich nach der Erfüllung von Allahs Versprechen, gleichgültig wie viel Zeit es benötigt. Der Prophet ... sagte: Der Tag des Jüngsten Gerichtes wird nicht kommen, bis Moslems die Juden bekämpfen (die Juden töten), wenn sich die Juden hinter Steinen und Bäumen verstecken werden. Die Steine und Bäume werden sagen: O Moslems, O Abdallah, hinter mir ist ein Jude, komm und töte ihn...«

Artikel 8: »Allah ist das Ziel, der Prophet ist das Modell, der Koran ist die Verfassung: Jihad ist der Weg der Hamas und der Tod für Allah ist ihr höchster Wunsch.«

Artikel 11: »Die Islamische Widerstandsbewegung glaubt, dass das Land Palästina eine islamische »fromme Stiftung« ist, die künftigen muslimischen Generationen bis zum Jüngsten Tag geweiht ist. Es darf nicht vergeudet werden, auch nicht in Teilen, es darf nicht aufgegeben werden, auch nicht in Teilen... Das ist das Gesetz, das das Land Palästina gemäß der islamischen Scharia regiert – und dasselbe gilt für jedes Land, das die Moslems mit Gewalt erobert haben, denn während der Eroberung haben die Moslems diese Länder den islamischen Generationen bis zum Jüngsten Tag geweiht... Diejenigen, die auf dem Land leben, können nur von seinen Früchten profitieren. Diese »fromme Stiftung« hat Bestand, solange es Himmel und Erde gibt. Jedwedes Verfahren Palästina betreffend, das der islamischen Scharia widerspricht, ist null und nichtig.«

Artikel 13: Initiativen und sogenannte friedliche Lösungen und internationale Konferenzen stehen im Widerspruch zu den Prinzipien der Islamischen Widerstands-Bewegung...

Es gibt keine Lösung für die palästinensische Frage außer dem Jihad.«

Artikel 15: »An dem Tag, an dem Feinde ein Stück islamisches Land usurpieren, wird der Jihad zur individuellen Pflicht eines jeden Moslems. In Anbetracht der jüdischen Usurpation von Palästina ist es zwingend notwendig, dass das Banner des Jihads erhoben wird.«

Artikel 17: »Die moslemische Frau hat eine Rolle, die nicht weniger wichtig ist als die des moslemischen Mannes im Befreiungskrieg... Ihre große Aufgabe ist es, die neue Generation zu leiten und zu erziehen.«

Artikel 18: »Die Frau im Haus der kämpfenden Familie, ob sie nun Mutter oder Schwester ist, spielt die bedeutendste Rolle dabei, sich um die Familie zu kümmern, die Kinder aufzuziehen und sie mit den moralischen Werten und Gedanken des Islam auszustatten...«

Artikel 22: Um die zionistischen Interessen zu verwirklichen, haben die Feinde weltweit die gesamten Medien hinter sich gebracht; sie steckten hinter der Französischen Revolution, den kommunistischen Revolutionen und allen anderen Revolutionen. Die Feinde konnten mit ihrem Geld die imperialistischen Länder kontrollieren und sie dazu aufwiegeln, viele Länder zu kolonisieren... Sie standen hinter dem Ersten Weltkrieg und hinter dem Zweiten Weltkrieg. Sie waren die treibende Kraft, die den Völkerbund in die Vereinten Nationen mit dem Sicherheitsrat umwandelte, um durch diesen die Welt zu regieren.

Artikel 31: »Die Islamische Widerstandsbewegung ist eine humanistische Bewegung. Sie achtet die Menschenrechte und wird geleitet von islamischer Toleranz, wenn sie mit Anhängern anderer Religionen zu tun hat... Unter dem Flügel des Islam können die Anhänger der drei Religionen – Islam, Christentum und Judentum – in Frieden und in Ruhe koexistieren...«

Artikel 32: In Übereinstimmung mit den »Protokollen der Weisen von Zion« werden die Zionisten, nachdem sie Palästina geschluckt haben, sich bis zum Nil und zum Euphrat ausbreiten.

Die israelische Regierung wird als »zionistische Nazis« verunglimpft. In Zusammenarbeit mit dem Imperialismus verfolge sie expansionistische Ziele – »vom Nil bis zum Euphrat« (Artikel 32). Diese Pläne seien schon Bestandteil der »Protokolle der Weisen von Zion« gewesen. Die Rolle der Frau im religiös motivierten Widerstandskampf unterscheidet sich deutlich von derjenigen, die ihr in den säkularen nationalen Befreiungsbewegungen beigemessen wurde. Ob im algerischen, vietnamesischen oder nicaraguanischen Befreiungskampf: Die Frauen spielten eine hervorragende Rolle, sogar beim militärischen Kampf. Und wenn sie auch nach den Siegen oftmals Rückschläge hinnehmen mussten, mehr oder weniger erfolgreich wieder aus dem politisch-gesellschaftlichen Leben hinausgedrängt wurden, so konnten die Forderungen nach Gleichberechtigung, Freiheit und Selbstbestimmung für die Frauen nicht mehr von der Tagesordnung gestrichen werden.

In der Hamas-Charta Artikel 17 und 18 wird den moslemischen Frauen zwar bescheinigt, dass ihre Rolle »nicht weniger wichtig ist als die des moslemischen Mannes im Befreiungskrieg«, doch wird ihre Aufgabe darauf reduziert, »die neue Generation zu leiten und zu erziehen«. »Die Frau im Haus der kämpfenden Familie, ob sie nun Mutter oder Schwester ist, spielt die bedeutendste Rolle dabei, sich um die Familie zu kümmern, die Kinder aufzuziehen und sie mit den moralischen Werten und Gedanken des Islams auszustatten...«.

Antijüdische, antisemitische und antizionistische Aspekte sind in dieser Charta eng und unheilvoll miteinander verwoben und bilden eine unerträgliche Mixtur. In ihr ist das Motiv des nationalen Befreiungskampfes kaum kenntlich. Zu fragen ist, ob diese Aspekte unlösbar miteinander verschmolzen sind oder ob solche des eher rational-politischen, nationalen Befreiungskampfes innerhalb der Hamas mittlerweile an Gewicht gewonnen haben. Zugleich ist auch zu berücksichtigen, und Moshe Zuckermann weist nachdrücklich darauf hin, dass der »eventuell auch antisemitisch durchsetzte Antizionismus der Hamas und der Hisbollah aus grundverschiedenen Konstellationen und Kontexten erwachsen sind.« Der Kampf zwischen Israel und Hamas bzw. Hisbollah habe »seinen historischen Ursprung sowie seine aktuelle Begründung in der nahöstlichen Geopolitik und im israelisch-palästinensischen Konflikt, nicht im Antisemitismus als solchem, schon gar nicht in einem dem abendländischen vergleichbaren Antisemitismus«.[225] Bei der Beurteilung der Hamas muss mehr als ihre politischen und programmatischen Äußerungen analysiert werden. Wenig bekannt in den europäischen Medien sind die humanitären und sozialen Programme der Hamas für die große Zahl der Armen in der palästinensischen Bevölkerung, die eine wesentliche Voraussetzung für ihren Rückhalt unter den Massen darstellen. Hingegen werden vor allem ihre terroristischen Aktivitäten in den Vordergrund gestellt, die sich gegen israelische Zivilisten richten. Zweifellos sind Attentate und Bomben der Hamas zu verurteilen. Es ist aber unbestreitbar, dass die Hamas auch als »ein natürliches Resultat von unnatürlichen, brutalen Okkupationsbedingungen«[226] zu verstehen ist.

Ähnlich argumentiert Yossi Beilin, ehemaliger Vorsitzender der linken Yachad/Meretz, dass die israelische Regierung mit ihrer Politik den Aufstieg von Hamas begünstigt habe. Reiner und Judith Bernstein[227] führen diesen Gedanken aus. Nach ihrer Auffassung hat die Politik Ariel Sharons, der die Führungsgarde der Hamas zu eliminieren versuchte, das Gegenteil bewirkt. »Der politische Islam hat in der palästinensischen Bevölkerung tiefe Wurzel geschlagen.« Aber er hat sich auch verändert. Die beiden Autoren stellten 2006, nach dem Wahlsieg der Hamas, Veränderungen innerhalb dieser Organisation fest: »Schon ihr Wahlprogramm bemühte sich um mehr politischen Realismus, denn die palästinensische Bevölkerung lebt nicht von der Ideologie allein, sondern verlangt nach einer Regierung, die ihren Anteil zu einem Leben in Würde und Sicherheit leistet. In den vergangenen Jahren hat sie Abschied von der

---

225 Zuckermann, a.a.O.

226 Khaled Hroub: Hamas. Die islamische Bewegung in Palästina. Heidelberg 2008

227 Reiner und Judith Bernstein: Die Zeit drängt. Der Sieg von »Hamas« ist eine schwere Niederlage für Israel – Ein Kommentar zur Wahl in den Palästinensergebieten. 29.01.2006 (Friedensratschlag). www.uni-kassel.de/fb5/frieden/regionen/Palästina/wahl-bernstein.html

Illusion genommen, den Staat Israel vernichten zu können«.[228] Die bloße Beteiligung der Hamas an den Wahlen in den palästinensischen Autonomie-Gebieten signalisierte derartige Veränderungen. Ismail Hanija, Ende März 2006 als Ministerpräsident der Palästinensischen Autonomiegebiete vereidigt, forderte in einem Artikel, in dem er die doppelten Standards im Umgang mit dem Völkerrecht kritisierte, »die Weltgemeinschaft auf, sich an die UN-Charta und die internationalen Konventionen zu halten, die es verbieten, Land mit Gewalt zu erwerben. Kurz gesagt: Die Besatzung muss enden – und sie muss jetzt enden.«[229] Ob die von Hanija 2006 geäußerten Ideen vom Frieden in Palästina realistisch waren oder nicht, richtig waren oder falsch, sie hatten ihren Bezugspunkt nicht in der Religion, sondern im Völkerrecht und seinen moralischen Wurzeln. Hanijas Chefberater Ahmed Yousef schlug am 1. November 2006 mit seiner in der New York Times veröffentlichten Erklärung »Eine Pause für den Frieden« Israel einen Waffenstillstand vor. Hierin verband Yousef die Idee des Waffenstillstands mit der islamischen Tradition der »Hudna« und deren moralischen Implikationen: »Ein Waffenstillstand wird im Arabischen als ›Hudna‹ bezeichnet. Eine Hudna, die normalerweise für einen Zeitraum von zehn Jahren gilt, wird im islamischen Recht als legitimer und bindender Vertrag anerkannt. Eine Hudna geht über das westliche Konzept einer Waffenruhe hinaus und verpflichtet die Parteien, während dieser Zeit nach einer dauerhaften, gewaltlosen Lösung ihrer Differenzen zu suchen. Der Koran misst Bemühungen, zu einer Verständigung zwischen verschiedenen Völkern zu kommen, eine große Bedeutung bei. Während der Krieg die Feinde entmenschlicht und das Töten erleichtert, eröffnet eine Hudna die Chance, im jeweiligen Gegner den Menschen zu sehen und seine Position zu verstehen...«. Im Vergleich mit der Hamas-Charta wird deutlich, dass hier zwei sehr verschiedene Strömungen innerhalb des Islams zu Wort gekommen sind.

---

228 Junge Welt, 25. April 2006
229 Ismail Hanija: Wir fordern die Weltgemeinschaft auf, sich an die UN-Charta zu halten. www.uni-kassel.de/fb5/frieden/regionen/Nahost/hanija.html

Im gleichen Jahr 2006 erklärte der politische Chef der Hamas-Bewegung, Margi Chaled Meschaal, dass die Hamas einen Staat Palästina in den Grenzen von 1967 durch Verhandlungen mit Israel erreichen wolle und bereit sei, auf dieser Grundlage mit Israel Frieden zu schließen.[230] Als im April 2008 der frühere US-Präsident Carter während einer Nahost-Reise mehrere Stunden mit Hamas-Vertretern in Ramallah, Kairo und Damaskus sprach, unter anderem auch mit Chaled Meschaal, gab er am Ende eine Erklärung ab. Die Hamas habe ihm versichert, »einen palästinensischen Staat in den Grenzen von 1967 zu akzeptieren« und mit Israel in Frieden leben zu wollen. Die Hamas werde auch einer Zwei-Staaten-Lösung zustimmen, wenn die Mehrheit der Palästinenser dies wolle. Dies stelle die indirekte Zusage dar, so Carter, die Friedensbemühungen von Präsident Abbas nicht zu unterminieren. Carter erklärte abschließend: »Die jetzige Strategie, die Hamas auszuschließen, funktioniert einfach nicht.«[231] Es ist offensichtlich, dass heute die religiös-fundamentalistischen Positionen der Charta in der Politik und Führung der Hamas nicht mehr allein maßgeblich sind. Mehrfach und über Jahre hinweg signalisierte die Führung, dass sie bereit zu Verhandlungen und substanziellen Kompromissen ist, wenn diese zu einer gerechten und stabilen Friedenslösung führen.

Sicher verläuft dieser Entwicklungsprozess nicht widerspruchslos. Es gab und gibt immer wieder Störfeuer gegen Verhandlungen – von beiden Seiten. Dennoch würde die israelische Regierung eine Chance leichtfertig vertun, wenn sie sich nicht bewegte, um diese Signale aufzunehmen. Für die Förderung von Friedensgesprächen wäre es produktiv, wenn sowohl die Bundesregierung als auch der Bundestag diese Veränderungen zur Kenntnis nähmen. Statt die Hamas pauschal in die antisemitische und terroristische Ecke zu stellen und sie politisch zu isolieren, wäre es im Interesse des Friedens für alle Beteiligten sinnvoll, die Angebote der Hamas wenigstens auf ihre Ernsthaftigkeit zu prüfen und auch Israel dazu zu ermuntern.

---

230 Gespräch mit Chaled Meschaal: Wir wollen Frieden, Junge Welt, 16. Dezember 2006

231 Frankfurter Rundschau, 22. April 2008

USA, Europa und die arabische Welt

In Europa ist das Bewusstsein von den arabischen Modernisierungsbestrebungen der 1950er und 60er Jahre – das betrifft vor allem Irak, Syrien, Ägypten und Algerien – verschüttet worden. Es ist in Vergessenheit geraten, dass die arabische nationalistische Bewegung für die Befreiung von kolonialer Abhängigkeit und die Überwindung der wirtschaftlichen Rückständigkeit kämpfte. Diese Bewegung war säkular und laizistisch; sie knüpfte an die europäische Aufklärung an. Der arabische Nationalismus ist an den inneren und äußeren Widersprüchen zerbrochen. An Stelle der arabischen Einheit entstanden mehr oder weniger gefestigte Nationalstaaten mit feudalen und präsidialen Regimen.

Es war das wichtigste strategische Ziel der USA in der Region gewesen, die arabische Einheit und selbst den Traum von der Einheit zu zerstören. Damit sollte auch der arabische Nationalismus als eine die Massen mobilisierende Idee vernichtet werden. Die USA haben alles getan, um die Solidarität der arabischen Staaten untereinander zu untergraben. »Der Friedensschluss zwischen Ägypten und Israel war dann der erste Schritt auf dem Weg zum Untergang des arabischen Systems. Er leitete eine Phase der Einzelinteressen der arabischen Staaten ein.«[232]

Durch das Scheitern der Revolution entstand ein Vakuum, das der politische Islam und der islamische Fundamentalismus besetzten, die jedes Regime im Nahen Osten bedrohen. Israel hat erbittert den säkularen arabischen Nationalismus bekämpft und hat dafür den Islamismus erhalten.

Die Region der arabischen Welt mit ihren 13 Millionen Quadratkilometern, 300 Millionen Arabisch sprechenden Menschen und ihren immensen ungelösten sozioökonomischen Problemen stellt gegenwärtig einerseits eine tickende Bombe dar, andererseits auch einen wenig entwickelten lukrativen Markt. Im Zentrum der Region

---

232 Aus dem Gespräch mit dem Generalstabchef der israelischen Armee. Memri Special Dispath, 4. Februar 2006

schwelt ein über hundertjähriger Konflikt zwischen zwei Völkern, die das Territorium Palästinas als ihre Heimat beanspruchen. Dieser Konflikt ist nicht der einzige in der Region. Aber alle Konflikte in der Region, ob zu Recht oder zu Unrecht, werden durch diese letzte koloniale Auseinandersetzung im Nahen Osten mit gespeist. Nach der Lösung des israelisch-palästinensischen Konfliktes lassen sich alle anderen Konflikte leichter lösen. Wenn sie sich nicht mehr auf die Unterdrückung der Palästinenser beziehen können, werden es die Mullahs in Teheran schwerer haben, jene arabischen Massen, die in ihren eigenen Regierungen ihre nationalen und antiimperialistischen Wünsche nicht mehr vertreten sehen, für sich zu vereinnahmen.

Von Europa erwartet der Nahe Osten ein partnerschaftliches Verhältnis. Europa solle bei seiner Entwicklung helfen. Aber die Staaten des Nahen Ostens sehen auch die Spaltung, die durch Europa geht, und die Unfähigkeit der europäischen Politik, einen gemeinsamen, von den USA unabhängigen Politikansatz zu finden. Europäische Politik im Nahen Osten scheut davor zurück, eigene Interessen falls nötig auch im Konflikt mit den USA durchzusetzen. Bisher galt, was der frühere EU-Koordinator für den südlichen Mittelmeerraum, Christopher Patten, im Jahre 2000 zum Ausdruck brachte: »Europa muss eng mit den USA zusammenarbeiten und Europa darf nicht in Konkurrenz zur Arbeit der USA treten.«[233]

---

233 Christopher Patten: Über die Zukunftsperspektive der EU und ihrer Streitkräfte, in: www.uni-kassel.de

VII. Israel und der Imperialismus

Der Zionismus in Allianz mit Kolonialmächten

Von Beginn an bot sich der frühe Zionismus als Verbündeter der in den Nahen Osten expandierenden europäischen Mächte an. Es war seine einzige Chance, im Schutz einer der imperialen Mächte in Palästina Fuß zu fassen. Um einen Schirmherrn für das zionistische Kolonialprojekt zu gewinnen, argumentierte Theodor Herzl gegenüber den damaligen Mächten Europas: »Für Europa würden wir dort ein Stück des Walles gegen Asien bilden, wir würden den Vorpostendienst der Kultur gegen die Barbarei besorgen.«[234] Solche Konzepte entsprachen dem Zeitalter des kolonialen Imperialismus; und die Verantwortlichen der zionistischen Bewegung, Herzl und sein Stellvertreter Nordau, waren in ihren Ideen vom europäischen Nationalismus des 19. Jahrhunderts geprägt. Die Vorstellungen, sich mit einer der imperialen Mächte zu verbünden, hatten einen realen Hintergrund. Es waren die imperialen Mächte selbst, die mehr als nur einen gierigen Blick auf den Nahen Osten warfen. Schon Mitte des 19. Jahrhunderts begannen sie, ihre Interessen zu artikulieren. Zuerst Frankreich. Ernest Laharanne, persönlicher Sekretär von Napoleon III., veröffentlichte ein Buch, das er »Die neue Orientfrage – Ägypten und die Arabischen Staaten – Wiederaufbau eines jüdischen Nationalstaates« betitelte. Diese Schrift nahm laut Weinstock[235] die Auflösung des Osmanischen Reiches

---

234 Theodor Herzl: Der Aufstand der Steine, Berlin 1989, S. 21
235 Nathan Weinstock: Der erste Weltkrieg und die Balfour-Deklaration, S. 3

vorweg und stellte den Aufbau eines jüdischen Nationalstaates als Programm vor. Moses Hess, ein Jugendfreund von Marx und Engels, war vom aufkommenden Antisemitismus dermaßen erschreckt, dass er seine frühere Position zur Emanzipation der Juden aufgab. Noch lange vor Herzl wurde er zum ersten zionistischen Theoretiker. 1861 erschien sein Buch »Jerusalem und Rom«, in dem er einen jüdischen sozialistischen Staat in Palästina vorschlug. Bestärkt wurde Hess von der Aussicht auf ein Bündnis zwischen dem französischen Imperialismus und den Juden im Nahen Osten. Auch er ging von einer Kolonisierung des Landes aus und von der Notwendigkeit, dass sich die einwandernden Juden militärisch organisieren müssten, damit sie in der Lage seien, sich gegen die Beduinen zur Wehr zu setzen. Nicht zu vergessen ist, dass die Verbindung von kolonialistischen Vorstellungen und Sozialismus nicht untypisch für Sozialisten jener Zeit war. Insofern ist die Tatsache nicht weiter erstaunlich, »dass seit diesem ersten ... zionistischen Plan die Rückkehr ins heilige Land als integrierender Bestandteil der europäischen Kolonisation aufgefasst wurde«.[236]

Zionistischer Kolonialismus

Der Zionismus war nationale Bewegung und zugleich auch ein koloniales Unternehmen, hatte also einen doppeldeutigen Charakter. Aus Europa brachte er die koloniale Sichtweise des weißen Mannes auf die »zurückgebliebenen« Völker im Nahen Osten mit. Im allgemeinen Bewusstsein der europäischen Öffentlichkeit wurden mit dem Begriff Imperialismus weder Ausbeutung und Unterdrückung, noch kriegerische Abenteuer assoziiert. Weithin herrschte die Meinung vor, die Eroberung von Kolonien und die Unterwerfung fremder Völker seien etwas Glanzvolles, und den armen Völkern Asiens und Afrikas die Zivilisation zu bringen, sei eine gute Tat. Der Autor Rudyard Kipling prägte und verkörperte den damaligen Zeitgeist

---

236 A.a.O., S. 17

idealtypisch.[237] Cecil Rhodes, der weite Teile des südlichen Afrikas dem britischen Imperialismus unterwarf, galt als Held. In den Bevölkerungen Asiens und Afrikas sah man nur eingeborene Barbaren, deren Rechte in jenen »Gegenden« ignoriert werden konnten, »in die die europäischen Nationen Schiffe – und Armeen – sandten, um Rohmaterialien für die im Aufschwung begriffene Industrierevolution zu besorgen.«[238]

Auch Ben-Gurion dachte in den Kategorien weißer Kolonialherren, als er einen homogenen jüdischen Staat konzipierte. Dieser ethnozentrierte Nationalismus zeichnete die zionistische Bewegung von Anfang an aus. Neue Landeroberungen nach dem Krieg von 1948, wie von David Ben-Gurion angestrebt, wurden mit der Notwendigkeit begründet, eine militär-strategische Tiefe zu erlangen. Zugleich wurde die Neulandgewinnung immer mit der Ausdehnung von Siedlungstätigkeiten kombiniert. Der koloniale Aspekt war ein konstituierendes Merkmal des Zionismus – und ein deformierendes, denn es unterdrückte den emanzipatorischen Aspekt und ließ den Zionismus nicht zu einem Teil des antikolonialen Kampfes werden.

Ohne finanzielle Unterstützung von außen wäre es den jüdischen Siedlern nicht gelungen, eine Landwirtschaft und eine industrielle Basis zu schaffen. Aber diese Unterstützung hätte nicht ausgereicht, um einen jüdischen Staat zu gründen. Damit das möglich wurde, musste zunächst eine kulturelle Revolution im Siedlungsprojekt selbst stattfinden und der bürgerliche Charakter des bisherigen Unternehmens in Frage gestellt werden. Das war die Stunde des sozialistischen Zionismus. Denn trotz aller Selbstaufopferung der ersten Siedler drohte die zionistische Besiedlung Palästinas in einem ganz gewöhnlichen Kolonialismus wie dem der weißen Franzosen in Algerien und der Engländer in Rhodesien und Südafrika zu enden. Anfang des letzten Jahrhunderts waren die Siedler der ersten Einwanderungswelle dazu übergegangen, ihr Land durch arabische Landarbeiter bearbeiten zu lassen, deren Löhne extrem niedrig waren. »Die jüdischen Ein-

---

237 Uri Avnery: Israel..., S. 44
238 Ebd.

wanderer, die um 1904 im Gelobten Land ankommen, sehen, dass die jüdischen Kolonien nur dem Namen nach jüdisch waren.«[239]

Nach dem Scheitern der ersten russischen Revolution 1905 hatte die zweite Welle der jüdischen Einwanderung in Palästina eingesetzt. Es waren hauptsächlich akademische Jugendliche ohne Perspektive im zaristischen Russland, und sie waren sozialrevolutionär und sozialistisch inspiriert. Sie folgten dem Aufruf des Tolstoi-Anhängers Aaron David Gordon, der sie aufforderte, mit ihrer Arbeitskraft die Scholle zu bearbeiten. Das Land erhielten sie in Pacht von dem 1901 gegründeten Jüdischen Nationalfonds. Die neuen Einwanderer und die alten Siedler wurden Gegner auf der Suche nach Arbeit. Im Zentrum ihrer oft gewaltsamen Auseinandersetzungen stand die Wiedereinführung der »jüdischen Arbeit«, die Eroberung der Arbeit. »Dieser Richtungswechsel ist von ganz entscheidender Bedeutung für die zionistische Kolonisierung. Er läuft hinaus auf die Gründung einer jüdischen Arbeiterklasse in Palästina, die im weiteren Verlauf der Kolonisierung dadurch Gestalt annimmt, dass es ihr gelingt, nach und nach alle Zweige einer autarken Wirtschaft in ihre Hand zu bekommen. Das bedeutet: eine jüdische Wirtschaft, die die Beschäftigung der Einwanderer nur dadurch sichert, dass sie die Araber aus dem jüdischen Wirtschaftskreislauf ausschließt.«[240] Dies wurde aber nur möglich, indem sich kollektive Formen des Wirtschaftens durchsetzten. Mit dieser Veränderung in der jüdischen Gemeinschaft Palästinas gewann der linke Flügel des Zionismus die Oberhand. Nathan Weinstock weist darauf hin, dass diese Entwicklung eines jüdischen Proletariats, das im Unterschied zu den arabischen Arbeitern einen wesentlich höheren Lebensstandard aufwies, nur durch den Lohnausgleich mit Hilfe von Kapitalreserven möglich war. Das macht deutlich, dass es sich um einen anderen Typ von Kolonialismus handelte. Die Kapitalreserven der zionistischen Bewegung kamen aus den Spenden, die wohlhabende und nichtwohlhabende Jüdinnen und Juden weltweit stifteten. Das zionistische Kolonialprojekt bestand nicht darin, die Naturressourcen und die

---

239 Nathan Weinstock: Die Anfänge der zionistischen Ansiedlung in Palästina, S. 2
240 A.a.O., S. 3

Arbeitskraft der arabischen Palästinenser auszubeuten, sondern die einheimischen Araber zu verdrängen und im entstehenden jüdischen Staatskörper zu marginalisieren. Aber der Zionismus brachte »nicht nur erhebliche Benachteiligungen für die arabische Bevölkerung mit sich«, wie der Journalist Ludwig Watzal[241] ausführt, »er verursachte auch ein Schisma innerhalb der jüdischen Zivilisation selbst: zwischen säkularen Nationalisten und religiösen Juden. Er führte ein ethnozentrisches Wertesystem in eine Kultur ein, die auf einem monotheistischen Gottesglauben beruhte. Diese Spaltung innerhalb der Judenheit führte zu der zionistischen Bewegung, die letztendlich einen ethnozentrischen Staat für die Juden schuf.« In seiner kolonialistischen Funktion zerstörte der Zionismus die Lebensgrundlagen des palästinensischen Volkes. Das war der Gründergeneration Herzl und Nordau bewusst: »Die arme Bevölkerung trachten wir, unbemerkt über die Grenze zu schaffen, indem wir ihr in den Durchgangsländern Arbeit verschaffen, aber in unserem eigenen Lande jederlei Arbeit verweigern. Das Expropriationswerk muss ebenso wie die Fortschaffung der Armen mit Zartheit und Behutsamkeit erfolgen.«[242] Tatsächlich ging die Expropriation der Palästinenser nicht zart und behutsam vonstatten.

Geprägt wurde der jüdische Nationalismus, schreibt Shlomo Sand, Professor der Geschichte an der Universität Tel Aviv, durch Heinrich Graetz, den bedeutendsten jüdischen Historiker des 19. Jahrhunderts. »Sein Modell war der ethnozentrische deutsche Nationalismus des Heinrich von Treitschke, nicht der zivile Nationalismus des Theodor Mommsen.«[243] Diese Art von Nationalismus wirft immer einen misstrauischen Blick auf jene, die von der eigenen Ethnie abweichen. Die Palästinenser mit israelischer Staatsangehörigkeit haben diesen »misstrauischen Blick« als Diskriminierung zu spüren bekommen. Der Umgang mit der eigenen Minderheit wird für Israel der Test sein, ob es im Frieden mit seinen arabischen Nachbarn leben kann.

---

241 Ludwig Watzal: Feinde des Friedens. Berlin 2001. PDF-Datei, Kap. 1, S. 4

242 Theodor Herzl: Tagebücher, Berlin 1922, Band 1, S. 98

243 Shlomo Sand: Wann und wie das jüdische Volk erfunden wurde. In: Le Monde diplomatique, 08.08.2008

Die Abwertung der Araber

Dieser kolonialistischen und nationalistischen Einstellung der »weißen Siedler« entsprach die Abwertung der arabischen Bevölkerung Palästinas; sie steckt schon in der Behauptung, Palästina sei praktisch unbesiedelt gewesen, als die jüdischen Siedler ins Land kamen. Auch Ben-Gurion vertrat diese These: »Die erste Alija kam in ein menschenleeres, hier und dort mit elenden Hütten bebautes Land. Jerusalem war ein verfallendes Dorf, wo Slums mit vernachlässigten Denkmälern abwechselten. Die Erde Palästinas trug so gut wie nichts, und seine Bewohner waren in der Hauptsache wandernde Stämme, die, ohne Grenzen zu beachten, die verödeten Teile des Nahen Ostens durchzogen.«[244] Kein anderes Volk habe je mit Israel etwas anfangen können, »seit die Juden die Herrschaft hier abgeben mussten«. Seit die Römer Jerusalem zerstörten, sei es mit dieser Region nur bergab gegangen. Ben-Gurion behauptete, dass auch »ehrliche Palästinenser« zugäben, »dass die Araber dieses Land niemals erschlossen haben«. Sie hätten »beinahe wie Tiere, fern jeglicher Zivilisation« gelebt.[245] Aufgrund dieser Wahrnehmung maß Ben-Gurion dem arabischen Nationalismus nur geringen Wert bei. »Unser Recht ist um viertausend Jahre älter als das ihre (arabische, d. Verf.). Der arabische Nationalismus ist eine Erscheinung unseres Jahrhunderts und, verglichen mit anderen nationalistischen Bewegungen, verhält sich die der Araber, mindestens die der Palästinenser, wie eine Kunstperle zu einer echten. Anders ausgedrückt: Der Nationalismus der Palästinenser ist ein Kunstprodukt und eigentliche Züchter sind die Briten.«[246]

Noam Chomsky sieht die »Verachtung für die arabische Bevölkerung« generell im zionistischen Denken »tief verwurzelt« und zitiert eine Fülle von Aussagen israelischer Politiker und Militärs,

---

244 David Ben-Gurion: Erinnerung und Vermächtnis. Frankfurt/M. 1971, S. 124
245 A. a. O., S. 125 ff.
246 A. a. O., S. 129

die das belegen.[247] Unzivilisiert, wild, feige, heuchlerisch, unehrlich, primitiv, blutrünstig, terroristisch – das alles sind Eigenschaften, die ausschließlich der arabischen Bevölkerung zugeordnet werden. Das Militär müsse ihnen beibringen, dass »sie die Kinder sind und wir die Eltern«. Und Premierminister Schamir verkündete als Rezept gegen ungehorsame, Widerstand leistende Palästinenser: »Wir sagen ihnen von den Höhen dieses Berges herab und aus der Perspektive von eintausend Jahren Geschichte, dass sie im Vergleich zu uns wie Heuschrecken sind.«[248]

Chomsky gibt einen beklemmenden Bericht des israelischen Journalisten Tom Segev wieder. Darin schildert Segev einen Spaziergang in Jerusalem, zu dem ihn ein arabischer Anwalt eingeladen hatte, um ihm konkrete Beispiele für die alltägliche Erniedrigung und Einschüchterung von Arabern zu geben: »Der Anwalt wurde wiederholt von Grenzpolizisten angehalten und nach seinen Ausweispapieren gefragt. Einer befahl ihm: ›Komm her, spring‹, warf lachend die Papiere auf den Boden und befahl dem Anwalt sie aufzuheben. ›Diese Leute tun alles, was man ihnen sagt‹, erklärten die Polizisten Tom Segev. ›Ich sag ihm, er soll springen, und er springt. Ich sag ihm, er solle laufen, und er läuft. Ich sag ihm, er soll sich ausziehen, und er zieht sich aus. Und wenn ich ihm sag, er soll auf dem Boden kriechen, tut er auch das ... Alles. Wenn man ihm sagt, er soll seine Mutter verfluchen, wird er sie verfluchen. Es sind eben keine Menschen‹.

Die Polizisten durchsuchten den Anwalt, schlugen ihn und befahlen ihm, seine Schuhe auszuziehen. Sie wiesen ihn darauf hin, dass sie ihm auch befehlen könnten, seine Kleider auszuziehen. ›Mein Araber‹, fährt Segev fort, ›schwieg und setzte sich auf den Boden.‹ Die Polizisten lachten und sagten noch einmal: ›Wirklich, keine Menschen‹. Dann gingen sie fort. Die Passanten würdigten den Araber keines Blicks, als wäre er durchsichtig.«[249]

---

247 Noam Chomsky: Offene Wunde Nahost. Hamburg 2002, S. 236 ff.
248 A. a. O., S. 245
249 A. a. O., S. 255

Das besondere Verhältnis Israels zum Imperialismus

Der israelische Sozialist Arie Bober weist darauf hin, dass das Verhältnis zwischen Zionismus und Imperialismus einzigartig sei und einer besonderen Analyse bedarf.[250] Die Außenpolitik der zionistischen Bewegung und die des späteren Staates Israel zeigten einen hohen Grad an politischer, aber insbesondere wirtschaftlicher Abhängigkeit vom Imperialismus; zunächst vom britischen, dann von dem der USA. In dieser Abhängigkeit konnte Israel keine neutrale Haltung gegenüber der Politik der imperialistischen Mächte einnehmen, geschweige denn eine antiimperialistische Politik betreiben, trotz gelegentlicher Konflikte mit den jeweiligen imperialistischen »Schutzmächten«.

Nachdem Israel und die arabischen Konfliktparteien 1949 einen Waffenstillstand vereinbart hatten, konnte Israel mehrfache Erfolge verbuchen: Die Großmächte erkannten Israel und die territorialen Zugewinne aus dem Krieg von 1948/49 de facto als neue Staatsgrenze an. Israel konnte die Entstehung eines palästinensischen Staates verhindern, indem es unter britischer Vermittlung ein Geheimabkommen mit dem jordanischen König abschloss. Aber ein wichtiges Ziel hatte es nicht erreicht: die Anerkennung durch seine arabischen Nachbarn. Kein arabischer Staat, auch nicht die feudalen Führungen jener Staaten, die ansonsten mit Israel paktierten, konnte sich über das Schicksal der Palästinenser hinwegsetzen. Israel beteuerte seine Bereitschaft, mit den arabischen Staaten über Frieden zu verhandeln. Doch die israelische Führung unter Ben-Gurion, Moshe Dayan und Golda Meir war nicht zu der Gegenleistung bereit, die Existenz eines palästinensischen Volkes und seine Rechte anzuerkennen.

Als Folge der arabischen Niederlage im Krieg von 1948 gegen Israel, der zweiten Naqba, erhielt der arabische Nationalismus enormen Auftrieb. Er machte die feudalen arabischen Führungen für die Niederlage verantwortlich. 1952 wurde die Monarchie in Ägypten gestürzt und junge nationalistische Offiziere unter der Führung von Gamal Abdel Nasser übernahmen die Macht. Sie stellten eine neue Be-

---

250 Arie Bober (Hg.): The Other Israel. New York 1972, S. 1

drohung sowohl für die Interessen der USA, Frankreichs und Englands als auch für Israel dar. Unter der Regierung von Moshe Sharett wurde die Möglichkeit erwogen, sich an diese neue nationalistische Führung heranzutasten, die auf eine Modernisierung der Region aus war. So beschloss das israelische Kabinett, über seinen Gesandten in Jugoslawien den Präsidenten Tito zu bitten, für Israel eine Mittlerrolle gegenüber Nasser zu spielen.[251] Doch die vorsichtige Fühlungnahme wurde abgebrochen, als in Ägypten ein israelischer Agentenring aufflog, der Bombenanschläge auf britische und amerikanische Einrichtungen verübte.

Operation Susanna

Um die Beziehungen zwischen dem Westen, vor allem den USA, und Ägypten zu destabilisieren, führte die »Einheit 131 der israelischen Armee im Juli 1954« Sabotageaktionen durch, so die Historikerin Tamar Amar-Dahl[252]. Diese Operationen waren von der Regierung nicht autorisiert. Angesichts der britisch-ägyptischen Verhandlungen über einen von Israel befürchteten Abzug britischer Truppen aus der Suezkanal-Zone sollten Terroraktionen gegen US-amerikanische und britische Einrichtungen diese Pläne torpedieren. Diese Idee wurde vom Militärischen Geheimdienst Aman aufgegriffen. Aman-Chef Gibli ließ über einen Mittelsmann ein »Netzwerk von Aktivisten in Kairo und Alexandria« aktivieren: junge Juden einer zionistischen Jugendgruppe. Diese begannen ihre »subversiven Aktionen am 2. Juli 1954 mit kleinen Brandbomben, die in verschiedenen Briefkästen in Alexandria zur Detonation gebracht werden; am 14. Juli lassen sie Sprengsätze in den US-amerikanischen Kulturzentren in Kairo und Alexandria explo-

---

251 Amar-Dahl, S. 92
252 Tamar Amar-Dahl: Die Lavon Affäre – Operation Susanna, inamo Heft 52 – Berichte & Analysen – Winter 2007. Link: www.schattenblick.de/infopool/ politik/ausland/panah342.html

> dieren.« Am ägyptischen Revolutionstag, dem 23. Juli, flog das Netz bei dem Versuch weiterer Anschläge auf.
> Lange Jahre blieben die Umstände und Verantwortlichkeiten dieser Operationen ungeklärt. Verteidigungsminister Lavon musste auf Druck von Premierminister Sharett 1955 sein Amt niederlegen. Doch bis in die 60er Jahre schwelte die Affäre Lavon weiter. Eine empfohlene juristische Untersuchung »hat bis heute nicht stattgefunden«, schrieb Tamar Amar-Dahl im Winter 2007.

Die ägyptischen Behörden reagierten hart und erhängten zwei Angehörige des Agentenrings. Die israelische Armee antwortete härter mit einem Angriff auf die ägyptischen Streitkräfte im Gaza-Streifen: die Fronten zwischen Ägypten und Israel waren wieder verhärtet. Die Welle des arabischen Nationalismus entzündete sich 1956 vor allem nach jener Rede Nassers, in der er die Verstaatlichung des Suezkanals ankündigte und dem Kolonialismus und Imperialismus den Kampf ansagte.

Nur in der kurzen Zeitspanne zwischen 1948 und 1950 hatte sich Israels Außenpolitik in etwa gleichem Abstand zu den Blöcken Ost und West gehalten. Mit dem Ausbruch des Koreakrieges schwenkte sie auf die Position des Westens gegen die Sowjetunion ein. Seit 1955 hatte Israel ein eigenes Interesse, dem sowjetischen Einfluss in der Region entgegenzutreten. Inzwischen war deutlich geworden, dass die Sowjetunion sich anschickte, in Ägypten Fuß zu fassen, und bereit war, mit umfangreichen Waffenlieferungen Nassers Kurs der Unabhängigkeit gegenüber den USA, England und Frankreich zu unterstützen. Diese Entwicklung mündete in den Suez-Krieg von 1956, wo Israel, entgegen weit verbreiteter Annahmen, England und Frankreich mit in den Konflikt zog – und nicht umgekehrt.[253] Die beiden Kolonialmächte verfolgten aber durchaus auch eigene Interessen: England

---

253 Bober, S. 6

wollte die Verstaatlichung des Suez-Kanals nicht hinnehmen und Frankreich hoffte, dass der Sturz Nassers zu einer Niederlage der antiimperialistischen Bewegungen im arabischen Raum führen werde, wodurch auch die Unabhängigkeitskämpfe in Algerien, Marokko und Tunesien beendet und die Vorherrschaft Frankreichs im Maghrebraum noch für einige Zeit gesichert würden.

Es waren die USA, die die alten Kolonialmächte aus dem Nahen Osten verdrängen wollten, die letztlich Israel zum Rückzug aus dem besetzten Sinai bewegten.[254] Israel verstand, dass es sich nicht vollständig auf die westlichen Regierungen verlassen konnte. »Vielmehr muss Israel auf die eigenen Ressourcen und die der Juden weltweit setzen und diese entwickeln«.[255] Nach Auffassung Chomskys haben die USA ein instrumentelles Verhältnis zu Israel. Sie brauchten Israel, um die arabische Revolution zurückzudrängen und die eigene Dominanz in der Region zu etablieren. Doch um die mittel- und langfristigen Interessen von Israels Existenz wollen sie sich nicht kümmern. Die USA werden, so Chomsky, Israel solange stützen, wie sie in der Region eigene vitale Interessen haben. Sie wollen Israel an der kurzen Leine halten, es soll – soweit wie möglich – von den USA abhängig bleiben.

Israels Expansionspolitik

Die führenden Kreise des entstehenden Staates Israel waren mit den Grenzen, die ihnen durch den UNO-Teilungsbeschluss zugestanden wurden, nicht einverstanden. Sie wollten mehr Land und es sollte leichter zu sichern sein. Die Niederlage der arabischen Seite und ihre eklatante militärische und politische Schwäche gaben dem Wunsch nach Expansion Nahrung.

Die Teilungsresolution der UNO von 1947 war aus unterschiedlichen Gründen von den Palästinensern und den arabischen Staaten abgelehnt

---

254 Noam Chomsky: Öl-Imperialismus und die US-Israel-Beziehung. In: www.chomsky.info/interviews/197703/106

255 Bober, S. 6

worden. Abgelehnt wurde sie aber auch vom ultranationalistischen Flügel der zionistischen Bewegung, den sogenannten Revisionisten. Diese verfügten über eigene militante Organisationen: Irgun und Lehi. Irgun war 1931 gegründet worden; Lehi spaltete sich 1940 von Irgun mit noch radikaleren Positionen ab. Der rechte Zionismus forderte ein jüdisches Palästina »auf beiden Seiten des Jordans«, einschließlich des gesamten heutigen Jordaniens. Er vertrat die Auffassung, dass die UN-Teilungsresolution illegal und unannehmbar sei. Man würde sich ihr, so erklärten seine Führer unmissverständlich, mit allen Mitteln widersetzen. Erst nachdem der »Unabhängigkeitskrieg« gegen die arabischen Staaten durch das Waffenstillstandsabkommen beendet war, schwenkte die Führung der rechten zionistischen Organisationen auf eine Integration von Irgun und Lehi in die neugegründete israelische Armee ein.

Diese zionistische Rechte stellte keine Mehrheit unter der jüdischen Gemeinschaft in Palästina dar, aber sie war auch keine unbedeutende Randströmung des Zionismus. »Zwar waren sie politisch Minorität, aber auf der Ebene der bewaffneten Aktion, des Terrors gegen Araber und Engländer, der gezielten Provokation und des militärischen Handstreichs vermochten sie sehr effektiv zu agieren. Das gilt insbesondere für die komplizierte Phase des unerklärten Kleinkriegs, die mit der Teilungsresolution im November 1947 begann und mit dem Eingreifen regulärer arabischer Armeen am 15. Mai 1948 endete«.[256] Die Beziehungen zwischen dem rechten Zionismus und den Sozialdemokraten unter Führung von Ben-Gurion »standen in dieser Phase im permanenten Widerspruch zwischen Konflikt und Kooperation. Einerseits stellten Irgun und Lehi aus Sicht Ben-Gurions einen Risikofaktor und eine Gefährdung des jüdischen Ansehens dar. Andererseits war es gelegentlich günstig, dass außer Verantwortung der offiziellen Führung Dinge geschehen konnten, die zwar nützlich, aber eben leider nicht sehr schön waren – wie beispielsweise das Massaker an 250 BewohnerInnen des Dorfes Deir Yassin am 9. April 1948.«[257]

---

256 Knuth Mellenthin: Anmerkung zur Geschichte des Staates Israel, Teil II. In: www.knutmellenthin.de/artikel/Archiv/

257 Mellenthin, ebd.

David Ben-Gurion

geb. David Grün, geboren 1886 in Płońsk, gestorben 1973 in Tel Hashomer, Israel.

Er gilt als Gründer des Staates Israel, war Mitbegründer der sozialdemokratischen Arbeitspartei Israels und deren Vorsitzender von 1948 bis 1963. Er war von 1949 bis 1953 und von 1955 bis 1963 israelischer Premierminister.

1918 trat Ben-Gurion in die Jüdische Legion der britischen Armee ein. Nach dem Ende des Ersten Weltkrieges kehrte er in das unter britischem Mandat stehende Palästina zurück. Er wurde erster Sekretär und Vorsitzender der 1920 gegründeten Gewerkschaft Histadrut und beteiligte sich am Aufbau der Hagana, des militärischen Arms des Zionismus in Palästina. Die Briten arbeiteten teilweise mit ihm als Vertreter der Hagana zusammen, um Mitglieder von radikaleren militanten Gruppen verhaften zu können. Er war allerdings auch an gewaltsamen zionistischen Aktionen beteiligt, als seine Organisation kurzzeitig mit Menachem Begins Irgun kooperierte.

Am 14. Mai 1948 verlas Ben-Gurion die israelische Unabhängigkeitserklärung und führte den neuen Staat im unmittelbar folgenden israelischen »Unabhängigkeitskrieg«, in dem die verschiedenen bewaffneten Gruppen der zionistischen Bewegung zur Armee zusammengefasst wurden. Ben-Gurion erklärte am 23. Mai 1948: »Wenn wir die Kräfte der Arabischen Legion gebrochen und Amman bombardiert haben, liquidieren wir Transjordanien und dann wird Syrien fallen. Und falls Ägypten wagt, den Krieg gegen uns noch fortzusetzen, bombardieren wir Port Said, Alexandria und Kairo. So werden wir den Krieg beenden und die Rechnung unserer Vorväter mit Ägypten, Assyrien und Aram begleichen«.[258] 1970 zog sich Ben-Gurion aus allen politischen Ämtern zurück.

---

258 David Ben-Gurion: Der streitbare Prophet, Hamburg 1968, S. 159 ff.

Auch die sozialdemokratische Führung um Ben-Gurion war nicht besonders glücklich über die Teilungsresolution der UNO. Der Plan sah einen sehr kleinen Staat vor, der aus drei nicht zusammenhängenden Territorien bestehen sollte. Diese sollten durch Straßen verbunden werden, die durch palästinensisches Gebiet führten. Ein solcher Staat war in einer feindlichen Umgebung kaum lebensfähig. Darüber hinaus hätte es im jüdischen Staat einen arabischen Bevölkerungsanteil von mindestens 50 Prozent gegeben. Daraus wäre kein Staat mit jüdischem Charakter entstanden, denn die demographische Entwicklung hätte die arabisch-palästinensische Bevölkerung bald zur Mehrheit im Staate Israel gemacht. Das Interesse, die Linien des Teilungsplans militärisch zu revidieren (und zugleich die Bevölkerungsverhältnisse zu »korrigieren«), bestand demnach auch bei der Führungsgruppe um Ben-Gurion. In diesem Zusammenhang ist es wichtig, dass auf Drängen Ben-Gurions am 12. Mai 1948 beschlossen wurde, sich bei der Proklamation des Staates Israel nicht auf die in der UN-Teilungsresolution genannten Grenzen zu beziehen. Ben-Gurion war gegen eine Festlegung der Grenzen Israels und setzte sich mit dieser Position durch. Er erklärte: »Ich persönlich stand jeder Festlegung der Grenzen ablehnend gegenüber.«[259] Selbst nach der Vereinbarung des Waffenstillstandes, der am 24. Januar 1949 in Kraft trat, nahmen die Demarkationslinien nicht den Charakter einer politischen oder festen territorialen Grenze an. Israel erweiterte sein Territorium noch, indem es am 10. März 1949 die Polizei Station Um–Rash-Rash, das heutige Eilat, einnahm. »So können die israelischen Einheiten das Rote Meer ohne einen einzigen Schwertstreich erreichen, aufgrund einer dieser gezielten Verletzungen des Waffenstillstandes, die sie im vollen Bewusstsein der politischen Risiken begehen.« Die letzte Phase des Krieges zwischen Israel und den arabischen Staaten, »ist gekennzeichnet durch systematischen Expansionismus und die Vertreibung der arabischen Bevölkerung«.[260] Da das Erscheinen des jüdischen Staates mit territorialer Expansion und dem Drama der Flucht weiter

---

259 Nathan Weinstock: Das Ende..., S. 7
260 Weinstock: Das Ende..., S. 8 ff.

Teile der palästinensischen Bevölkerung untrennbar verbunden war, schien von vornherein jede Normalisierung der Beziehungen zwischen dem neuen Staat und den Nachbarn unmöglich.

In den Jahren danach sandte Israel an seine arabischen Nachbarn unklare, doppeldeutige Signale aus; zum einen, »dass die Existenz Israels vom Friedensschluss mit den benachbarten Staaten nicht abhängig ist, sondern auf seiner Existenz selbst beruht, die von der israelischen Armee garantiert wird«. Zum anderen erklärte es, »dass es Frieden wünscht und nach einem friedlichen, auf Stabilität basierendem Zusammenleben mit den Arabern trachtet«.[261] Es zeichnete sich allerdings ab, dass diese Politik eingebettet war in eine Taktik des »Teile und Herrsche« gegenüber den benachbarten Staaten. Moshe Dayan wollte die arabische Front aufbrechen und mit jedem arabischen Staat einzeln und gemäß eigener Bedingungen verhandeln. Das Gefühl der eigenen militärischen Überlegenheit machte Israel unzugänglich für politische Kompromisse. Im Krieg hatte Israel das eigene Territorium um 25 Prozent erweitern können. Aber der Landhunger, der Wunsch nach einer weiteren territorialen Vergrößerung, bestand weiter als ein nicht zu unterschätzender Faktor der Politik. Der Preis für den Frieden war der politischen Führung in Israel zu hoch: territoriale Kompromisse und Rückkehr der Flüchtlinge.

Die Abwesenheit einer Friedensregelung machte sich bemerkbar. »Der amerikanische Druck auf Israel, Frieden mit den arabischen Staaten zu schließen, drängt das Land in die Isolation. Um in der Zeit des Kalten Krieges die arabischen Länder nicht gänzlich unter den Einfluss der UdSSR geraten zu lassen, verstärken die USA ihre Beziehungen mit diesen Staaten, während sie gleichzeitig Israel weniger Unterstützung (u. a. weniger Waffenlieferungen) zukommen lassen.«[262]

Zunehmend fanden Übergriffe von Guerilla-Einheiten der Fedayin auf israelisches Territorium statt. Viele israelische Zivilisten wurden Opfer. Israel antwortete stets mit unverhältnismäßiger Härte. Im Westjordanland waren die Opfer hauptsächlich Zivilisten: 1953

---

261   Amar-Dahl, S. 25, 37, 44 und 51.
262   A. a. O., S. 47

starben im Dorf Quibya 69 unbeteiligte Zivilpersonen im Verlauf einer israelischen Militäraktion. Im Gaza-Streifen griff Israel zunehmend auch ägyptisches Militär an. Das führte im Gegenzug dazu, dass Ägypten Guerilla–Aktivitäten, die es bislang nicht unterstützt hatte, guthieß und förderte. Mit sowjetischer Hilfe konnte Ägypten 1955 militärisch aufrüsten. Dies alles ließ die Sorgen über einen kommenden zweiten Krieg anwachsen. In den ist Israel aber nicht hineingeschlittert, es hat ihn bewusst gesucht. Israels Vergeltungspolitik gegenüber den Angriffen der Fedayin wurde bewusst als Vorbereitung für einen regionalen Krieg genutzt.[263]

Zwei Linien in der Außenpolitik

Innerhalb der israelischen Politik entstanden zwei Lager, die sich weitgehend unbemerkt von der Öffentlichkeit um den außenpolitischen Kurs des Landes stritten. Hier das Lager von Ben-Gurion, mit ihm verbündet Moshe Dayan und Itzhak Peres; dort Moshe Sharett, der die Nachfolge von Ben-Gurion als Ministerpräsident antrat. Nach seinem Sturz durch Ben-Gurion, der selbst wieder den Posten des Ministerpräsidenten beanspruchte, wurde Sharett dessen Außenminister. Diese Auseinandersetzung ging quer durch die damals führende Arbeitspartei Mapai. Mit dem Rücktritt Sharetts aus der Regierung im Jahr 1956 wurde der Machtkampf zugunsten des »aktivistischen Lagers« um Ben-Gurion, Perez und Dayan entschieden. Dieses Lager »spielt, Sharett zufolge, eine große Rolle bei der Erhöhung der Spannungen in der Region«.[264] »Wenn Israel bloß die richtige politische Atmosphäre der Entspannung geschaffen«[265], sich ein wenig gemäßigt hätte, so Sharett, wäre eine Friedensregelung mit den arabischen Staaten möglich gewesen, ohne dass Israel wesentliche Kompromisse hätte ein-

---

263 Livia Rokach: Israel's Sacred Terrorism: A Study Based on Moshe Sharett's Personal Diary and Other Documents. Belmont, Massachusetts: Association of Arab American University Graduates, 1980, S. 17

264 Amar-Dahl, S. 53

265 A. a. O., S. 53

gehen müssen.[266] Offensichtlich bezog sich Sharett hierbei auf die Vergeltungspolitik Israels in den fünfziger Jahren mit Überfällen und Bestrafungsaktionen im Gaza-Streifen und der Westbank, die zahlreiche Opfer forderten. Die Politik der harten Vergeltung empfand das Sharett-Lager als kontraproduktiv, zumal Sharett zum gleichen Zeitpunkt Geheimverhandlungen mit Nasser führte.[267]

Moshe Sharett

geb. Moshe Shertok, geboren am 15. Oktober 1894 in Cherson, Ukraine; gestorben am 7. Juli 1965 in Jerusalem. Zwischen zwei Amtszeiten von David Ben-Gurion war Sharett 1953 bis 1955 der zweite Ministerpräsident Israels, und bis zu seinem Rücktritt 1956 der erste israelische Außenminister. 1906 war er mit seiner Familie nach Palästina emigriert. Dort gehörte diese zu den Mitbegründern der Stadt Tel Aviv. Moshe Sharett sprach fließend Arabisch und Türkisch, studierte Rechtswissenschaften in Konstantinopel und diente während des Ersten Weltkrieges auch als Stabsdolmetscher in den osmanischen Streitkräften, die teilweise unter deutschem Kommando standen. Im Jahre 1931 wurde er Sekretär der politischen Abteilung der Jewish Agency und 1933 schließlich ihr Chef. Er hatte damit die zweitwichtigste Position hinter David Ben-Gurion inne. Er war mitverantwortlich für die Schaffung einer jüdischen Brigade in der britischen Armee und unterstützte die illegale Einwanderung. 1948 leitete er die Verhandlungen zwischen den Zionisten und der britischen Mandatsverwaltung. Zusammen mit anderen führenden Persönlichkeiten der Jewish Agency und des Jishuv wurde Sharett 1947 zeitweilig von den Briten inhaftiert. Nach der Staatsgründung änderte er seinen Namen von Shertok in Sharett.

---

266 A.a.O., S. 10
267 Seymour M. Hersh: Atommacht Israel. München 1991. In: www.la351424. us.archive.org/O/itimes/atommachtisrael/HERSHsamsond.pdf. Die folgenden Seitenangaben beziehen sich auf den Papierausdruck.

> Seine wichtigsten Erfolge als Außenminister waren 1949 das Waffenstillstandsabkommen mit Ägypten, Jordanien, Irak, Syrien und dem Libanon, das den ersten israelisch-arabischen Krieg beendete, und das 1952 mit der Bundesrepublik Deutschland geschlossene Luxemburger Abkommen. Nach dem Rücktritt von David Ben-Gurion übernahm Sharett am 7. Dezember 1953 das Amt des Ministerpräsidenten. Er setzte sich für diplomatische Verhandlungen mit den arabischen Nachbarstaaten ein. Dabei geriet er in Konflikt mit Ben-Gurion, der zwar Bündnisse mit Staaten außerhalb des arabischen Raums anstrebte (Türkei, Iran), aber Verhandlungen und Kompromisse mit den arabischen Staaten ablehnte und auf die Durchsetzung israelischer Interessen mit militärischer Gewalt bei strikter Ablehnung diplomatischer Kompromisse baute.

Sharett lehnte die Politik Ben-Gurions ab, weil sie Israel, das als verlängerter Arm des Westens im Nahen Osten angesehen werde, isoliere und weil sie darauf abziele, die Araber zu beherrschen. »Er (Sharett, d. Verf.) grenzt seine Position von der der Aktivisten ab, die meinen, die Gewährleistung der Existenz Israels könne nur durch die totale militärische Niederlage der Araber erzielt werden.«[268] Er plädierte dafür, »dass wir unaufhörlich nach dem Frieden streben müssen. Das begründet sich nicht nur aus politischer Überlegung. Es ist, langfristig betrachtet, eine entscheidende sicherheitspolitische Abwägung. Wir müssen den Frieden als unser Grundinteresse verstehen und daher unsere Vergeltungsreaktion drastisch zügeln. Denn die Frage, ob Vergeltungsakte alle Sicherheitsprobleme wirklich lösen, bleibt nach wie vor offen.«[269] Auch Sharett sah die wachsende Gefahr einer zweiten militärischen Runde zwischen Israel und den arabischen Staaten. Er war jedoch der Meinung, dass man darauf mit nichtmilitärischen Mitteln

---

268 Amar-Dahl, S. 60
269 Amar-Dahl, S. 59

antworten könne. Es sollten konkrete Lösungen für das Flüchtlingsproblem vorgeschlagen werden, in denen Entschädigungszahlungen und die Verbesserung der Beziehungen zu den arabischen Nachbarn vorgesehen wären. Insbesondere sollte eine Verständigung mit Ägypten gesucht werden.[270] Für das Lager, das Sharett repräsentierte, war auch klar, dass mit dem 1948er Krieg die Eroberungen und territoriale Expansion beendet sein müssten. Israel sollte einen Modus vivendi mit den arabischen Nachbarn erzielen, womit ein Krieg unmöglich gemacht würde. »Die Existenz Israels ist laut Auffassung von Sharett von einem geregelten Zusammenleben mit den Arabern abhängig.«[271]

Als Ben-Gurion erneut Ministerpräsident Israels wurde, »war er überzeugter denn je, dass eine Politik militärischer Repressalien notwendig war. Jede Einmischung in die militärische Planung, so warnte er Sharett schriftlich, würde ihn dazu zwingen, wieder zurückzutreten.«[272] Die Gruppe Peres, Ben-Gurion und Dayan zielte darauf, die Verhandlungen mit Ägypten zu unterminieren. Moshe Dayan wollte keinen verbindlichen Rahmen akzeptieren, »der die Aktionsfähigkeit Israels einschränken würde«. Dazu gehörte auch ein Schutzabkommen mit den USA: »Denn die Freiheit zu behalten, militärische Aktionen durchführen zu können, gehört zum Elixier unseres Lebens. Sie halten unsere Armee und unsere Bevölkerung unter Spannung. Ohne diese werden wir kein kämpfendes Volk aufrechterhalten können.«[273]

Die militärische und nukleare Zusammenarbeit mit Frankreich

Es gab noch einen anderen Grund, warum die Gruppe um Ben-Gurion sich für Machtpolitik entschied, für die Demonstration permanenter militärischer Überlegenheit und die Demütigung der Araber: Seit

---

270   Rokach, S. 17
271   Amar-Dahl, S. 71
272   Hersh, S. 38
273   Amar-Dahl, S. 6

1949 hatte Israel eine zunächst lockere, sich dann aber intensivierende Zusammenarbeit mit Frankreich im Bereich der Nuklearforschung begonnen. Die französisch-israelische Zusammenarbeit gipfelte in dem strategischen Bündnis während des Suezkrieges 1956, in dessen Folge die französische Seite Israel einen Kernreaktor in Dimona baute und eine separate unterirdische Anlage errichtete, wo in einem komplexen chemischen Prozess das wichtigste Abfallprodukt des Reaktors gewonnen wurde: waffenfähiges Plutonium. Moderatere Politiker wie Levi Eschkol und Golda Meir hatten gezögert, die USA in dieser Frage herauszufordern, konnten sich aber mit ihren Bedenken nicht durchsetzen. Die USA verlangten zu dem damaligen Zeitpunkt die Nichtweiterverbreitung von Atomwaffen. Also wurde diese Entwicklung vor den USA geheim gehalten. Frankreich versorgte Israel mit dem Atomreaktor und mit dem wesentlichen Know how.[274]

Israel und Frankreich hatten ein gemeinsames Interesse bei der Bekämpfung des arabischen Nationalismus. Aber Israel hatte sich zunächst instinktiv an Washington gewandt. Schließlich hatte es dazu beigetragen, dass die Macht Britanniens in der Region entschieden geschwächt worden war und stattdessen die USA in der Region als die neue imperiale Macht Einfluss gewannen. Israel hatte seine anfängliche Politik der Neutralität im Kalten Krieg aufgegeben und die USA im Koreakrieg unterstützt. Es war sogar bereit, Soldaten nach Korea zu entsenden. Doch die USA, namentlich Präsident Truman, lehnten ab. Ben-Gurions Bemühungen, über einen regionalen Sicherheitspakt unter den Schutzschild der USA zu kommen, waren vorerst gescheitert.

Mit Frankreich und England hatten die USA 1950 ein Dreimächteabkommen getroffen, das vorsah, den Status quo im Nahen Osten aufrechtzuerhalten. Weder die arabischen Staaten noch Israel sollten massiv mit militärischem Gerät versorgt werden. Diese Politik der kühlen Distanz zu Israel setzte auch der neue US-Präsident Eisenhower fort. Verschiedene Bemühungen Israels, Kampfflugzeuge und andere Waffen in den USA zu kaufen, blieben erfolglos. Im Prinzip hielt das beschlossene Waffenembargo der USA bis zum Sechs-Tage-

---

274 Hersh, S. 53 ff.

Krieg 1967. Anders verhielt es sich mit Frankreich, das zu jener Zeit mit Rebellionen in seinen nordafrikanischen Kolonien konfrontiert war: Marokko, Algerien und Tunesien, die sich zur arabischen Welt zählten. Die algerische Befreiungsfront FLN wurde damals massiv von Nasser unterstützt. Von Algerien aus gingen entscheidende revolutionäre Impulse in die arabische sowie die gesamte koloniale Welt. Um an Waffen zu gelangen, wandte sich Ben-Gurion an Frankreich, das unter der Führung des Sozialisten Guy Mollet nur allzu gern bereit war, dieser Bitte nachzukommen. Frankreich lieferte in großem Umfange Artillerie und Kampfbomber. Die Regierung Mollet verfocht im Algerien-Krieg eine viel härtere Linie als ihre Vorgängerin und steuerte auf einen Konflikt mit Nasser und anderen arabischen Führern zu. Sie bereitete in strategischer Allianz mit Israel den Sturz der Nasser-Regierung vor. Die Waffenlieferungen Frankreichs an Israel hielten über 12 Jahre an. Der Sechs-Tage-Krieg Israels, der schon einen Allianzwechsels Israels – weg von Frankreich hin zu den USA – ankündigte, wurde noch mit französischen Waffen geführt.

Für die französischen Waffenlieferungen erklärte sich Israel im Gegenzug bereit, nachrichtendienstliche Erkenntnisse über den Nahen Osten an Frankreich weiterzuleiten. »Die israelischen Kommunikationsnetze in Nordafrika waren deshalb so gut, erinnerten sich israelische Beamte, weil die Juden meistens als Händler und Geschäftsleute in den arabischen Vierteln lebten. Besondere Bedeutung hatten die mehr als 100.000 Juden in Algerien, von denen viele zwischen der Gewalt und der Irrationalität der Kontrahenten in der Falle saßen. Diese Juden wurden von der israelischen Regierung aufgefordert, die Franzosen mit Informationen über die Führung der FLN zu versorgen und auch auf andere Weise mit ihnen zusammenzuarbeiten.«[275] Die ganze Entwicklung steuerte auf den neo-kolonialen Suez-Krieg (für Israel: Sinai-Krieg) zu. Am 10. Juni 1956 beauftragte Ben-Gurion General Moshe Dayan, mit Paris in Geheimverhandlungen über einen gemeinsamen Krieg gegen Ägypten zu treten. Versuche der USA, Ägypten und Israel an den Verhandlungstisch zu

---

275 Hersh, S. 41

führen, waren gescheitert. Im Juli verstaatlichte Ägypten den Suezkanal, worauf die erbosten Briten sich dem israelisch-französischen Kriegsbündnis anschlossen. Das strategische Ziel des Bündnisses war sehr ehrgeizig: »Nasser sollte daran gehindert werden, die arabische Einheit zu verwirklichen. Die Zwietracht zwischen den islamischen Staaten war stets wichtigstes Ziel der israelischen Strategie gewesen, und Nasser stellte mit seinen panarabischen Bestrebungen eine ernsthafte Bedrohung dar.«[276] Man rechnete damit, dass eine Niederlage Nassers zu seinem Sturz führen würde. Verabredet war zwischen Großbritannien und Frankreich, dass sie auf jeder Uferseite des von ihnen militärisch besetzten Kanals eine 16 Kilometer tiefe Zone errichteten. Wäre diese Rechnung aufgegangen, hätte Israel eine Schutzzone gehabt, in deren Windschatten es den besetzten Sinai durch Siedlungsaktivitäten in das israelische Territorium hätte integrieren können.

Israels Sicherheitsdoktrin

Die Außenpolitik Israels war immer von einer sehr engstirnigen Sicherheitsdoktrin bestimmt, in der die legitimen Interessen unterdrückter Völker keinen Platz fanden. Entsprechend formulierte die israelische Historikerin Tamar Amar-Dahl, »dass ein Großteil der politischen Handlungen (Israels) nur unter dem Aspekt der israelischen Sicherheitsbedürfnisse betrachtet wird. Der Blickwinkel Ägyptens, das seit 1882 von einer kolonial-imperialistischen Großmacht in unterschiedlicher Art und Weise beherrscht worden ist« und nun der Räumung des Kanalgebietes erwartungsvoll entgegensah, wurde ignoriert. »Entsprechend wird diese Räumung als illegitim bezeichnet, weil sie mit den israelischen Interessen nicht übereinstimmt. Die Befreiung von der britischen Herrschaft, für die die jüdische Gemeinschaft in Palästina, der Jishuv, jahrelang erfolgreich gekämpft hat, wird im Bezug auf Ägypten mit einem anderen Maßstab gemessen.«[277]

---

276 Hersh, S. 24
277 Amar-Dahl, S. 97

Bis zu jenem Zeitpunkt, als in Ägypten durch israelische Agenten Bomben vor britischen und US-amerikanischen Einrichtungen zur Explosion gebracht wurden, war es an der ägyptisch-israelischen Grenze relativ ruhig gewesen. Danach nahm die Entwicklung einen dramatisch anderen Verlauf, der in den Suez-Krieg mündete. Mit diesem Krieg 1956 gelangte Israel nach Sharetts Auffassung an einen Wendepunkt in Richtung Konfrontation mit den arabischen Nachbarstaaten. Er bestritt die Ansicht, dass vor dem Krieg eine wirkliche Gefahr von ägyptischer Seite bestand. Die scharfe Wendung zum Krieg, die 1955–1956 stattfand, war auch die Folge israelischer Provokationen. Ein weiteres israelisches Kriegsziel war es, Ägypten einen Diktatfrieden aufzuzwingen. Die israelische Seite war der Überzeugung: Je größer die Vernichtung der ägyptischen Armee ausfällt, um so eher wird Ägypten bereit sein, Präsident Nasser zu stürzen und einen Frieden zu israelischen Bedingungen zu schließen. Doch es stellte sich heraus, dass der Sieg über Ägypten und die Zusammenarbeit mit den beiden imperialistischen Mächten Frankreich und Großbritannien alles andere als eine Grundlage für Frieden und Anerkennung Israels in der arabischen Welt war.

Anders als der Krieg von 1948 handelte es sich 1956 um einen typischen Aggressionskrieg. Moshe Sharett hatte sich vehement gegen diesen Krieg ausgesprochen, den er als einen »Krieg im Dienst zweier imperialistischer Mächte«[278] bezeichnete. Als er diese scharfe Kritik äußerte, war seine politische Karriere schon beendet. Seine politische Linie war von Ben-Gurion und dessen Leuten Mosche Dayan, Shimon Peres und Golda Meir heftig bekämpft worden. Sie hatten ihn zum Rücktritt als Premierminister, kurz vor dem Krieg von 1956 auch zum Rücktritt vom Amt des Außenministers gezwungen.

Im Sinai-Krieg von 1956 hatten Israel, Großbritannien und Frankreich sich für eine gemeinsame Aggression verbündet, nachdem Nasser eine umfassende Agrarreform und die Nationalisierung des Suezkanals angekündigt hatte, der bis dahin einem britisch-französischen Konsortium gehörte. Israel marschierte in Absprache mit Frank-

---

278 Ebd.

reich und Großbritannien mit eigenen Truppen in den Sinai ein, und französische und britische Fallschirmjäger landeten an den Ufern des Suezkanals. Israels Interesse bestand darin, sich die Sinaihalbinsel einzuverleiben, die mit 60.000 km² dreimal so groß wie sein Kernland ist. Dieser Krieg war in Israel selbst umstritten. Neben den israelischen Kommunisten warnten auch »Al Hamishmar«, die damalige Tageszeitung der linkssozialistischen zionistischen Partei Mapam (Vereinigte Arbeiterpartei, nach einer Fusion mit der Bürgerrechtsbewegung Raz, heute Meretz), sowie die linksliberale Tageszeitung »Haaretz« vor dem »präventiven« Krieg Israels gegen Ägypten. Die Gruppe um Ben-Gurion verfolgte das Grundziel einer Neuordnung des Nahen Ostens.[279] Israel sollte zur dominanten Regionalmacht werden. Dafür musste die arabisch-muslimische Seite entschieden geschwächt werden.

Sharett hatte eine Politik der wirtschaftlichen Kooperation und des Friedens mit den arabischen Nachbarn gewollt. Dazu gehörte, dass Israel im Kalten Krieg neutral bleiben sollte, nicht zuletzt, um damit Vertrauen in der arabischen Welt zu gewinnen. Doch unter Ben-Gurion suchte Israel das Bündnis mit den imperialistischen Mächten, zunächst mit Frankreich und nach 1967 mit den USA.

Der Sechs-Tage-Krieg von 1967 stellte hinsichtlich der Auseinandersetzung zwischen beiden Nationalbewegungen nichts Neues dar. Er war nicht der Grund des Übels, wie viele linke Zionisten und Friedensaktivisten von Peace Now (Shalom Achshav) meinen. Der 67er Krieg lag in der Kontinuität der von Ben-Gurion betriebenen Politik der Expansion. Dieser Krieg war kein verzweifelter Verteidigungskrieg, zu dem ihn der israelische Mythos verklärte. Die historischen Fakten lassen keinen Zweifel daran, dass Israel wohl vorbereitet war und den Zeitpunkt des Angriffes wählte, als die Armeen Ägyptens und Syriens sich trotz Säbelrasselns rein defensiv aufgestellt hatten. Der Krieg bescherte Israel eine Menge Land – und mit einem Schlag mehr als eine Million Palästinenser zusätzlich in seinen neuen Grenzen. Alte Pläne von der Hegemonie über

---

[279] A.a.O., S. 124

ganz Palästina gingen in Erfüllung. Auch der Sinai schien fest in den Händen Israels zu sein, denn anders als 1956 übten die USA keinen Druck auf Israel für einen Rückzug aus. Diesmal war der Krieg mit den USA abgesprochen und Israel erhielt nach anfänglichem Zögern von Präsident Johnson grünes Licht für den Angriff. Heute erscheint das strategische Bündnis zwischen Israel und den USA als unlösbar. Dennoch: Israel ist in diesem Bündnis nicht die von den USA geführte Marionette, wie oft in linken Diskursen behauptet. Es ist aber nicht auszuschließen, dass unter anderen politischen Umständen das US-Interesse an Israel abnimmt. Noch fühlen sich die Schüler Ben-Gurions, heute schon in der dritten Generation, an der Seite der USA sicher. Ihre eigene Zukunft und die des Volkes Israel verknüpfen sie mit diesem Bündnis und nehmen die Gefahren nicht wahr, die davon ausgehen.

Der Wandel in der US-Politik

Bisher hatten die USA Abstand gegenüber Israel gehalten. Nur zögerlich hatten sie begonnen, Waffen an Israel zu liefern. Aber 1969 entschied US-Präsident Lyndon B. Johnson, an Israel die modernsten US-Kampfflugzeuge vom Typ F 4 zu liefern. Auch änderten die USA 1969 ihren ablehnenden Kurs gegenüber Israels Atomwaffen-Programm.[280] 1970 gaben sie unter dem Nationalen Sicherheitsberater Henry Kissinger jede Bemühung auf, zu einer Regelung des Nahost-Konfliktes zu kommen, die im Wesentlichen auf einer Zweistaatenregelung beruhen sollte. Offen wurde das israelische Programm der Besiedlung und Annexion besetzter Gebiete unterstützt. Dieses Programm führte direkt in den Krieg von 1973. Die Ablehnung der israelischen Politik 1956 durch die USA hatte damit zu tun, dass Israel mit den alten Kolonialmächten Frankreich und Großbritannien kollaborierte. Die USA wollten eine Rückkehr

---

280 Hersh, S. 192

dieser Mächte in die Region nicht zulassen. Deshalb erklärten sie auch die israelischen Eroberungen für illegitim. Ganz anders 1967.[281] Nun hieß das Konzept: Zusammen mit Israel halten die USA die Kontrolle über die Nahostregion aufrecht. Israel ist sowohl Schutzmacht für die prowestlichen Staaten der Region, insbesondere die Erdöl produzierenden Staaten des Golfs, als auch Knüppel für den Fall, dass der arabische Nationalismus sich durch eine Revolution der Ölquellen in der Golf-Region bemächtigt. Die Logik, die sich in der israelisch-amerikanischen Beziehung entwickelt hat, ist die: Je stärker Israel in der Region ist, desto eher ist es in der Lage, die Kontrollfunktion auszuüben und umso mehr Unterstützung erhält es von den USA. Israels Rolle ist insbesondere nach der Revolution im Iran gewachsen, als das prowestliche und mit Israel kooperierende Schahregime verschwand und die Labilität des saudischen Regimes offenkundig wurde. Die Kontrolle über das Nahostöl ist von vitalem, strategischem Interesse für die USA. Über den Öl-Hahn kontrollieren die USA auch die Entwicklung ihrer Rivalen oder potentiellen Rivalen Europa, Japan, China, Indien. Von daher ist es für sie von großer Wichtigkeit, Israel in Abhängigkeit zu halten. Diese Abhängigkeit von den USA ist gewachsen, obwohl in den herrschenden Kreisen Israels eine Debatte aufgebrochen ist, ob dies für die eigenen langfristigen Interessen gut sei.

Schon im Yom-Kippur-Krieg 1973 zeigte sich, dass die arabischen Staaten durchaus imstande waren, Israel Widerstand entgegenzusetzen. Dieser Krieg brach am 6. Oktober aus. Zwei Jahre zuvor hatte Israel Verhandlungen zur Rückgabe der israelisch besetzten Sinaihalbinsel mit Ägypten abgelehnt. Der koordinierte ägyptisch-syrische Angriff fiel so heftig aus, dass Israel am Rande einer Niederlage stand.

---

281 Chomsky: Öl..., a.a.O.

Dayan, der Held des Sinai-Krieges 1956 und Sechs-Tage-Krieges 1967, wurde mit der Aussage zitiert: »Die Situation ist verzweifelt. Alles ist verloren.« Israel richtete einen Appell an die Juden in aller Welt, sah seine letzte Stunde gekommen und glaubte, die Welt stehe unmittelbar vor dem Armageddon, der endzeitlichen Entscheidungsschlacht. Es setzte sein atomares Arsenal in Alarmbereitschaft, die Bombe wurde geschärft und die israelische Führung war auch bereit, sie einzusetzen. Dass es nicht dazu kam, ist auf den Schwenk der USA zurückzuführen. Von sowjetischen Spionen im israelischen Sicherheitsapparat über die israelischen Atomkriegsvorbereitungen informiert, begannen die USA damit, Israel über eine enorme Luftbrücke mit Waffen zu versorgen, um die großen israelischen Verluste wettzumachen.[282] Die Erfahrung des Yom-Kippur-Krieges zeigte die Grenzen der militärischen Macht- und Gewaltpolitik Israels.

Israels hegemoniale Ambitionen

Die zionistischen Führungskräfte und die israelischen Regierungen waren und sind in erster Linie Sachwalter eigener Interessen; und sie waren durchaus in der Lage, auch gegen die Wünsche des jeweiligen kolonialistischen bzw. imperialistischen Hauptpartners zu agieren. Als Israel 1956 Krieg gegen Ägypten führte, tat es das gegen den ausdrücklichen Willen der USA.1967 musste Israel die USA mühselig umstimmen, damit diese grünes Licht für den Sechs-Tage-Krieg gaben. Danach fand zur Absicherung der hegemonialen Stellung der USA in der Region eine strategische Interessenübereinkunft zwischen den USA und Israel statt. Die USA waren nach dem deutlichen Sieg Israels davon überzeugt, dass Israel die Kapazitäten hat, die Region zu dominieren. Für Israel waren die Hintergründe komplexer: Es waren die ungesicherte Stellung in der Region, die Israel in diese Klientelstellung zum Imperialismus brachte, aber auch der Wunsch nach Anerkennung durch seine arabische Umgebung. Weil es glaubte,

---

282 Hersh, S. 232 ff.

aufgrund seiner klaren militärischen Dominanz diese Anerkennung durch einen Diktatfrieden erzwingen zu können, hat sich die Isolierung Israels in der Region weiter verstärkt – wie auch seine Abhängigkeit von den USA.

Die Zusammenarbeit Israels mit dem Imperialismus reicht weit in die Anfänge der zionistischen Bewegung zurück. Sie hat Israel befähigt, sich neben den USA als regionale Hegemonialmacht zu etablieren. Aber seine aggressive Expansionspolitik errichtet andere Grenzen: Israel kann den arabischen Raum wirtschaftlich nicht durchdringen oder gar dominieren.

VIII. Der Nahost-Konflikt im Diskurs der deutschen Linken

Die Diskussionen über die israelische Politik und ihre Charakterisierung als zionistisch, kolonialistisch oder gar imperialistisch sowie über den palästinensischen Widerstand machen sich oft am Streit oder an Polemiken um Begriffe fest wie Kolonialismus, Imperialismus, antiimperialistischer Kampf, Befreiungsbewegung. Auf der einen Seite finden sich Positionen wie: Diese Begriffe seien regressiv und antiemanzipatorisch, auf jeden Fall unzeitgemäß und überflüssig; mit ihnen sei die heutige Realität nicht erfassbar, sie führten in die Irre. Da es heute keinen Kolonialismus mehr gebe, gebe es auch keinen Imperialismus mehr. Die andere Seite besteht darauf, dass der heutige Kolonialismus nur seine Erscheinungsform geändert hat, nicht aber sein Wesen, das darin besteht, die ökonomisch schwachen Länder in Abhängigkeit zu halten und auszubeuten. An die Stelle der offenen Kanonenboot-Politik seien vielfältige wirtschaftliche, finanzielle und rechtliche Abhängigkeitsbeziehungen getreten, die es dem Imperialismus gestatten, alte und neue Ziele und Strategien oft ohne direkte Anwendung von militärischer Gewalt durchzusetzen.

In diesen politischen Kontroversen geht es auch um die Frage der Legitimität von Kritik an der israelischen Regierungspolitik. Eine solche Kritik wird vor allem von israelischer Regierungsseite und allen, die diese unterstützen, mit der Beschuldigung des Antisemitismus abgewehrt. Selbst innerhalb der Linken werden kritische Positionen zur israelischen Politik gelegentlich als antizionistisch und antisemitisch verurteilt.

Zum Begriff des Kolonialismus

Beginnend mit der spanischen Kolonisierung Lateinamerikas im 16. Jahrhundert wies der Kolonialismus, wie er bis in die 1970er Jahre Bestand hatte, überall mehr oder weniger große Gemeinsamkeiten auf: Die militärische Unterwerfung von Gesellschaften in wirtschaftlich rückständigen Regionen, die Errichtung einer Kolonialverwaltung, die Ausbeutung der Ressourcen und einheimischen Arbeitskräfte auf der Basis eines unmittelbaren, offenen Zwangsverhältnisses. Denn nur so ließ sich die Erwirtschaftung von »Extraprofiten« durchsetzen. Die Geschichte des Kolonialismus ist auch eine Geschichte des Kapitalismus. Auf der einen Seite: Millionen Tote, verhungerte, »durch Arbeit vernichtete« Menschen; Menschen, in Sklaverei gehalten, ihrer Würde beraubt; Aufständische gejagt, eingekerkert, zu Tode gefoltert. Auf der anderen Seite: höchste Profite, immenser Reichtum, Verachtung der Armen und eine entsprechende rassistische Ideologie. Diese rechtfertigte die eigene Barbarei, indem sie die Unterworfenen als Untermenschen abwertete, das eigene Tun als zivilisierend verklärte. Oft wurde die koloniale Unterwerfung von Zwangschristianisierung begleitet.

Diese Erscheinungsform des Kolonialismus ist nicht mehr vorherrschend. Sie wurde zunächst abgelöst von der Politik insbesondere der USA, korrupte einheimische Diktatoren zu unterstützen, die bereit waren, die Geschäfte ihrer auswärtigen »Herren« – sei es die Ausbeutung von Ressourcen, seien es strategische Dominanzinteressen – zu betreiben. Namen wie Ngo Dinh Diem (Südvietnam), Moise Tschombé (Kongo), François Duvalier, genannt Papa Doc (Haiti), Augusto Pinochet (Chile), Alfred Stroessner (Paraguay), Syngman Rhee (Südkorea) und Shah Reza Pahlevi (Iran) stehen für solche Diktaturen, mit denen sich die imperialistischen Staaten nach dem Zusammenbruch des Kolonialsystems verbündeten und die sie am Leben erhielten. Aber auch deren Zeit ist vorbei. Das neue Gesicht des Imperialismus ist die »Globalisierung«, die dessen alte und neue Ziele hinter einer Nebelwand verbirgt, die durch die ständig wiederholte Behauptung gespeist wird, es gehe darum, der Welt Freiheit, Demokratie und Menschenrechte zu sichern.

> **Extraprofite**
>
> Extraprofite werden erzielt, wenn der individuelle Kostenpreis eines Kapitalisten unter dem durchschnittlichen Preis liegt. Er kann seine Waren zum Marktpreis verkaufen, erzielt aber, weil er billiger produziert, einen höheren Gewinn. Den Überschuss des individuellen Profits über den Durchschnittsprofit bezeichnet Marx als Extraprofit. Unter den Bedingungen kolonialer Herrschaft konnten die kapitalistischen Unternehmen den Kostenpreis dadurch senken, dass sie einen hohen Anteil an unbezahlter Arbeit erzwingen konnten.

Arbeiterbewegung und koloniale Frage

Marxistinnen und Marxisten haben seit dem 1. Kongress der Kommunistischen Internationale 1919 ihre Solidarität mit den unterdrückten Völkern und deren Streben nach nationaler Selbstständigkeit unterstützt. Es war die Kommunistische Internationale, die erstmals innerhalb der internationalen Arbeiterbewegung konsequente antikoloniale Beschlüsse fasste. Bis dahin war allgemeine Auffassung gewesen, dass die Ausbreitung des Kapitalismus weltweit Fortschritte bringen werde, die schließlich irgendwann zur Befreiung der Kolonien führen. Marx hatte ein zwiespältiges Verhältnis zur »fortschrittlichen« Mission des Kapitals.[283] Er ging davon aus, dass erst mit der Entwicklung der Produktivkräfte, verbunden mit der Entstehung einer industriellen Arbeiterklasse, für die die kapitalistische Produktionsweise seiner Zeit eine Voraussetzung war, auch die Emanzipation möglich werde. Am Beispiel der britischen Kolonie Indien zeigte er auf, dass sich die moderne kapitalistische Produktionsweise aber nur mit Ausbeutung, Arbeitsterror, Krieg und Vernichtung der traditionellen

---

283 Vgl. Ulrich Menzel: Die drei Entwicklungstheorien des Karl Marx. In: E + Z – Entwicklung und Zusammenarbeit, No. 1, Jan. 2000. In: www.inwent.org/E+Z/zeitschrift100-4.html

Produktionsweise und Gesellschaft durchzusetzen vermag: »England hat das ganze Gefüge der indischen Gesellschaft niedergerissen, ohne dass bisher auch nur die Spur eines Neuaufbaus sichtbar geworden wäre. Dieser Verlust seiner alten Welt, ohne dass eine neue gewonnen worden wäre, gibt dem heutigen Elend des Hindu eine besondere Note von Melancholie.«[284]

Auf dem Sozialistenkongress der II. Internationale in Stuttgart 1907 konnte noch nach heftiger Diskussion eine Resolution zur Kolonialfrage beschlossen werden, die sich von offen paternalistischer Bevormundung der Kolonialvölker und einer Konzeption sozialistischer Kolonialpolitik distanzierte, wie sie vom Leitungsgremium der II. Internationale mehrheitlich vorgeschlagen worden war.[285] Aber die Positionen des rechten Flügels der Sozialdemokratie waren in Stuttgart offen zu Tage getreten. Sie umfassten rassistische Grundhaltungen, die letztlich die angeblich zivilisatorische Mission des Kolonialismus rechtfertigten, sofern dieser unter sozialistischem Regime stattfinde. So hieß es in dem Resolutionsentwurf, der mit knapper Mehrheit abgelehnt wurde: »Der Kongress stellt fest, dass der Nutzen der Kolonialpolitik allgemein besonders für die Arbeiterklasse stark übertrieben wird. Er verwirft aber nicht prinzipiell und für alle Zeiten jede Kolonialpolitik, die unter sozialistischem Regime zivilisierend wirken könnte.«[286]

Nach der Spaltung in Sozialdemokraten und Kommunisten schenkten führende Vertreter der sozialdemokratischen II. Internationale (MacDonald, Vandervelde, Henderson, Blum) der kolonialen Frage große Aufmerksamkeit. Ihre Positionen hierzu näherten sich nun noch stärker denen der Kolonialisten an. Die Führer der II. Internationale bekundeten ihre Solidarität mit der imperialen Politik ihrer jeweiligen Kolonialländer. Der Freiheitskampf der Kolonialvölker fand bei ihnen weder Respekt noch Mitgefühl. Ganz im Gegenteil: Als der britische Labour-Politiker MacDonald Premierminister ge-

---

284 Karl Marx: Die britische Herrschaft in Indien. MEW Bd. 9, Berlin 1960, S. 127

285 Internationaler Sozialisten Kongress 1907, Stuttgart, Protokoll, S. 24

286 Ebd.

worden war, fiel er nicht weniger als die Konservativen Baldwin und Chamberlain über Inder, Sudanesen und die anderen Kolonialvölker her, die es gewagt hatten, sich gegen die ausländischen Zwingherren zu wenden. Auch die Labour-Politiker erteilten den Bombenangriffen auf Dörfer und der unbeschreiblichen Barbarei und Gewalt gegenüber den Einwohnern der Kolonien ihren Segen.

Dagegen hatte die russische Revolution eine Welle von Protesten und Kämpfen in den Kolonien gegen die Kolonialmächte ausgelöst. Die von der Kommunistischen Internationale in die Diskussion eingebrachten Thesen über die Kolonialfrage riefen eine wahre Revolution in allen unterdrückten Ländern hervor. Die russischen Revolutionäre hatten als erste begriffen, wie ungeheuer wichtig es war, die Kolonialvölker in die revolutionäre Bewegung einzubeziehen. Sie verurteilten energisch alle Vorurteile gegenüber den Kolonialvölkern. Die Erfahrungen lehrten sie, dass man für eine erfolgreiche Arbeit in den Kolonialländern die sich dort entfaltende nationale Befreiungsbewegung voll unterstützen muss und auf diesem Weg neue starke Verbündete im Kampf um die soziale Revolution gewinnt. Mit der Hervorhebung der Kolonialfrage gelang es der Linken zum ersten Mal, jene Volksmassen, die bisher gegen die Fremdherrschaft nicht aufbegehrt hatten, wachzurütteln und die fortschrittlichsten und aktivsten Kräfte in die nationale und soziale Emanzipationsbewegung einzubeziehen.

Kontroversen in der Kommunistischen Internationalen

Die Beziehungen zwischen den kommunistischen Parteien in den ökonomisch unentwickelten Ländern und den dortigen nationalen, bürgerlichen Befreiungsbewegungen waren schon 1920 Anlass für Kontroversen.

Auf dem Zweiten Kongress der Kommunistischen Internationalen berichtete Lenin über diese Auseinandersetzungen: »Wir stritten darüber, ob es prinzipiell und theoretisch richtig sei, zu erklären, dass die Kommunistische Internationale und die Kommunistischen

Parteien die bürgerlich-demokratische Bewegung in den zurückgebliebenen Ländern unterstützen müssen.« Ein Ergebnis war der Beschluss, »anstatt von der ›bürgerlich-demokratischen Bewegung‹ von der ›national-revolutionären Bewegung‹ zu sprechen«. Jede nationale Bewegung dort könne nur eine bürgerlich-demokratische sein, »denn die Hauptmasse der Bevölkerung in den zurückgebliebenen Ländern besteht aus Bauern, die Vertreter bürgerlich-kapitalistischer Verhältnisse sind. Es wäre eine Utopie zu glauben, dass proletarische Parteien, wenn sie in solchen Ländern überhaupt entstehen können, imstande sein werden, eine kommunistische Taktik und eine kommunistische Politik in diesen zurückgebliebenen Ländern durchzuführen, ohne in bestimmte Beziehungen zur Bauernbewegung zu treten und ohne sie tatkräftig zu unterstützen.«

Die Kommunistische Internationale müsse ein Bündnis mit der revolutionären Bewegung der Kolonien herstellen, aber »unbedingt den selbständigen Charakter der proletarischen Bewegung – sei es auch in ihrer Keimform – aufrechterhalten.«[287] Für die kommunistischen Parteien der entwickelten kapitalistischen Länder war die Linie klar und scharf. Die 8. Bedingung für den Beitritt zur Komintern forderte: »Jede Partei ... ist verpflichtet, die Kniffe ›ihrer‹ Imperialisten in den Kolonien zu entlarven, jede Freiheitsbewegung in den Kolonien nicht nur in Worten, sondern durch Taten zu unterstützen, die Verjagung ihrer einheimischen Imperialisten aus diesen Kolonien zu fordern ... und in den Truppen ihres Landes eine systematische Agitation gegen jegliche Unterdrückung der kolonialen Völker zu führen.«[288]

Das war nicht nur ein entscheidender Bruch mit dem »Eurozentrismus« der II. Internationale, sondern auch eine Vertiefung der Kluft zwischen reformistischer und revolutionärer Politik in den entwickelten Ländern.

---

287 W. I. Lenin: Leitsätze über die Bedingungen der Aufnahme in die Kommunistische Internationale, Manifeste, Thesen und Resolutionen«. In: Der II. Kongress der Kommunistischen Internationale, Bd. 1, Köln 1984, S. 164

288 Leitsätze und Ergänzungsthesen des 2. Weltkongresses der Kommunistischen Internationale. In: W. I. Lenin, Werke Bd. 31, zitiert nach www.sinistra.net

Imperialismus-Analysen der »Klassiker«

Marxistische Theoretiker erkannten zu Beginn des 20. Jahrhunderts, dass die Marxsche Untersuchung des Kapitalismus »der freien Konkurrenz« nicht mehr ausreichte, um die Transformationen zu erklären, die sich in der kapitalistischen Produktionsweise vollzogen. Gleichzeitig erhöhte sich die außenpolitische Aggressivität der führenden kapitalistischen Länder, die verschärft miteinander um Märkte, Profite und Kolonien konkurrierten. Die neue Qualität bestand in der Herausbildung kapitalistischer Monopole. Diese waren eine Reaktion auf den von Marx im 3. Band des »Kapitals« analysierten »tendenziellen Fall der Profitrate«. Marx beschrieb hier, dass der konstante Teil des Kapitals (Maschinen, Anlagen, Rohstoffe) erhöht werden muss, um die Produktivität zu steigern. Dies drücke auf die Profitrate und könne nur ausgeglichen werden durch einen höheren Produktionsausstoß, der auf dem Markt verwertet werden müsse.

Darüber hinaus zwangen die Kämpfe der Arbeiterbewegung die Kapitaleigner, Zugeständnisse zu machen, die ebenfalls die Profitrate verkleinerten. Um diese negative Entwicklung zu vermeiden, musste die Kapitalseite beschleunigt die Produktivkräfte entwickeln. Damit wurde immer mehr Kapital in Maschinen und Rohstoffen gebunden. Die neu erworbene Produktivität sprengte den Rahmen der Produktionsbedingungen, die der Nationalstaat bot. Die Märkte der Nationalstaaten wurden zu eng, um das akkumulierte Kapital zu verwerten. Gewaltige Summen von Kapital wurden in wenigen Händen konzentriert. Eine neue Gruppe reicher Finanziers tauchte auf, die ihr akkumuliertes Kapital im Ausland anlegten. Sie waren die Träger dieses neuen Imperialismus. »Überall erscheinen übergroße Produktionskräfte, übergroße Kapitalien, die nach Investition verlangen. Sämtliche Geschäftsleute geben zu, dass der Zuwachs an Produktionsmitteln in ihrem Lande die Zunahme der Konsumption [des Verbrauchs] übertrifft, dass mehr Güter hervorgebracht als mit Gewinn abgesetzt werden können, dass mehr Kapital vorhanden ist, als lohnend angelegt werden kann. Diese ökonomische Sachlage bildet die Hauptwurzel des Imperialismus... Imperialismus ist das

Bestreben der großen Industriekapitäne [der Großindustriellen], den Kanal für das Abfließen ihres überschüssigen Reichtums dadurch zu verbreitern, dass sie für Waren und Kapitalien, die sie zu Hause nicht absetzen oder anlegen können, Märkte und Anlagemöglichkeiten im Ausland suchen.«[289]

Theoretikerinnen und Theoretiker der deutschen, österreichischen und russischen Sozialdemokratie beteiligten sich an der Ausarbeitung von Analysen des Imperialismus. Sie veröffentlichten ihre Überlegungen und Theorien in ihren jeweiligen theoretischen Organen. Zu nennen sind Autoren wie Karl Kautsky, Rudolf Hilferding, Rosa Luxemburg, Heinrich Cunow, Friedrich Adler, Max Adler, Otto Bauer, Karl Renner, Nikolai Bucharin und Lenin. Besondere Bedeutung kam dem Buch von Rudolf Hilferding zu, das 1910 erschien und die erste grundlegende marxistische Arbeit über die neuere Entwicklung des Kapitalismus war. Kautsky meldete sich zu diesem Thema mit einer Vielzahl von Artikeln zu Wort z. B. in der Zeitschrift »Die Neue Zeit« sowie in verschiedenen Werken.[290] Kautskys besonderer Beitrag zur Imperialismus-Debatte war sein Begriff des Ultraimperialismus. Obwohl zwischen den verschiedenen marxistischen Ansätzen zur Analyse des Imperialismus mehr oder weniger Übereinstimmung herrschte und – zumindest aus heutiger Sicht – die Heftigkeit mancher der damaligen Kontroversen kaum nachvollziehbar ist, sollte die Kautskysche Formulierung des Ultraimperialismus zu einer scharfen Scheidelinie werden: zwischen den sozialdemokratischen Theoretikern und den späteren kommunistischen Theoretikern wie Luxemburg, Lenin und Bucharin. Lenin wandte sich gegen die These des Ultraimperialismus mit äußerster Schärfe. Er warf Kautsky vor, er breche damit endgültig mit dem Marxismus: »Kautsky geht dabei eindeutig von seiner Vorstellung des Imperialismus als einer Form der Politik aus und lasse wesentliche ökonomische Prozesse außer

---

289 John A. Hobson: Der Imperialismus. Hg. H.-Chr. Schröder. Köln/Berlin, 1968. S. 92, 95 ff. zitiert nach Imperialismustheorien. In: /www.j.shuttle.de/j/sts/Projekte/Imperialismus_HTML/imperialismustheorien.htm

290 Karl Kautsky: Erfurter Programm; Der Weg zur Macht; Die soziale Revolution und Die materialistische Geschichtsauffassung

acht.«[291] Angesichts »der internationalen Verfilzung der verschiedenen Klüngel des Finanzkapitals« stellte sich Kautsky die Frage, »ob es nicht möglich sei, dass die jetzige imperialistische Politik durch eine neue ultraimperialistische verdrängt werde, die anstelle des Kampfes der nationalen Finanzkapitale untereinander die gemeinsame Ausbeutung der Welt durch das international verbündete Finanzkapital setze.«[292] Hiermit ist in geradezu prophetischer Antizipation das Stichwort für die neueren Theoretiker des globalisierten Kapitalismus geliefert worden, die den Imperialismus als überwunden ansehen.

Rosa Luxemburg beschrieb die typischen äußeren Erscheinungen der imperialistischen Periode als »Wettkampf der kapitalistischen Staaten um Kolonien und Interessensphären, um Anlagemöglichkeiten für das europäische Kapital, das internationale Anleihesystem. Militarismus, Hochschutzzoll, vorherrschende Rolle des Bankkapitals und der Kartellindustrie in der Weltpolitik«.[293] Um seine strukturelle Krise zu überwinden, suchte der Kapitalismus neue profitable Anlagebereiche, die er in den nichtkapitalistischen Milieus fand: in den vorkapitalistische Produktionsweisen in den Kolonien und Halbkolonien. Er zog aus ihnen nicht nur Extraprofite, sondern er kontrollierte die Wirtschaft dieser Kolonien.

Diese Vorherrschaft des imperialistischen Kapitalismus ist auch nach der Dekolonisierung erhalten geblieben, aber die Form seiner Realisierung hat sich verändert. Karl Kautsky, Otto Bauer u. a. hatten ihre Hoffnungen auf eine Sozialreform gesetzt, die zu einer Egalisierung der Einkommensverteilung führen werde. Auf diese Weise könne strukturell der Imperialismus mit seinem Problem der Überakkumulation als eine Phase des Kapitalismus überwunden werden. Mit der Durchsetzung dieser später als »Fordismus« bezeichneten Phase, die mit angehobenen, die Binnennachfrage steigernden Löhnen und den Segnungen des Sozialstaates verbunden

---

291 Wladimir I. Lenin: Imperialismus als höchstes Stadium des Kapitalismus. In: www./werke.de//e//e22/le22_269

292 Karl Kautsky in: Die Neue Zeit, 30. April 1915, S. 144

293 Rosa Luxemburg: Die Akkumulation des Kapitals. In: Gesammelte Werke, Bd. 5. Berlin 1974, S. 431

war, wäre der Imperialismus aus ihrer Sicht überwunden gewesen. Die Erfahrung zeigt aber, dass auch die Phase des fordistischen Massenkonsums mit der größeren Konsumfähigkeit des Binnenmarktes nichts am imperialistischen Charakter des Kapitalismus der westlichen Industrieländer, der Metropolen, geändert hat. Die Basis für diesen Massenkonsum war die ökonomische Vorherrschaft über die ehemaligen Kolonien und die halbkolonialen Länder Lateinamerikas, Afrikas und Asiens. Da sich deren Naturressourcen in den Händen multinationaler Konzerne befanden, konnten sich die Metropolen mit billigen Rohstoffen ihre lebensnotwendigen Extraprofite sichern. Die fordistische Phase wäre aufgrund des Druckes, den die Arbeiterbewegung auf die Profitrate ausübte, viel eher erschöpft gewesen, hätte es nicht die finanzkapitalistische Expansion der Metropolen in die ehemaligen Kolonien gegeben, die in den 60er Jahren einsetzte.

Die antikoloniale Befreiungsbewegung

Gegen die Ausplünderung ihrer natürlichen Ressourcen, die Versklavung und Zerstörung der autochthonen Gesellschaft und Wirtschaft, gegen ein Leben in größter Armut, Unwissenheit und Erniedrigung haben die Kolonialvölker von Beginn ihrer Unterwerfung an immer wieder aufbegehrt – in lokal begrenzten Aufständen wie in großen Unabhängigkeitskriegen. Und oft über Jahrhunderte hinweg gelang es den Kolonialherren, diesen Widerstand blutig niederzumetzeln. Die Geschichte der antikolonialen, antiimperialistischen Kämpfe zeigt, dass nationale Befreiungsbewegungen zumeist auf Gewalt bauten, weil sie mit Gewalt und gewaltförmigen Institutionen konfrontiert waren. »Noch nie hat es eine hübsch anzuschauende Bewegung der nationalen Befreiung oder Unabhängigkeit gegeben«, stellte der philippinische Soziologie-Professor und Globalisierungsgegner Walden Bello fest.[294] Und viele westliche Progressive fühlten sich

---

294 Walden Bello: Wie geht es weiter mit den Anti-Kriegs- und Anti-Globalisierungsbewegungen? In: Sandimgetriebe. Der deutschsprachige Newsletter von Attac Österreich, Deutschland, Schweiz. SiG 38

von den Methoden der Mau Mau in Kenia der fünfziger Jahre, der
FLN in Algerien, der FNL in Vietnam oder auch vieler anderer Befreiungsbewegungen
abgestoßen. In ihrem eurozentrierten Bewusstsein
war nicht die geringste Ahnung davon, dass die Gewalt, die die
Befreiungsbewegungen anwandten, auch ein Echo auf jene direkte
und strukturelle Gewalt war, mit der die Kolonialmächte und deren
lokale Kollaborateure die Kolonialvölker einem unerträglichen Joch
unterworfen hatten. Insofern sind selbst unkontrollierte Gewaltausbrüche,
zu denen es im Laufe von Befreiungskämpfen gekommen
ist, nur ein schwacher Widerhall der oft Jahrhunderte andauernden
Unterdrückung, die aus einer autochthonen Bevölkerung ohnmächtige
Sklaven machte, deren eigenständige Sozialstruktur, Wirtschaftsweise
und Kultur zerstörte und als primitiv abwertete.

Die Programme und Ideologien der Befreiungsbewegungen
in den abhängigen Ländern, aber auch viele der angewandten
Methoden und Formen der politischen Organisation entstammten
der Tradition der westlichen Ideenwelt, waren »liberal, sozialistisch,
kommunistisch und/oder nationalistisch, nichtreligiös und misstrauisch
gegen jede Art von Klerikalismus«.[295] Industrialisierung,
Entwicklung war ihr Ziel. Dieses war nicht ohne Modernisierung, die
eine Form von »Verwestlichung« darstellte, zu erreichen. Es gab auch
Widerstand gegen die »importierten« Ideen der Modernisierung,
der gelegentlich auf traditionelle religiöse Überzeugungen in der
Bevölkerung zurückgriff. Aber nicht in den Befreiungsbewegungen,
an deren Spitze zumeist Intellektuelle standen; »... vor den siebziger
Jahren war keine erfolgreiche Befreiungsbewegung in der rückständigen
Welt durch traditionelle oder neotraditionelle Ideologien
inspiriert oder gar begründet worden«.[296] Viele der Befreiungsbewegungen
führten nicht in die Emanzipation, sondern zu Autokratien.
Auch das war eine Langzeitfolge kolonialistischer Unterdrückung.

---

295 Eric Hobsbawm: Das Zeitalter der Extreme. Weltgeschichte des 20. Jahrhunderts. München 1999, S. 256

296 A. a. O., S. 255

Zusammenbruch des Kolonialsystems

Nach dem Ende des Zweiten Weltkrieges rückte die Kolonialfrage in das Zentrum weltweiter Auseinandersetzungen. Die großen Imperien brachen zusammen: Frankreich, Großbritannien, Spanien, Portugal, die Niederlande und Belgien waren nicht mehr in der Lage, ihren Machtbereich in der bisherigen Form zusammenzuhalten. Nach 1945 dauerten die zumeist blutigen Kolonialkriege noch 30 Jahre an, bis in Afrika, Asien, Lateinamerika, Nordafrika und dem Nahen Osten diese Form imperialistischer Herrschaft zu Ende ging. In den wenigsten Fällen hatten die Räuber und Plünderer die Objekte ihrer Herrschaft freiwillig »entlassen«. Im Kampf gegen koloniale Abhängigkeit, gegen den Imperialismus wurde der Begriff »nationale Unabhängigkeit« zentral. Länder, in kolonialer Abhängigkeit gehalten, mussten sich befreien, zumindest als Staat konstituieren, um als politisches Subjekt handlungsfähig zu werden. Nur über diesen Prozess konnten sich Institutionen, z. B. auch Parlamente, herausbilden, die eine Austragung von Widersprüchen auf politischem Wege ermöglichten. Für eine bestimmte Zeit des Kampfes gingen die Interessen der Widerständigen zusammen, um sich nach Erreichen des Zieles der Unabhängigkeit wieder zu scheiden. Oftmals gewaltsam.

Die jungen Nationalstaaten hatten nun zwar ihre formelle politische Unabhängigkeit erreicht, aber ihre Wirtschaften waren in hohem Maße und nachhaltig deformiert, abhängig von ihren ehemaligen Kolonialherren und von den Gesetzen des kapitalistischen Weltmarktes geknebelt. Denn
die Entwicklung der modernen kapitalistischen Produktionsweise in den kolonialen Ländern war mit der Aufrechterhaltung eines vormodernen Sektors einhergegangen. In dieser »strukturellen Heterogenität« sind Rückständigkeit und Armut die Voraussetzung für eine fremdbestimmte Akkumulation. Diese schränkten die Möglichkeiten der jungen Nationalstaaten wesentlich ein, auf dem Weg zur wirtschaftlichen Selbstbestimmung eine andere Richtung einzuschlagen. Selbst in der besten Phase fremdbestimmter, von außen finanzierter nachholender kapitalistischer Entwicklung wurde keine

substantielle industrielle Entwicklung eingeleitet, keine Entwicklung »die sich von der Basis der Produktionspyramide zur Spitze fortbewegt, d.h. mit den einfachen Verarbeitungsprodukten für den Verbrauch anfängt und sich allmählich bis zu den Kapitalgütern auswächst«.[297]

Die »Kolonialfrage« heute

Es ist ein Irrtum anzunehmen, dass die Kolonialfrage der Vergangenheit angehört. Zwar ist die Kanonenboot-Politik vorbei, Länder werden nicht mehr besetzt, zumindest nicht auf lange Dauer. Aber die Naturressourcen der Drittwelt-Länder werden noch immer zu ungünstigen »terms of trade« aufgekauft und ihre menschlichen Ressourcen als billige Arbeitskräfte vermarktet. Ihre Landwirtschaft ist von transnationalen Agrar-Konzernen, ihrem Saatgut, ihren Düngemitteln und Pestiziden in hohem Maße abhängig. Seit Pflanzen und Nutztiere von den Transnationalen patentiert wurden, ist nicht nur die Verschuldung der Bauern in Drittwelt-Ländern gewachsen, sondern in gewaltigem Umfang auch die Gefahr von Hungersnöten. Durch »brain drain« werden die ehemaligen Kolonien ihrer hochqualifizierten Fachleute beraubt, und ihre kulturelle Identität wird von weltweit agierenden Unterhaltungsindustrien platt gemacht. An die Stelle einzelner Kolonialmächte sind hochentwickelte Industrieländer getreten, die ihre Dominanz auch mit Hilfe regionaler Zusammenschlüsse, der Gesetze des Weltmarktes und unterstützt von supranationalen Wirtschafts- und Finanzinstitutionen durchsetzen. Sie diktieren den von Krisen geschüttelten ehemaligen Kolonialländern die Bedingungen ihres wirtschaftlichen und sozialpolitischen Handelns. Doch wenn sie ihre strategischen Interessen bedroht sehen, greifen sie tief in die Souveränität dieser Länder ein und scheuen sich nicht, militärische Zwangsmittel einzusetzen. Sie berauben auf

---

297 André Gunder Frank: Walt Whitman Rostow: Ode auf die Unterentwicklung, Tricontinental 1967–1970. Frankfurt/M. 1970, S. 295

erpresserische Weise jene Regierungen ihrer Handlungsfreiheit, die sich aus diesen Abhängigkeitsverhältnissen lösen wollen – und müssen, wenn sie wirksame Maßnahmen gegen Hunger, Armut und Unwissenheit ergreifen wollen. Die eine Milliarde Menschen, die heute an Hunger leiden, stammen zum größten Teil aus der »Dritten Welt«. Es sind die Langzeitfolgen der Kolonialherrschaft und der neokolonialen Abhängigkeiten, die alle 15 Sekunden ein Kind an leicht vermeidbaren Krankheiten sterben lassen.

Die Kriege der Moderne werden von Schlagworten begleitet wie Menschenrechte, Kampf gegen Terroristen, Demokratie und Abrüstung; schaut man genauer hin, geht es um Naturressourcen, neben Öl, Gas und Pipelines, existenziell auch um Wasser, Handelswege und geopolitischen Einfluss. In der heutigen Phase paktieren Großmächte mit den nationalen Bourgeoisien. Hintergründe von heutigen Konflikten und gewaltsamen Auseinandersetzungen sind die »Narben«, die die Kolonialmächte hinterlassen haben. Die vom Neoliberalismus verordnete Weltmarktintegration hat die Deformationen in der Wirtschaftsstruktur der meisten Drittweltländer nur noch verstärkt.

Imperialismus im 21. Jahrhundert

Die Kritik des Imperialismus gehörte zu den konstitutiven Momenten des revolutionären Marxismus des 20. Jahrhunderts. Nach dem Zusammenbruch des real existierenden Sozialismus und dem Ende der Ost-West-Konfrontation sprach kaum noch jemand über Imperialismus. Mit der angeblichen Widerlegung des Sozialismus waren auch die Imperialismustheorien obsolet geworden. Die öffentliche Debatte, auch die der Linken, war fixiert auf eine mögliche »Friedensdividende«, die aus dem Ende der Blockkonfrontation resultieren könne. Alle schauten gespannt auf die schöne neue Welt. Aus dem Füllhorn der »Neuen Weltordnung« würden sich als Folge der Globalisierung nur Segnungen über die Menschheit ergießen: Abrüstung, Ende der Kriege, Demokratie, wirtschaftliche Entwicklung und Prosperität für die Völker des Südens.

Aber dann begann die schöne neue Welt die völkerrechtswidrigen Kriege gegen den Irak, gegen Jugoslawien und bald auch gegen Afghanistan. Das war das Ende der Verklärung und hat den Begriff Imperialismus in die öffentliche Diskussion zurückgebracht. Der Rückblick auf diese nunmehr fast 20 Jahre dauernde Phase zeigt ein enttäuschendes Ergebnis. Die Zahl der Kriege hat zugenommen, darunter der zweite Krieg gegen den Irak, den die USA erneut unter Bruch des Völkerrechts führten und der klar ihre imperialen Ambitionen zutage förderte. Die USA wollen die Kontrolle über Rohstoffe, Handelswege und die militärische Kontrolle über Rivalen behalten.

In die gleiche Richtung, die einer imperialen Macht, marschiert auch die Europäische Union – wenn auch in einer nach außen weniger anstößigen Form. Mit dem ideologischen Anspruch, im NATO-Krieg gegen Jugoslawien die Menschenrechte zu verteidigen, testeten die großen EU-Staaten ihre Fähigkeit zur globalen militärischen Intervention. Eine eigenständige imperiale Strategie der EU wird ja bereits von einigen namhaften Wissenschaftlern gefordert.[298] Zwischen den imperialistischen Zentren wachsen die Rivalitäten um Märkte und die Aufteilung der vorhandenen natürlichen Ressourcen, und zugleich ergänzen sich diese im gemeinsamen Interesse an der ordnungspolitischen Durchsetzung des freien Zugangs zu den Märkten, des freien Kapitalflusses und des freien Zugriffs auf die Rohstoffe.

Imperialismus oder »globalisierte Welt«?

Globalisierung ist heute das Zauberwort, mit dem nicht nur jede Schuftigkeit und jeder Sozialabbau erklärt wird. Dieser Begriff soll darüber hinweg täuschen, dass es sich um eine neue Stufe kapitalistischer Produktions- und Verwertungsbedingungen handelt. Der Kapitalismus hat einen neuen Typus von Imperialismus hervorgebracht, der vor allem ursächlich aus den ökonomischen Strukturen

---

298 Heribert Münkler in: Zivilisatorische Entwicklung und kriegerische Selbstbehauptung. Europa braucht einen weltpolitischen Gestaltungswillen, 2004, S. 17

zu erklären ist. »Marxistische Imperialismustheorien zeichnen sich ... stets dadurch aus, dass Imperialismus nicht als eine bestimmte Form von Außenpolitik betrachtet wurde, sondern als ein Verhältnis zwischen Politik und ökonomischer Krisenbewältigung«.[299]

Aus dem globalisierungskritischen Spektrum sind heute oft Stimmen zu vernehmen, die die Existenz eines imperialistischen Kapitalismus verwerfen. Sie verweisen auf die jüngste Entwicklung des globalisierten Kapitalismus, der losgelöst vom Nationalstaat operiere und der der nationalstaatlichen Konkurrenz von Kapitalgruppen den Boden entziehe. In dem neuen Stadium globalisierter kapitalistischer Entwicklung haben tatsächlich bedeutende Veränderungen stattgefunden. Daraus resultieren theoretische und politische Probleme, die bei der Verwendung des Begriffes von Imperialismus ernst zu nehmen sind.

Bei aller Globalisierung des Kapitals ist zu berücksichtigen, dass der Nationalstaat als wesentlicher Bezugsrahmen nicht ausgedient hat. Etwa 800 Transnationale beherrschen die Welt: Sie sind aber, obwohl »global players« (weltweite Akteure), nach wie vor nationalstaatlich verankert. Ihr Management ist es ebenfalls und die Hauptquelle der Akkumulation bleibt in ihren Ursprungsländern und wird dort wesentlich unterstützt durch staatliche Politik. Nach wie vor sind Rivalitäten zwischen nationalstaatlich verankerten Konzernen untereinander die Regel.[300] Der kapitalistische Entwicklungsweg hat sich – so Joachim Hirsch – »von Anfang an auf der Basis weltumspannender Ungleichheits-, Ausbeutungs- und Abhängigkeitsverhältnisse entfaltet. Sie werden bis heute wesentlich durch die konkurrierenden Nationalstaaten abgesichert. Die Akkumulation des Kapitals ist grundsätzlich an die Existenz von Gewaltverhältnissen gebunden, die internationale Ungleichheiten festschreiben«.[301] Daraus

---

299 Frank Deppe/Stephan Heidbrink/David Salomon/Stefan Schoppengerd/Ingar Solky: Der neue Imperialismus. Heilbronn 2004, S. 17

300 Atilio A. Boron: La persistencia del imperialismos. Link: www.clacso.org.ar/biblioteca

301 Joachim Hirsch: Vom Ultra zum Hyper, Das neue Gesicht des Kapitalismus. In: Sozialistische Positionen 3/2001. www.sopos.org

zieht er den Schluss: »Der Imperialismus ist nicht, wie oft behauptet wird, Merkmal einer vergangenen historischen Phase. Aber er hat seine Gestalt und seine Dynamik erheblich verändert.« Das Interesse transnationaler Unternehmen besteht in der jetzigen Phase darin, eine unbeschränkte Waren- und Kapitalzirkulation sowie die politischen Strukturen durchzusetzen, die diese gewährleisten. Hinzu kommt eine neokoloniale Politik der Verfügungsgewalt über die knapper werdenden Rohstoffe. Ordnungspolitisch wird die Nationalisierung von Ressourcen, sei es in Lateinamerika oder Russland, nicht akzeptiert. Daraus erwachsen neue interventionistische Gefahren, wie durch die Aktivierung der IV. US-Flotte veranschaulicht wird, die in den Gewässern Südamerikas operieren soll. Gleichwohl ist festzustellen, dass zwischen Staaten bzw. Staatengruppen – NAFTA (Nordamerikanisches Freihandelsabkommen), EU, ASEAN zum Beispiel – wie auch innerhalb von Staatengruppen die Rivalitäten um Marktanteile und Kontrolle über Ressourcen zunehmen. Und neu im Rahmen kapitalistisch-imperialistischer Politik ist der ideologische Diskurs, der entworfen wurde, um Herrschaftsansprüche der »Triade« (Hirsch) USA, Europa, Japan durchzusetzen. Diese gründen sich auf den Anspruch, im Namen von Demokratie und Menschenrechten weltweit Interventionen durchzuführen. Letztlich ist das neue Phänomen der Globalisierung, »lediglich eine Perfektionierung des Imperialismus«.[302]

Nach dem Ende der Systemkonkurrenz

Das Ende der Systemkonfrontation schien die Weiterverwendung der marxistischen Imperialismus-Kritik innerhalb jener Teile der Linken, denen es nurmehr um die Zivilisierung des Kapitalismus geht, statt um dessen Beseitigung, überflüssig zu machen. Sie konzentrieren sich auf eine Beschneidung der Auswüchse des Finanzkapitals mit dem Ziel, es demokratisch zu bändigen.

---

302 Amin, S. 108

Auf dieser Bahn, wenn auch in eine dichte metaphysische Wolke des Poststrukturalismus eingehüllt,[303] bewegen sich Antonio Negri und Michael Hardt. Negri gilt als Haupttheoretiker der italienischen Autonomen Bewegung und als Philosoph mit marxistischem Ansatz. Innerhalb der Partei DIE LINKE ist es die Strömung der Emanzipatorischen Linken, die sich auf das »Empire« von Negri und Hardt positiv bezieht. Ein – wie der britische Marxist Callinicos erklärt – alles in allem abstruses Werk mit einigen anregenden Gedanken, das zum neuen kommunistischen Manifest hochstilisiert wurde. Sein Verdienst sei es, innerhalb der breiteren Linken weltweit die Imperialismus-Debatte neu entfacht und aus dem Schlummerzustand geweckt zu haben. Linke aus der Dritten Welt lehnen vor allem die von Hardt und Negri vertretene Ansicht ab, dass die Kritik des Imperialismus, wie sie von der marxistischen Theorie lange im 20. Jahrhundert diskutiert wurde, überholt sei.[304] Negri und Hardt behaupten: »Die volle Entfaltung des Weltmarktes ist das Ende des Imperialismus.«[305] Es gebe nur noch ein netzwerkartiges Imperium, an dem alle partizipieren. Länder der Dritten Welt sind dieser These nach Teil dieses Geflechtes, in dem es keine prinzipiellen Unterschiede mehr gibt. Hardt und Negri bestreiten, dass Konflikte zwischen den Imperialisten für den heutigen Kapitalismus noch typisch seien. »Was Konflikt oder Konkurrenz zwischen verschiedenen imperialistischen Mächten zu sein pflegte, ist in wichtigen Aspekten durch die Idee der Einzelmacht ersetzt worden, die alle anderen überdeterminiert, sie einheitlich strukturiert und sie alle unter derselben entschieden postkolonialen und postimperialistischen Rechtsvorstellung abhandelt.«[306]

---

303 Alex Callinicos: Antonio Negri und Michael Hardt, Empire und die Grenze autonomer Theorie und Praxis. In: www.sozialismus-von-unten.de/archiv/text/empire_negri.htm

304 A. a. O., S. 233

305 A. a. O., S. 342

306 Michael Hardt, Antonio Negri: Empire. Die neue Weltordnung. Frankfurt/Main, New York 2003, S. 25

Doch die Realität der Dritten Welt widerspricht dieser Beschreibung eines postkolonialen und postimperialistischen Kapitalismus.[307] Diese wird daher vehement von den meisten Linken in Afrika und Lateinamerika kritisiert und scharf zurückgewiesen. Im Februar 2008 war es der venezolanische Präsident Hugo Chavez, der im venezolanischen Fernsehkanal VTV »Empire« als ein Einfallstor für rechte Politik bezeichnete. Er bezog sich hierbei auf die Positionierung der beiden Autoren gegen die Verteidigung der nationalen Souveränität peripher kapitalistischer Länder.[308] Aber gerade in der Verteidigung der Souveränität des Nationalstaates, den Negri und Hardt als nostalgisch bezeichnen, sehen die Linken und fortschrittlichen Regierungen Lateinamerikas den Garanten für eigenständige Entwicklung. Sie beinhaltet die Auflösung der Abhängigkeitsbeziehungen zum Imperialismus, wodurch eine relativ selbstständige, auf Lateinamerika ausgedehnte Entwicklung vergleichsweise unabhängiger ökonomischer Strukturen in Gang kommen kann.

Stellt die Globalisierung etwas grundsätzlich Neues dar? Sind die Unterschiede zwischen dem Kapitalismus der Metropolen und dem der Peripherie nur noch gradueller Natur in einer kapitalistisch globalisierten Welt? Wirken die grundsätzlichen Rivalitäten zwischen den imperialistischen Mächten fort? Gibt es einen Ultraimperialismus im Kautskyschen Sinne, der die Welt gemeinschaftlich regiert? Es ist Aufgabe der marxistischen Theoretiker heute, die Kritik am Imperialismus wieder aufzunehmen und zu einer zeitgemäßen marxistischen Imperialismus-Theorie weiterzuentwickeln.

Die Haltung der Linken zu den Befreiungsbewegungen

Gegenüber den antikolonialen oder antiimperialistischen Befreiungsbewegungen hat die marxistische Linke zunächst eine prinzipiell solidarische Grundhaltung eingenommen. Nach dem Ende der

---

307 Hardt, Negri, S. 25

308 In: www.aporrea.org/ideologia/a54517.html

Systemkonkurrenz ist diese Haltung durch eine differenziertere Betrachtungsweise abgelöst worden. Der Kampf um Souveränität von Ländern der Dritten Welt wird oftmals nicht wegen, sondern trotz ihrer Führungen unterstützt, angewandte Methoden des Kampfes werden kritisiert oder abgelehnt, weil sie einer emanzipatorischen Politik widersprechen. Teile der Linken in den Metropolen haben in den 60er/70er Jahren des letzten Jahrhunderts ihre eigenen Wünsche nach revolutionären Veränderungen auf die Befreiungsbewegungen projiziert und sie so glorifiziert. Heute ist die Zeit einer gründlichen Analyse gekommen, denn die Befreiungsbewegungen von damals und heute und ihre sehr unterschiedliche Entwicklung sind in ihren Siegen, Niederlagen, ihren Fortschritten und Grenzen, Enttäuschungen und Ermutigungen ein weitgehend noch ungehobener Schatz für die Entwicklung revolutionärer Strategien. Die europäische Linke hat gelernt, dass Befreiungsbewegungen zunächst den Anschluss an die entwickelte kapitalistische Gesellschaft suchen und die industriellen Voraussetzungen für einen künftig denkbaren Sozialismus schaffen müssen. Es war ein verbreiteter Fehler weiter Teile der Linken, den emanzipatorischen Gehalt von Befreiungsbewegungen zu überinterpretieren. Mehr Realismus der Linken hätte dazu führen müssen, strukturelle Probleme innerhalb der Befreiungsbewegungen zu erkennen.

Linke, die aus der kommunistischen Tradition kommen, sollten dazu beitragen, dass z. B. die Bündnispolitik der Sowjetunion, der Kommunistischen Internationale und der Kommunistischen Parteien mit national-bürgerlichen Bewegungen kritisch hinterfragt wird. Der »Realsozialismus« oder besser: Die Menschen in diesen Ländern haben vielen Befreiungsbewegungen mit großem Engagement geholfen. Allerdings entsprach vieles, was mit »proletarischem Internationalismus« begründet wurde, geostrategischen Machtinteressen der Sowjetunion und den Sicherheitsinteressen der VR China. Diese Einschränkungen schmälern nicht den Beitrag der internationalen sozialistischen und kommunistischen Bewegung für die Emanzipation der kolonisierten Völker. Linke müssen ihre Kritikfähigkeit gegenüber Befreiungsbewegungen wie gegenüber der eigenen Bewegung wahren. Gerade weil das in der Vergangenheit oftmals nicht der Fall war, sind sie heute zu doppelter Aufmerksamkeit verpflichtet. In Zeiten der Blockspaltung fiel es Linken schwer auszusprechen, dass Befreiungskriege und -kämpfe auch als »Stellvertreter-Elemente« der Großmächte instrumentalisiert wurden; dass Waffenhandel nicht nur »im Westen« existent war und dass es oft auch um geostrategische Ansprüche und Sicherung von Macht- und Einflusssphären ging – und zwar auf beiden Seiten. Und manche Befreiungsbewegung ist in diesen Auseinandersetzungen zwischen den Hauptprotagonisten der Blöcke zerrieben worden.

Antiimperialistische Bewegungen haben in ihrem Befreiungskampf auch ihrerseits Menschenrechte verletzt. Damit müssen sich Linke auseinandersetzen. Es ist schwer, Menschenrechte zu wahren und zu schützen in einem Kampf, der doch erst die Bedingungen schaffen soll, dass die unterdrückten Völker überhaupt als Menschen wahrgenommen werden und das Recht erhalten, als Menschen zu leben. Die Kolonisierung war Gewalt, war Krieg. Jede lang anhaltende Form von Gewalt und Krieg führt zu Verwüstungen in den Seelen und Verrohungen in den Gesellschaften. Deshalb ist es so wichtig, Menschenrechte und Menschenrechtsverletzungen historisch-konkret zu analysieren und nicht abstrakt. Doch im allgemeinen Bewusstsein in den Metropolen herrscht eine Hierarchisierung der Menschenrechte vor, die vor allem deren unteilbaren Zusammenhang als politische, soziale und kulturelle Rechte auflöst. Ganz oben stehen hier die politischen Rechte, während die sozialen und kulturellen Menschenrechte als weniger wichtig behandelt werden. Es gibt aber keine abstrakten Menschenrechte, sie werden historisch-konkret durchgesetzt – oder auch nicht – in ihrer Unteilbarkeit als politische, soziale und kulturelle Rechte, und zwar überall auf der Welt, in den Metropolen ebenso wie in der Dritten Welt oder den Schwellenländern. Zugleich unterstellt diese Hierarchisierung stillschweigend, der Westen sei der Hort der politischen Menschenrechte.

Die von Teilen der Linken formulierte Kritik, dass antiimperialistische Bewegungen im Verlauf ihres Befreiungskampfes gegen die Menschenrechte verstießen und verstoßen, ist richtig. Sie verkennt aber zweierlei: erstens die objektive Langwierigkeit des historischen Prozesses, in dessen Verlauf erst Befreiungsbewegungen den Menschenrechten zum Durchbruch verhelfen können, sowie die Übermacht der (noch) Herrschenden, die diesen Prozess zu verhindern versuchen; zweitens die verborgene Funktion der Hierarchisierung der Menschenrechte, die auf die Delegitimierung der antiimperialistischen, sozialen Befreiungsbewegung abzielt. Die Instrumentalisierung der Menschenrechte gegen die Befreiungsbewegungen ist zugleich mit der Reduzierung dieser Rechte auf die politische Sphäre verbunden. Die Linke darf sich nicht auf eine Position begeben, wonach der Zweck die Mittel heiligt. Aber sie muss sich auch davor hüten, in der Frage der Menschenrechte mit zweierlei Maß zu messen. Die Linke sollte sich dessen bewusst sein, dass die Herausbildung der Menschenrechte in Europa mit dem historischen Prozess der Entwicklung der Produktivkräfte und dem damit verbundenen sozialen und demokratischen Fortschritt verknüpft war. Dieser Prozess war ohne die Gewalt der bürgerlichen Revolutionen, ohne koloniale Raubzüge und ohne die Missachtung von Menschenrechten undenkbar. Aus diesem Zusammenhang resultiert die Aufgabe, entsprechende emanzipative Entwicklungsprozesse in den Drittwelt-Ländern zu unterstützen.

Zu den Prinzipien linker Politik gehört neben der Ablehnung von Krieg und Neoliberalismus die grundsätzliche Verurteilung einer jeden Form von Neokolonialismus, militärischer Besetzung von Ländern und/oder die Beherrschung ihrer Rohstoffe. Neokolonialismus ist nach wie vor die gängige Praxis westlicher Politik gegenüber der Dritten Welt, auch wenn er sich heute hinter der Leerformel der Globalisierung verbirgt. Da es nach wie vor eine imperialistische Dominanz gibt, die heute hegemonial von den USA – und zunehmend von der Europäischen Union – ausgeübt wird und die sich brutal gegen rohstoffreiche Länder der Dritten Welt und geopolitisch interessante Zonen manifestiert, bedarf es einer besonderen Solidarität der linken Bewegungen in den Industrieländern mit jenen Bewegungen, die ihre nationale Souveränität verteidigen wollen. Es geht nicht um Ideologie, sondern um internationalen Druck zur Beseitigung illegitimer Verhältnisse, damit interne Kräfte den Freiraum für eine Politik bekommen, die ihren Ansprüchen auf nationale Souveränität gegenüber den imperialen Mächten zur Geltung verhilft.[309] Häufig hat die weltweite Solidarität der Linken mit den nationalen Befreiungsbewegungen zu deren Weiterentwicklung beigetragen. Die PLO ist ein gutes Beispiel dafür. Ohne den internationalen Diskurs hätte die PLO ihre antijüdischen Positionen schwerer überwunden.

Für Linke gilt das Völkerrecht, so ergänzungsbedürftig es auch noch sein mag, in dem das Recht auf Widerstand gegen jede Form von Unterdrückung festgeschrieben ist. Menschen- und Völkerrechte legitimieren Widerstand. Israel hat diese Rechte stets für sich reklamiert, die gleichen Rechte für die Palästinenser aber nicht akzeptiert. UNO-Resolutionen, die auf dem gleichen Recht für alle basieren, sind meistens für Israel ohne Bedeutung gewesen. Doch mit den Rechten, die man für sich in Anspruch nimmt, geht man die Verpflichtung ihrer allgemeinen Gültigkeit ein, auch für den Gegner. So darf etwa die Zivilbevölkerung in bewaffneten Konflikten von keiner Seite als Geisel genommen werden. Die machiavellistische Haltung der USA, wonach im Kampf gegen »den Kommunismus« der Feind meines Feindes mein Verbündeter ist, hat schon in Afghanistan dazu geführt, dass die Taliban u. a. von den USA und Pakistan hochgerüstet wurden und die USA nun »die Geister, die sie riefen«, nicht mehr loswerden.

Linke Kritik an einer israelischen Regierungspolitik, die sich über Menschen- und Völkerrechte sowie über UNO-Resolutionen hinwegsetzt, ist legitim und notwendig für einen Friedensprozess im Nahen Osten. Linke müssen sie aber auch um ihrer selbst willen üben als Rückversicherung und Nachweis, dass sie Menschen- und Völkerrechte zur Basis ihrer Politik gemacht haben. Ihre Kritik ist zudem Ausdruck einer unbequemen, aber tiefen Solidarität mit dem israelischen und dem palästinensischen Volk. Unbequem deshalb, weil sie Angriffe aus Teilen der linken Bewegungen, der offiziellen deutschen Regierungspolitik und von rechtszionistischen Positionen auf sich zieht.

---

309 Walden Bello: Irak und das globale Gleichgewicht. In: Christine Buchholz, Katja Kipping (Hg.): Gipfel der Ungerechtigkeit. Hamburg 2006, S. 38

Die falschen Freunde Israels

Ein Beispiel hierfür findet sich in einem Streitgespräch in der Zeitschrift »konkret«. Thomas Ebermann[310] diffamierte kritische Positionen von Politikern der LINKEN zur offiziellen israelischen Politik als antisemitisch: »Es gibt für mich keinen Grund, nicht Worte der Wertschätzung zu finden für Leute in der Partei (die LINKE, d. Verf.), die den Antisemitismus von Gehrcke und Paech und Lafontaine thematisieren.« Angriffe wie dieser sind verlogen und verletzend. Schlimmer noch: Sie verhindern jede politische Auseinandersetzung, weil Antisemitismus indiskutabel ist. Sie haben die Funktion, die Kritiker Israels »mundtot zu machen«, meint Michael Bodemann, Soziologe an der Universität Toronto. Seine Einschätzung fasst die Jüdische Zeitung[311] in einem Beitrag über die gerichtliche Auseinandersetzung zwischen Henryk M. Broder und Evelyn Hecht-Galinski zusammen und zitiert: »Viele Juden wie Nichtjuden würden sich hüten, dieses Verdikt (des Antisemitismus, d. Verf.) auf sich zu ziehen.« Hecht-Galinski sei eine Ausnahme. »Auch wer nicht ihrer Meinung ist«, so führt Bodemann aus, »muss anerkennen, dass sie den Mut aufbringt, in diesem überängstlichen, feigen Milieu die israelische Politik zu kritisieren.«

Deutschen Wissenschaftlern, die sich »von den gewalttätigen Aspekten der israelischen Politik« gleichermaßen wie vom »militärischen Vorgehen eines Teils der Palästinenser und der libanesischen Hisbullah« distanzierten, warf Micha Brumlik nicht Antisemitismus, sondern »neudeutschen Verantwortungsimperialismus« vor. Die Betreffenden hatten in ihrem »Manifest der 25«[312] den Versuch unternommen, den Inhalt der stets beschworenen »besonderen Beziehungen« Deutschlands zu Israel kritisch zu hinterfragen. Sie leiteten aus der deutschen Verantwortung für den Holocaust nicht

---

310 Streitgespräch zwischen Thomas Ebermann und Georg Fülberth über Wesen und Potential der Partei aus PDS und WASG. In: Konkret, zit. nach Linkezeitung.de – Die Linkspartei – Rechtspartei?

311 Jüdische Zeitung, Nr. 10, Oktober 2008

312 Frankfurter Rundschau vom 15.11.2006

nur Verantwortung für Israel, sondern auch für Palästina her. Brumlik warf den Autoren »unzureichende historische Kenntnisse« vor, die die Basis dieser »Form von neudeutschem Verantwortungsimperialismus« bildeten – eine »moralische Bagdadbahn«. Den Vorwurf des Verantwortungsimperialismus verband er mit der Vernichtungspolitik der Nazis: »Übrigens: 1942 war Deutschland schon einmal dabei, seiner ›Garantenpflicht‹ gegenüber den Palästinensern gerecht zu werden, und hatte daher alles dafür vorbereitet, nach einem Sieg über die Briten Palästina von den Juden zu befreien – die Gaswagenkommandos standen in Athen schon bereit.«[313]

Die Gleichsetzung einer kritischen Haltung gegenüber der israelischen Regierungspolitik mit Antizionismus und Antisemitismus wird auch von der sich als »Antideutsche« bezeichnenden Strömung vertreten, die aus der Linken hervorgegangen ist. Ein kleiner Ableger dieser Richtung hat sich nun auch innerhalb der Partei Die Linke etabliert – der Bundesarbeitskreis (BAK) Shalom. Er hat sich zum Ziel gesetzt, jene linke Politik öffentlich zu »entlarven« und zu bekämpfen, die aus einem »obsoleten Antiimperialismus, der durch manichäisches Denken gekennzeichnet ist«, resultiere und der »häufig reaktionäre Regime verteidigt, statt diese zu kritisieren«. Dieser Antiimperialismus habe den »Hass auf die Vereinigten Staaten von Amerika« als Kernstück und: »Im schlimmsten Fall wird die vermeintliche jüdische Dominanz angeprangert. Dies ist die offene Flanke hin zum Antisemitismus.«[314] Bevorzugte Ziele von BAK Shalom sind Abgeordnete der Linken, die Kritik an israelischer Aggressionspolitik nicht als Widerspruch zu ihrer Solidarität mit dem israelischen Volk verstehen. In einer Auseinandersetzung mit dem Abgeordneten Norman Paech warf BAK Shalom ihm in einer Pressemitteilung vom 30.04.08 die »ungehemmte Verbrüderung mit der terroristischen Hamas und antizionistische Ressentiments« vor. Er sei als außenpolitischer Sprecher der Fraktion DIE LINKE im Bundestag »untragbar« geworden.

---

313   Micha Brumlik, Wie der Bau der Bagdadbahn. In: Frankfurter Rundschau vom 07.02.2007

314   Grundsatzerklärung des BAK Shalom

Mit der Haltung der Antideutschen, die in der Israel-Frage mit der von BAK Shalom übereinstimmt, hat sich Moshe Zuckermann ergrimmt auseinander gesetzt. Er bezeichnete die Antideutschen als »im besten Fall gutwillige Ignoranten, im großen Ganzen aber doch eher Gesinnungsschmarotzer«, die glauben, ihre nationalen Identitätsprobleme »durch eine überspannte ›Israel-Solidarität‹, abstruses Schwenken von Israel-Fahnen und sonstiges ideologisches Getue, das durch ein falsch verstandenes Niewieder-Deutschland über ›Israel‹ an den ›Juden‹ etwas historisch ›wiedergutzumachen‹ vermeint, überwinden zu können«. Sie kanalisierten ihre Befindlichkeitsdefizite in eine »letztlich regressive politische Reaktion, ohne sich bewusst zu werden, dass sie durch die Ersetzung des Antisemitismus durch Islamophobie gerade das Andenken jener missbrauchen und kontaminieren, in deren Namen sie meinen, sprechen zu dürfen«.[315]

BAK Shalom wendet sich in seiner Grundsatzerklärung gegen Antisemitismus, Antiamerikanismus und regressiven Antikapitalismus. Er distanziert sich scharf von den fortschrittlichen Bewegungen in der Dritten Welt, insbesondere der Linken in Lateinamerika. Ebenso die Antideutschen; für sie steht nicht nur das Verhältnis der Linken zum Staat Israel zur Diskussion, sondern auch prinzipiell die Frage nach dem Verhältnis der Linken zu Antiimperialismus und nationalen Befreiungsbewegungen. Viele Antideutsche halten den Krieg der USA gegen Vietnam für gerechtfertigt; ebenso den Irak-Krieg und sie fordern auch einen militärischen Angriff auf den Iran, um Israel zu verteidigen.

Unter den Zerfallsprodukten der radikalen linken Szene in Deutschland, so der Publizist Robert Kurz, gehört die antideutsche Strömung zu den unangenehmsten.[316] Dieser Teil der ehemals radikalen Linken und der antifaschistischen Szene führt nach Auffassung von Kurz einen Diskurs, der angesichts der verschärften globalen Krise die radikale Kapitalismuskritik nicht zeitgemäß verändert, sondern »liquidiert«

---

315 Zuckermann, a. a. O.
316 Robert Kurz: Die antideutsche Ideologie. Vom Antifaschismus zum Krisenimperialismus. Münster 2003

habe. Nach dem 11. September und dem Irak-Krieg wurde die Krieg befürwortende Haltung der Antideutschen offensichtlich.[317] Ihre Kritik an der Linken mündete »in die Affirmation kapitalistischer Vernunft und Zivilisation, die nichts anderes darstellt als den Interessenstandpunkt des männlich-weißen westlichen Metropolensubjekts...«.[318]

Die antideutsche Ideologie fußt auf wenigen Grundannahmen.

These Nr. 1 ist, dass der Nationalsozialismus und seine in Auschwitz entfesselte Unmenschlichkeit ein Verbrechen ist, das nur in Deutschland und von Deutschen begangen werden konnte, weil dies im völkischen Charakter der Deutschen begründet sei.[319] Der liberale Kapitalismus US-amerikanischen, angelsächsischen Zuschnitts beinhalte hingegen das Versprechen von Demokratie und Freiheit. Deutschland hingegen kenne nur die Volksgemeinschaft, die sich auf Blut und Ressentiments gründe. Somit werden die USA für die Antideutschen zum »Zivilisationsgaranten«.[320] Dem deutschen völkischen Charakter verwandt seien die Araber und andere islamisch geprägte Nationen, die voll von Ressentiments gegen die Moderne und die sie hervorbringenden individuellen Freiheiten seien.[321] »So verschwindet durch diese Gleichsetzung die Geschichte der Kolonisierung und Abhängigkeit vollständig aus der (antideutschen, d. Verf.) Reflexion.«[322] »Die Antideutschen haben von den Neocons der USA den neuen kolonialen Blick des Krisenimperialismus übernommen.«[323]

Daraus folgt These Nr. 2 der Antideutschen: Antiamerikanismus und der damit verbundene Antisemitismus sind konstitutive Momente der deutschen Ideologie. Es gelte, »die Vernunft der Moderne gegen das drohende deutsche Unwesen zu verteidigen«.[324]

---

317   A.a.O., S. 10
318   A.a.O., S. 9
319   A.a.O., S. 30
320   A.a.O., S. 129
321   A.a.O., S.189
322   Ebd.
323   A.a.O., S. 190
324   A.a.O., S. 28

Da Deutschland »stets auf dem Sprung sei, erneut über die Welt herzufallen«[325], kommen die Antideutschen schließlich zu der Schlussfolgerung: Wer sich gegen deutsch-volkstümelnde, antiamerikanische und antisemitische Ressentiments wenden und für Emanzipation und Befreiung einsetzen wolle, der müsse vor allem gegen Deutschland sein. Es sei ein Ausdruck von Vernunft, ein positives Verhältnis zu Amerika und zu Israel zu haben. Die »real existierende Zivilisation soll gegen ihre barbarischen Anwandlungen ... um jeden Preis über die Runden gebracht werden, und zwar mit imperialer (heute von der US-Militärmaschine entliehener) Gewaltsamkeit...«.[326] Israel sei deshalb besonders zu verteidigen, weil es letzte Zuflucht für die vom Antisemitismus Verfolgten sei, und beide – die USA und Israel – setzten der deutschen Machtentfaltung Grenzen.

Es wird aber keine Emanzipation geben ohne das Recht der Unterdrückten des Südens, ihren Weg in die Zukunft ihrer Gesellschaften selbst zu bestimmen. Sie haben das Recht auf Rebellion und Widerstand gegen das imperialistische Diktat der reichen Nationen des Nordens. Die antideutsche Strömung negiert dies. Ihr Konzept des zivilisatorischen Kapitalismus kann, zu Ende gedacht, dazu führen, im Namen des angeblich humanen angelsächsischen Kapitalismus Kriege zu rechtfertigen.

---

325 Ebd.
326 A.a.O., S. 43

IX. Der Weg zum Frieden und Aufgaben der Linken

Die furchtbaren Bilder des Gaza-Krieges sind noch frisch im Gedächtnis: 1.314 Tote, darunter 416 Kinder; 5.320 Menschen wurden verletzt, auch unter ihnen wieder eine große Zahl von Kindern. Das sind Zahlen von Ende Januar 2009; ob sie korrekt sind, ist nicht sicher. Gaza ist verwüstet, seine Infrastruktur weitgehend zerstört. Die beiden Kriegsparteien triumphieren: Beide erklären sich töricht zu Siegern. Doch dieser Krieg hat keine Sieger. Er hat nur Verlierer.

Dass die israelische Militärmaschinerie allen palästinensischen bewaffneten Formationen überlegen ist, ist nicht neu. Dass sie in dem am dichtesten besiedelten Gebiet der Welt eingesetzt wurde, Furcht und Entsetzen verbreitete, war zynisch einkalkuliert. Die israelische Militärführung hatte eingeplant, die Angst der Bevölkerung von Gaza als Waffe gegen die Hamas einzusetzen, um diese wenn nicht zu stürzen, dann wenigstens zu schwächen. Doch Furcht und Schrecken schlagen nur allzu rasch in Hass um. Hass zu überwinden, wird viel länger dauern, als es braucht, um die schlimmen materiellen Zerstörungen des Krieges zu beseitigen. Der Gaza-Krieg hat »für die 5,5 Millionen Juden, die in Israel und in den seit 1967 besetzten Gebieten leben«, keine Sicherheit gebracht, so der britisch-jüdische Historiker Eric Hobsbawm. Die Sicherheit der jüdischen Bevölkerung »wird durch militärische Aktionen gefährdet, die israelische Regierungen in Gaza und Libanon unternehmen. Solche Aktionen zeigen deren

Unfähigkeit, die erklärten Ziele zu erreichen, und verewigen und intensivieren Israels Isolation im feindlichen Nahen Osten.«[327]

Die Raketenangriffe der Hamas auf israelisches Staatsgebiet haben das palästinensische Volk keinen Schritt in Richtung auf einen eigenen Staat voran gebracht, noch nicht einmal die Öffnung der Grenzen zum Gaza-Streifen bewirkt, sondern die Hardliner in Israel und in der Hamas gestärkt und in Teilen der Welt den Vorbehalt genährt: »Mit denen kann man nicht.«

Die UNO muss aus dem Abseits heraustreten

Der Schlüssel bleibt die Autorität des Weltsicherheitsrates, der die Konditionen für die Lösung verhandeln und festlegen muss. Nur er kann Israel auferlegen, seine Pflichten als Besatzermacht zu erfüllen, und zumindest vorübergehend eine zivile palästinensische Verwaltung einsetzen. Der Weltsicherheitsrat muss dem Völkerrecht Geltung verschaffen. Neben der israelischen Siedlungspolitik bleibt als größte Hürde für eine Konfliktlösung der Umgang mit der Hamas, die als Regierung des Autonomie-Gebietes gewählt wurde. Die deutsche Position und die der EU sind doppelbödig. Alle wissen, dass die Hamas die reale Macht zumindest im Gaza-Streifen ist, vermutlich auch auf der Westbank. Hinter Präsident Abbas steht derzeit nicht viel. Die Bundesregierung ist der Auffassung, es sei die Aufgabe der »moderaten« arabischen Regierungen, in Gespräche mit der Hamas einzutreten. Sie selbst und die EU ziehen sich darauf zurück, Gespräche mit der Hamas nur dann zu führen, wenn sie auf Gewalt verzichtet und Israel anerkennt. Diese Forderungen sind als Ziele von Verhandlungen vernünftig, als Vorbedingung aber völlig kontraproduktiv. Da ist Frankreich einen Schritt weiter, das schon mit der

---

327 Eric Hobsbawm: Schlecht für die Juden. Der Krieg gegen Gaza hat die Zukunftsaussichten Israels verschlechtert und befördert den Antisemitismus in der Welt. In: Junge Welt, 03.02.2009 sowie in: Eric Hobsbawm: Zwischenwelten und Übergangszeiten – Interventionen und Wortmeldungen. Köln 2009, S. 228 f.

Hamas spricht. Die einseitige Politik pro Israel hat die Bedeutung Deutschlands für die Lösung des Konflikts verringert.

Was tun? So lange sich keine Seite bewegt, ist zu befürchten, dass die alten Fehler wiederholt und neue Kriege vorbereitet werden. An realistischen Handlungsvarianten gibt es nicht viele; mehr unsympathische als sympathische.

Variante 1: Israel behält die Grenzen von 1976 bei, baut weiter Siedlungen bzw. festigt die großen Siedlungsblocks und Kontrollposten, setzt seine Angriffe auf palästinensisches Gebiet fort. Ost-Jerusalem wird von der Westbank abgeschnitten. Alle UNO-Resolutionen werden negiert, ein lebensfähiger Staat Palästina kommt nicht zustande, ebenso keine palästinensische Einheitsregierung. Das kann Israel lange durchhalten, aber nur um den Preis neuer Kriege, zunehmender politischer Isolierung und wachsender Wirtschaftsprobleme. Die palästinensischen Gebiete müssten von außen am Leben erhalten werden.

Variante 2: Israel versucht, wesentliche palästinensische Gebiete loszuwerden: Gaza an Ägypten, die Westbank an Jordanien. Diese Einigung könnte nur über den Kopf der Palästinenser hinweg getroffen werden. – Eine Variante ohne Chancen, denn kein arabischer Staat kann zur Zeit einer solchen Lösung zustimmen, auch weil sie die eigene Stabilität in Frage stellt.

Variante 3: Als Besatzungsmacht trägt Israel die vollständige Verantwortung für die besetzten Gebiete. Die palästinensischen Autoritäten könnten im Westjordanland und im Gaza-Streifen ihre Arbeit einstellen, allein Israel wäre für das Leben und Überleben der Palästinenser verantwortlich. Chaos wäre die Folge, auf keinen Fall aber Stabilität.

Variante 4 ist der Weg, der eingeschlagen werden müsste: Der Weg zur Zwei-Staaten-Lösung. Ein konkreter Plan in Form der Genfer Initiative (siehe S. 262f.) liegt vor. Sie beschreibt jeden konkreten Schritt, der nötig ist. Die politische Mehrheit in Israel und Palästina weiß im Kern, dass die politische Lösung so oder so ähnlich, wie dort beschrieben, aussehen muss. Doch wer wird dies verhandeln?

Direkte Gespräche zwischen Israel und Palästina sind seit Oslo desavouiert und seit dem Gaza-Krieg noch schwieriger geworden. Der Oslo-Prozess ist nicht reaktivierbar und die Ergebnisse der Annapolis-Konferenz haben nie gegriffen. Das Nahost-Quartett hat sich durch Untätigkeit blamiert. Bleibt nur, dass die fünf ständigen Mitglieder des Weltsicherheitsrats der UNO ihre Zuständigkeit und Verantwortung wahrnehmen, das durchzusetzen, was sie selbst beschlossen haben. Ob das möglich wird, hängt wesentlich von einer Neuorientierung der Nahostpolitik der USA ab.

Warum sollte der Weltsicherheitsrat auf der Basis des Völkerrechts nicht durchsetzen, was er im Kosovo gegen das Völkerrecht toleriert hat: Die Gründung des Staates Palästina. Diesen Weg hat der UNO-Beschluss von 1947 gewiesen: Die »Teilung Palästinas in zwei separate Staaten« – Israel und Palästina. Der eine Staat wurde Realität, der andere Staat steht noch aus. Nur wenn in Umsetzung des UNO-Beschlusses zwei Völkerrechtssubjekte entstehen, wird der Weg zur Annäherung frei. Nur über eine Trennung mit allen Konsequenzen: Unabhängigkeit, staatliche Souveränität, wirtschaftliche Lebensfähigkeit usw. wird eine Annäherung möglich, so paradox sich diese These im ersten Moment anhören mag. Der Weg zur Annäherung führt über die Trennung.

Welche Schlussfolgerungen ergeben sich daraus für die Lösung des Nahost-Konfliktes?

Zuallererst eine scheinbar einfache: Wer mehr hat, muss mehr geben. Das ist Israel im Verhältnis zu Palästina. Israel ist die stärkste Militärmacht der Region. Israel verfügt über eine entwickelte Infrastruktur, eine starke Ökonomie, über Wasserressourcen und Häfen. Israel hat entwickelte politische Strukturen und ein demokratisch gewähltes Parlament. Es hat mächtige Verbündete wie die USA, Frankreich, Großbritannien, Deutschland und vieles mehr. Weil Israel so stark ist, wäre es sinnvoll und Erfolg verheißend gewesen, wenn es zum Motor eines Friedensprozesses geworden wäre.

Auf der anderen Seite ist die Lage der Palästinenserinnen und Palästinenser heute verzweifelter denn je: sozial katastrophal, wirtschaftlich zerrüttet, Westjordanland und Gaza getrennt, die

Westbank durch israelische Siedlungen zerstückelt, abgeriegelt und militärisch kontrolliert. Mehr als 600 israelische Kontrollposten machen eine freie Bewegung im Lande unmöglich. Die Abriegelung des Gazastreifens führt zu einer humanitären Katastrophe. Die Palästinenserinnen und Palästinenser wussten immer, dass die Solidarität der arabischen Länder nie wirklich überzeugend war. Sie wussten, dass Machtinteressen eine erhebliche Rolle spielen, dass den palästinensischen Flüchtlingen auch in arabischen Ländern mit Vorbehalten begegnet wird. Die Tragik der innerpalästinensischen Kämpfe und Spaltungen bis an die Grenze des Bürgerkrieges hat die Situation weitgehend unbeherrschbar gemacht.

Alle Friedensverhandlungen haben bisher in die Sackgasse geführt. Das Gefühl der Demütigung und der Ohnmacht dominiert im Bewusstsein der palästinensischen Bevölkerung. Rechtlosigkeit, Gewalt und Radikalisierung nehmen zu. Kaum jemand glaubt mehr an einen eigenen Staat, geschweige denn an einen gerechten Frieden. Was bleibt, ist ein trotziger Selbstbehauptungswille. Mustafa Barghouti, einer der bekanntesten palästinensischen Aktivisten, hat das so ausgedrückt: »Wir lebten vor 3.000 Jahren in diesem Land, was macht da eine Etappe von 100 Jahren, wo wir nicht über dieses Land verfügen.« Eine Denkweise übrigens, die sinngemäß auch in Israel häufig anzutreffen ist.

Israel muss den Frieden, muss einen lebensfähigen Staat der Palästinenser wollen und dieses Wollen ausstrahlen. Ohne Veränderungen läuft Israel Gefahr, sich selbst zu verlieren.

Warum Israel den Frieden braucht – die postzionistische Perspektive

Im November des Jahres 2008 ereignete sich in Tel Aviv etwas Bemerkenswertes. Bei der Bürgermeisterwahl kam Dov Khenin, der Herausforderer des amtierenden Bürgermeisters, auf 35 Prozent der abgegebenen Stimmen. Khenin war der Kandidat eines alternativen politischen Bündnisses: »Ir le kulanu«, »Stadt für alle«. Bemerkenswert war dieses Ergebnis in mehrfacher Hinsicht. Erstens weil ein wenig bekannter Kandidat ohne bedeutendes Wahlkampfbudget mit dem Sprung von 0 auf 35 den amtierenden Amtsinhaber deplatzierte. Dieser Kandidat war nicht aus dem politischen zionistischen Establishment hervorgegangen, sondern repräsentierte ein Bündnis aus Linksalternativen, linken Zionisten, arabischen und jüdischen Kommunisten, religiösen sephardischen Juden sowie arabischen Bewohnern der Altstadt von Jaffa. Bemerkenswert war vor allem der Kandidat: Dov Khenin – und das kommt einer wahrhaft kulturellen Revolution gleich – ist der einzige jüdische Kommunist in der Knesset. Obwohl die Presse in einer außergewöhnlichen medialen Kampagne gegen ihn anschrieb, ihn diffamierte als Kommunisten, Antizionisten, vaterlandslosen Gesellen, der sich weigert, beim Abspielen der Nationalhymne aufzustehen, lief ihm in großen Scharen die Jugend zu. Die 35 Prozent für Dov Khenin in Tel Aviv kündigen seismographisch einen Gezeitenwechsel in Israel an. Khenins wesentliche Basis ist eine Jugend, die sich zwar nicht als antizionistisch bezeichnet, deren Werte sich aber schon weit vom Zionismus entfernt haben. Nicht weil der Zionismus historisch widerlegt sei, sondern weil er seine politische Funktion, eine jüdische Staatsbildung, erfüllt hat. »Der große Vorteil des Zionismus war, dass er die Juden dazu führte, eine Nation zu sein wie jede andere auch«, so Hannah Arendt.[328] Eine postzionistische Phase Israels wird alle Seiten des Zionismus zu würdigen wissen. Aber es muss, wie Ury Avnery ausführt, »die israelische Öffentlichkeit auch darüber informiert werden, dass bei all den schönen und positiven Seiten des zionistischen Unternehmens dem palästinensischen Volk ein furchtbares Unrecht angetan wurde. Dieses Unrecht, das seinen Höhepunkt während der Naqba erreichte, verpflichtet uns, Verantwortung zu übernehmen und den Schaden wieder gutzumachen, so gut dies irgend wie möglich ist«.[329] Diese Auseinandersetzung hat in der israelischen Gesellschaft schon begonnen.

---

328 Arendt, S. 380
329 Uri Avnery: Ein Leben für den Frieden. Klartext über Israel und Palästina. Heidelberg 2003, S. 38

Israelischer Fundamentalismus

Der Gang der Entwicklung brachte einen Staat Israel hervor, der zwar hinsichtlich der Bevölkerungszahl den arabischen Staaten völlig unterlegen ist, der aber wesentlich kompakter und moderner ist und somit über ein gesellschaftliches, technisches und ökonomisches Potenzial verfügt, das dem Ensemble der arabischen Staaten weit überlegen ist. Auch hatte Israel auf dem internationalen Parkett diplomatisch die Oberhand sowie die Lufthoheit in der veröffentlichten Weltmeinung, zumindest in den Metropolen. Vor diesem Hintergrund hielt sich die Führungsspitze des neu entstandenen Staates für stark genug, »nicht nur die Interessen und die Sicherheit des jüdischen Staates gewährleisten, sondern auch Einfluss auf die politischen und wirtschaftlichen Entwicklungen in der arabischen Welt nehmen zu können. Vor der Unabhängigkeitserklärung und in der Zeit unmittelbar danach sah sie im Jishuv fast so etwas wie eine Miniatur-Supermacht, die imstande war, der politischen Entwicklung im Nahen Osten ihren Stempel aufzudrücken.«[330]

Aber nur durch eine Integration als gleichberechtigter Partner in der Region kann Israel mittel- und langfristig Akzeptanz finden. Ein formaler Friedensschluss und die Integration in den nahöstlichen Raum würden wiederum dem Prozess einer Normalisierung der israelischen Gesellschaft im Sinne einer demokratischen, zivilgesellschaftlichen Entwicklung großen Auftrieb geben und die Entwicklung der Gesellschaft im positiven postzionistischen Sinne befördern.

Warum im positiven Sinne? Weil es auch einen negativen, rechten, fundamentalistisch inspirierten Postzionismus gibt. Er entwickelt sich um die jüdisch religiösen, fundamentalistischen Kräfte der Siedlerbewegung, das Spiegelbild zum islamischen Fundamentalismus, die den jüdischen Gottesstaat anstreben. Dieser nationalreligiöse Postzionismus würde alle Bemühungen um die Weiterentwicklung Israels zu einem laizistischen modernen Staat zunichte machen. Er wäre eine große Gefahr für den Frieden – und diese Gefahr wird mit zu-

---

330 Flapan, S. 184

nehmender Besorgnis wahrgenommen. So druckte die »Jüdische Allgemeine«[331] unter der Überschrift »Totalitäre Bewegung. Warum Israels Demokratie mit aller Kraft der Gewalt jüdischer Siedler Einhalt gebieten muss« einen Beitrag von Sylke Tempel ab, der sich mit den späten Erkenntnissen des scheidenden Premierministers Olmert auseinandersetzt. »Olmerts Vergleich« – er hatte die »Ausschreitungen während der Räumung eines von jüdischen Siedlern besetzten Hauses in Hebron« als Pogrom bezeichnet – »wirkt auch deshalb so tragisch verspätet, weil Israels Mehrheit sich schon lange einer traurigen Wahrheit hätte stellen müssen ... unter den Augen der Öffentlichkeit (ist) eine gefährliche, totalitäre Minderheit radikaler Siedler entstanden. Jeder demographischen Realität zum Trotz versucht sie weiter, das Westjordanland zu kolonisieren und möglichst viele Außenposten zu errichten. Ein Friedensabkommen mit den Palästinensern und eine Räumung der Siedlungen bekämpft sie mit allen Mitteln. Der Mehrheitswille gilt ihr nicht.« Diese »totalitäre Bewegung« sei Produkt von 40 Jahren großzügiger Subventionspolitik für die »neuen zionistischen Pioniere«, die geschützt vom Militär in einem »faktisch rechtsfreien Raum« willkürlich schalten und walten konnten. Diese Siedler verstießen gegen »eines der am häufigsten in der Thora genannten Gebote: »Du sollst den Fremdling nicht bedrücken, denn du warst selbst ein Fremdling in Ägypten.«[332]

Kern der Siedler-Politik ist Groß-Israel. »Für die religiösen Fundamentalisten gilt alles das nicht, was um den Nationalstaat sich an innergesellschaftlicher und außenpolitischer Rationalität entwickelt hat. An die Stelle des demokratisch-souveränen Volkes tritt die nicht mehr diskutierbare Souveränität Gottes, an die Stelle eines von seinen Nachbarn anerkannten Territoriums das heilige Land«, so Micha Brumlik.[333]

Der heute in Israel stattfindende Diskurs wird sowohl von rechts als auch von links mit einem gesellschaftlichen Entwurf geführt, der

---

331 Sylke Tempel, in: Jüdische Allgemeine vom 11.12.2008
332 Ebd.
333 Micha Brumlik: Kritik des Zionismus. Hamburg 2007, S. 156

auf eine Aufhebung des Zionismus hinausläuft. Für die laizistischen Kräfte geht es um die Zivilisierung der Gesellschaft, für die orthodox jüdischen Fundamentalisten um die Beseitigung des Zionismus als Projekt der nationalen Staatenbildung. Postzionismus ist im heutigen Israel mehr als eine kulturelle Befindlichkeit. Er beginnt, sich politisch zu formieren: in der Bewegung der Ultrareligiösen einerseits und in der abnehmenden Bindung der aufgeklärten, laizistischen Teile der israelischen Bevölkerung an die traditionellen Parteien andererseits – siehe den Erfolg von »Ir le Kulanu«.

1977 siegte Menachem Begin bei der Knessetwahl. Dies kündigte eine Rechtsentwicklung Israels an und den schleichenden Verfall der zionistischen Sozialdemokratie. Der Sieg der Arbeitspartei von 1992, der Rabin an die Schalthebel der Politik brachte, widerspricht nicht der These von der strukturellen Rechtsentwicklung der israelischen Gesellschaft. Rabins Sieg war hauchdünn und fast ein Betriebsunfall, der darauf zurückzuführen war, dass die Rechtsradikale Ha-Tchia-Partei, die ansonsten immer Koalitionspartner des Likud war, an der 1,5 Prozent Klausel scheiterte. Dieser knappe Sieg der Arbeitspartei, der dem »Friedenslager« in der Knesset eine Mehrheit von einer Stimme bescherte »sollte aber ... (dennoch) ... zu einer radikalen Wandlung in der Innen- und Friedenspolitik Israels führen«.[334] Es ging Rabin um einen Friedensprozess, der Israel eine friedliche Koexistenz mit den Palästinensern versprach und der israelischen Politik das Tor zur arabischen Welt öffnen sollte.[335] Eine große wirtschaftliche Perspektive Israels in Nahost mit fernöstlichem Niveau wurde durch die neue israelische Diplomatie eröffnet. Die Weiterentwicklung des Dialogs mit der PLO und die damit erzielten Abkommen führten dazu, dass sich die israelische Regierung zunehmend bereit zeigte, der Gründung eines palästinensischen Staates zuzustimmen. Dagegen lief die israelische Rechte Sturm und sie erzeugte ein Klima, das zur Ermordung von Jitzhak Rabin durch einen rechtextremen Fanatiker führte.

---

334 Moshe Zimmermann: Wende in Israel. Zwischen Nation und Religion. Berlin 1996, S. 32

335 A. a. O., S. 36

Seit 1989 ordnet sich die Welt neu. Das Ende des Kalten Krieges sowie die einschneidenden »kulturellen Veränderungen«, die die vier Jahre Regierung Rabin-Peres in Hinblick auf die Beziehungen zu arabischen Nachbarstaaten und den Palästinensern hervorbrachten, führten in Israel zu einer Neubewertung der eigenen Geschichte. Die »neuen Historiker« haben in Israel eine Revision der bisherigen historischen Perspektiven und somit auch der historischen Rechtfertigung des Staates Israel und seiner Politik in Angriff genommen.[336] Und genau diese Revision ist notwendig, um ein neues gesellschaftliches Klima zu erzeugen, in dem sich eine Friedenspolitik herausbilden kann – auf Basis der Erkenntnis, dass Israel Fehler gemacht hat und dass der Stärkere größere Verantwortung in gesellschaftlichen Prozessen trägt.

Auseinandersetzung mit Mythen

Heute gewinnen die Stimmen von israelischen Wissenschaftlern, Publizisten und Friedensaktivisten an Gewicht, die sich kritisch mit den zionistischen Mythen der Staatswerdung und mit der Tatsache auseinandersetzen, dass der Staat Israel zu Lasten des palästinensischen Volkes ging. Zu ihnen gehört zum Beispiel der bereits zitierte Historiker Tom Segev mit seinen beiden Büchern »Es war einmal ein Palästina. Juden und Araber vor der Staatsgründung Israels« und »1967 – Israels zweite Geburt«. Er hat wie die anderen »neuen Historiker« die Archive, die bis vor kurzem noch verschlossen waren, aufgesucht und an Hand der nun zugänglichen Fakten die offiziellen Mythen Israels hinterfragt – Mythen, die laut Segev seit Jahrzehnten die veröffentlichte Meinung prägten, die Schulbücher, die Geschichtsbücher, die Medien, ja das Selbstverständnis der israelischen Gesellschaft. Diese Mythen, »die allgemein als historisch verbürgte Wahrheiten galten«[337], hatten nach Simcha Flapan eine wichtige Funktion für die »Entstehung von Denkstrukturen« und ihre propagandistische Mobilisierung. »Israel besitzt

---

336 A.a.O., S. 41
337 Flapan, S. 14

zwar die am modernsten ausgerüstete Armee im Nahen Osten und ist de facto Atommacht, aber sein Selbstbild orientiert sich nach wie vor am Holocaust – man sieht sich als Opfer eines übermächtigen, blutrünstigen Feindes«[338], weshalb alles als »Notwehrmaßnahme« eines um sein Überleben kämpfenden Volkes gerechtfertigt werden kann. »So gesehen, hat Israel immer das Recht auf seiner Seite.«[339]

Zu den mächtigen Mythen, die heute noch wirken, gehört nach Segev auch die Auffassung, »dass israelische Soldaten gar nicht in den Krieg ziehen wollten und niemals irgendwelche Kriegsverbrechen begangen hätten. Damit wäre dieser Krieg der erste Krieg in der Geschichte der Menschheit, in dem keine Verbrechen begangen wurden. Man erfand den Typus des Kibbuz-Soldaten, der zwar schießt, aber dabei weint: Er weint und schießt und schießt und weint. Aus diesem Mythos leitet sich unter anderem die Auffassung ab, Israel bräuchte sich – da es immer nur das Gute, nie das Böse wollte – mit der Rückgabe der besetzten Gebiete auch nicht beeilen, ja, es müssten ›gerechterweise‹ diese Gebiete sogar für immer unter israelischer Herrschaft bleiben.«[340] Das Bild von David gegen Goliath wurde in der israelischen Öffentlichkeit gepflegt. Israels Sieg im Sechs-Tage-Krieg, so Tom Segev, wurde in den Medien als »Fingerzeig Gottes« und als »Wunder« dargestellt, »das Gott dem ›schwachen‹, ›bedrängten‹ Volk Israel angedeihen ließ«. In Wirklichkeit war es aber anders, die israelische Armee war »einfach besser ausgebildet und moderner ausgerüstet als alle drei arabischen Armeen zusammen. Ihr militärischer Nachrichtendienst verfügte über exzellente Informationen. Aber das war nur der Armee und einem Teil der Minister bekannt«.[341]

Auch Daniel Cil Brecher, einstiger Mitarbeiter der Gedenkstätte Yad Vashem und Direktor des Leo-Baeck-Institutes in Jerusalem, setzt sich seit Jahren kritisch mit der Entstehungsgeschichte des israelischen Staates und seiner mythischen Verklärung auseinander. Die Ver-

---

338 Ebd.
339 Ebd.
340 Tom Segev: Israel muss mit Hamas reden, Neues Deutschland, 30.06.2007
341 Ebd.

treibung der Palästinenser in der Kriegszeit 1948/49 vergleicht er mit einer »ethnischen Säuberung«, mit der auch »eine Säuberung des Gewissens einhergeht«. Israel, aber auch »die Öffentlichkeit in den westlichen Ländern« habe »jahrzehntelang den Hergang und die eigene Rolle mit dem Mantel der Mythen gedeckt ..., um das Hässliche ... des eigenen Handelns nicht sehen zu müssen.«[342] Als weiteren Mythos bezeichnet Cil Brecher, dass die Israelis stets als friedensliebend, die Araber als »chronisch gewaltbereite Moslems« mit einem geradezu »pathologischen Hang zur Gewalt« dargestellt werden. Dagegen müsse deren Gewalt als »Folge der Vertreibung der Palästinenser 1948 und der Expansion des israelischen Staates 1967« angesehen werden. »Was eigentlich viele jüdische Israelis und auch viele Menschen im Westen nicht sehen wollen, ist, dass sich in der Gewalt ihr eigenes Handeln spiegelt. Dass es eigentlich ihr eigenes Handeln ist, das soviel Gewalt hervorruft.«[343]

Demographische Fakten

Für die Ablösung des Zionismus spricht die demographische Entwicklung der jüdischen und arabischen Bevölkerungsteile, mit der sich der Historiker Bernard Wasserstein befasst. Im Jahr 2003 lebten im Westjordanland und Gaza-Streifen rund 3,3 Millionen Palästinenser. Die Zahl der Juden belief sich auf rund 5,1 Millionen von einer Gesamtbevölkerung von rund 10 Millionen in Israel und den besetzten Gebieten. »Insgesamt nähert sich die Zahl der arabischen Einwohner in Palästina und Israel rasch der der Juden an, und es sieht so aus, als würde sie diese in nicht allzu ferner Zukunft übertreffen.«[344] Der in Israel weit verbreitete »Transfer-Gedanke, die Umsiedlung der israelischen Araber auf die andere Seite des Jordans,

---

342 Cil Brecher: Mich hat schon immer das Unrecht bewegt. In: www.uni-kassel. de/fb5/frieden/regionen/Israel/brecher.html

343 Ebd.

344 Bernard Wasserstein: Israel und Palästina, München 2003, S. 27

habe in dieser demographischen Entwicklung seine Grundlage. Diese Bevölkerungsentwicklung könnte aber auch die Grundlage für eine neue israelische Politik der Öffnung zu den arabischen Nachbarn werden. Sergio DellaPergola, Demograph an der Hebräischen Universität von Jerusalem, rechnet damit, dass Israel bei gleichbleibender Wachstumsrate und Wanderbewegung »innerhalb von fünfzig Jahren einen so großen nicht-jüdischen Bevölkerungsanteil haben wird« – selbst wenn es sich aus allen besetzten Gebiet zurückzieht –, »dass schwere innere politische Konflikte und vielleicht eine Teilung des restlichen Israel die Folge sein könnten.«[345] Die Schlussfolgerung Wassersteins ist: »Der Zionismus ist mit anderen Worten dabei, den demographischen Wettlauf zu verlieren.«[346] Israel befinde sich schon auf dem Weg zum Post-Zionismus: »…am Ende wird keine homogene und hermetisch abgeschlossene jüdisch-israelische Gesellschaft liegen, sondern eine pluralistische mit relativ offenen Beziehungen zu ihrer Umgebung und zur Welt. Dies bedeutet eine Evolution und vielleicht sogar eine Mutation im Wertesystem der Gesellschaft. Für manche mag dies ein Betrug an den fundamentalen Idealen der Gründer des Zionismus sein. Andere werden es vielleicht als Verwirklichung und Verteidigung der Kernelemente dieser Ideale betrachten.«[347]

Wirtschaftliche Veränderungen

Israel ist heute ein moderner kapitalistischer Staat. Er gehorcht den Gesetzen des Profites und sucht nach Expansionsmöglichkeiten. Der auf die Globalisierung ausgerichtete israelische Kapitalismus folgt nicht mehr den Gesetzen des Zionismus. Der verordnete Rückzug des Staates durch die neoliberale Wende der neunziger Jahre löst den sozialen Zusammenhalt der israelischen Gesellschaft auf. Zionismus wird nicht mehr als Solidargemeinschaft erlebt. Die Gegensätze

---

345   A. a. O., S. 30
346   A. a. O., S. 31
347   Wasserstein, S. 65

zwischen arm und reich sind in Israel extrem gewachsen. Vor diesem Hintergrund diente der Zionismus als Kitt einer multikulturellen Einwanderergesellschaft.

Die zionistische Besiedlung fand einst ein wenig entwickeltes Land vor. Der Aufbau einer Ökonomie in der jüdischen Niederlassung des Jishuv war ein Subventionsunternehmen, das von Außen weltweit finanziert wurde. Israel war seit der Staatsgründung bis zu den einschneidenden Reformen unter Likuds Ministerpräsidenten Bibi Netanjahu Mitte der 90er Jahre des letzten Jahrhunderts »weder ein klassischer kapitalistischer Staat noch eine klassische Kolonie. Seine ökonomischen, sozialen und politischen Merkmale sind so einzigartig, dass jeder Versuch, diese unter Verwendung von Theorien oder Vergleichen mit anderen Gesellschaften zu analysieren, in eine Karikatur münden würde. Eine Analyse der israelischen Wirklichkeit muss auf der spezifischen Geschichte der israelischen Gesellschaft gründen.«[348]

Trotz aller Bemühungen, eine normale kapitalistische Entwicklung zu verhindern und deren Befürworter innerhalb der zionistischen Bewegung zurückzudrängen, trotz der Herausbildung eines starken, sich am Sozialismus orientierenden Flügels innerhalb der zionistischen Bewegung entwickelte sich Israel zunehmend zu einem kapitalistischen Land.

»Israel ist ein einzigartiger Fall im Nahen Osten, es wird durch den Imperialismus finanziert, ohne ökonomisch ausgebeutet worden zu sein.«[349] Beeindruckend waren die Ausgleichszahlungen, die Israel für seinen Importüberschuss erhielt. Jeder Einwohner Israels bekam seit Staatsgründung bis weit in die 70er Jahre hinein umgerechnet 2.650 Dollar jährlich an Subventionen. Nur 30 Prozent der gewährten Mittel mussten verzinst zurückgezahlt werden. »Dies ist ein Beispiel ohne Parallelen.«[350] Normale kapitalistische Investitionsaktivitäten stellten den geringsten Teil der Unterstützungsgelder dar, die Israel erhielt. Von dem riesigen Strom an Finanzmitteln gelangte das wenigste in

---

348 Bober, S. 55
349 A. a. O., S. 58
350 A. a. O., S. 58

die Hände der schmalen Schicht, aus der die israelische Bourgeoisie bestand. Das meiste gelangte in die Verfügungsgewalt des Staates und seines bürokratischen Apparates. Von 1920 bis zur Übernahme der Regierungsgewalt durch die rechten Ultranationalisten unter Menachem Begin 1977 befand sich der »Staatsapparat« in den Händen der zionistischen Arbeiterbewegung. Ihre Macht bestand vor allem darin, diese Mittel zu verteilen. Sie kamen vor allem der Wirtschaft zugute, insbesondere der Landwirtschaft, darunter die Kibbuzbewegung. Kibbuz-Neugründungen überlebten nur durch diese Subventionen. Sie konnten damit den Mitgliedern der Kibbuzbewegung einen höheren Lebensstandard als den arabischen Fellachen garantieren. Erst allmählich stieg die Produktivität der Landwirtschaft. Später wurde auch der industrielle Aufbau innerhalb der Kibbuzim mit diesen Subventionsmittel gefördert. Ziel dieser Subsidienpolitik war die Stärkung des zionistischen Siedlungsprojektes und die Entwicklung einer eigenen industriellen Basis vornehmlich im Rüstungssektor.

Seit den neoliberalen Reformen hat sich die israelische Ökonomie tiefgehend verändert. Sie ist heute vollständig in den kapitalistischen Weltmarkt integriert. Sie profitiert von der Globalisierung – und die moderne israelische Bourgeoisie verfolgt andere Interessen, als sie im traditionellen Zionismus beschrieben sind. Sie braucht den Frieden mit den arabischen Nachbarn, um eine vollständige Öffnung der arabischen Märkte zu erhalten und dahin expandieren zu können. Dafür muss sie aber auch Frieden mit den Palästinensern schließen, und dies geht nur auf der Grundlage der Zweistaatlichkeit. Darüber hinaus wünscht sich dieser Teil der herrschenden Elite in Israel den Zugang zu den europäischen Märkten und strebt eine volle Integration in die Europäische Union an.

Regionale Vernetzung

Bereits mit dem Ende des Ost-West-Konfliktes begann in Israel eine Debatte über die Standortbestimmung Israels in der neuen Weltordnung. Anfang der 90er Jahre fing der Osloer Dialogprozess mit den Palästinensern an. Ein erheblicher Teil der israelischen Elite sowie der realistischen Bevölkerung kam zu der Erkenntnis, dass ein Dauerkonflikt mit der arabischen Welt keine Lösung für die Probleme zulässt, mit denen sich Israel in dieser neuen Weltordnung konfrontiert sieht. Innerhalb bestimmender Kreise der israelischen Wirtschaft reifte die Überzeugung heran, dass die Aufrechterhaltung des Konfliktes mit der arabischen Welt, die andauernde Besetzung des Gaza-Streifens sowie der palästinensischen Westbank, die ständig Anlass sind für den Wirtschaftsboykott der arabischen Staaten, letztlich die ökonomische Zukunft des Landes gefährde. »Angesichts des explosiven wirtschaftlichen Aufbruchs in Schwellenländern überall auf der Erde waren die israelischen Unternehmen es leid, vom Krieg gebremst zu werden; sie wollten an der hohe Gewinne versprechenden Welt ohne Grenzen teilhaben und nicht von lokalen Zwistigkeiten eingepfercht sein.«[351] Shimon Peres, der heutige Staatspräsident Israels, formulierte diesen Gedanken so: »Die Errichtung des Friedens zwischen Israel und seinen arabischen Nachbarn wird die Tür öffnen für grundlegende Erneuerungen im Nahen Osten … und die Anerkennung der Israelis und der Araber als gleichwertige Partner mit gleichen Rechten und Pflichten in der Region werden eine Kooperation neuer Art eröffnen, und zwar nicht nur zwischen Israel und seinen Nachbarn, sondern auch zwischen diesen Nachbarstaaten. Darüber hinaus wird allmählich ein gemeinsamer regionaler Rahmen wachsen, der die Gestalt der Region verändern wird, und zwar zuallererst im Bewusstsein der Völker des Nahen Ostens.«[352] Daraus müsse, so Peres, die Schlussfolgerung gezogen werden: »Israel erkennt zunehmend das Geheimnis der modernen wirtschaftlichen Macht und das Faktum, dass diese, nicht das Militär, die Politik bestimmt.«[353]

---

351 Naomi Klein: Die Schock-Strategie. Frankfurt/Main 2007, S. 604
352 Schimon Peres: Die Versöhnung. Der neue Nahe Osten, Tishrei 5754, 1993, S. 92
353 A.a.O., S. 161

Ein Repräsentant des israelischen wirtschaftlichen Establishments formulierte ähnlich seine Vision von der künftigen Rolle Israels. Dan Gillermann, 1993 Präsident des Verbandes der israelischen Handelskammern, sagte, Israel könne »bloß ein normaler Staat werden ... oder das Strategie-, Logistik- und Marketingzentrum der gesamten Region, so etwas wie ein Singapur oder Hongkong des Nahen Ostens, wo multinationale Unternehmen ihr Hauptquartier aufschlagen... Wir reden hier über eine völlig anders strukturierte Wirtschaft... Israel muss handeln, und zwar schnell, um das festzuklopfen, ansonsten werden wir diese einmalige wirtschaftliche Chance verpassen und nur sagen können: Wir hätten...«.[354] Nur in einem Klima der Ruhe kann die neue israelische kapitalistische Ökonomie gedeihen. Auch wenn die Erfahrungen der vergangenen Jahren das Gegenteilige lehrten: »Israel ist als Fallbeispiel für den Kanonen-Kaviar-Index nicht nur deswegen interessant, weil seine Wirtschaft sich von schweren politischen Erschütterungen wie dem Libanon–Krieg 2006 oder der Übernahme des Gaza-Streifens durch die Hamas 2007 nicht unterkriegen lässt, sondern weil sie angesichts eskalierender Gewalt auch noch wächst.«[355] Aber dieses Wachstum, das von der Ökonomie des Terrors (Naomi Klein) profitierte, geht seinem Ende entgegen. Israel wird sich weiter bewegen müssen. Der alte Zionismus lässt sich nicht mit den Anforderungen der globalisierten Welt vereinbaren. Während Sharon die Groß-Israel-Bewegung unterstützte, war Olmert von dieser »biblischen Vision« abgerückt. Er hat »einen modernen säkularen Staat mit einer boomenden Wirtschaft vor Augen, die in den globalen Handel integriert und eng mit Europa verzahnt ist«. Denn »Israel sei es müde, Kriege zu führen und Sieger zu sein«.[356] Der Postzionismus beschreibt diese Veränderungen und unternimmt den Versuch, ohne den Zionismus in einer antizionistischen Negation auf-

---

354 Dan Gillermann: The Economic Opportunities of Peace, 6. September 1993, zitiert in: Guy Ben-Porat, A New Middle East, International Relations 19, Nr. 1 (2005), S. 50

355 Klein, S. 604

356 Amos Elon: Olmert & Israel. The Change. In: The New York Review of Books, Vol. 55, No. 2. Febr. 2008

lösen zu wollen, ihn an die Aufgaben der Moderne anzupassen. Dazu gehört auch ein neues Verständnis des Nationalstaates. Nach den Vorstellungen des namhaften israelischen Historikers Shlomo Sand soll dieser »der Staat seiner Einwohner sein«. Er soll »laizistisch sein und demokratisch« und »endlich offen zur arabischen Welt«.[357] Und warnend fügt er hinzu: »Die israelische Politik muss umdenken. Ohne eine solche Wende wird Israel nicht mehr existieren.«[358]

Seit der Gründung der UNO und der EU sind andere politische Organisationsmodelle auf den Plan getreten, »die den Nationalstaat unterspülen, überwölben, ihn merklich oder auch unmerklich verändern...«.[359] Der atavistische Zionismus, der die permanente Expansion des jüdischen Siedlungsgebietes vor Augen hat, wird nicht überlebensfähig sein. Ebenso wenig ein Zionismus, der die Ignoranz gegenüber der israelisch-palästinensischen Minderheit in Israels Kerngebiet aufrechterhält. Ob der Postzionismus als ein demokratischer, zivilgesellschaftlicher Zionismus dann noch Zionismus sein wird, das sei dahingestellt. Es wäre nicht die erste Ideologie, die anpassungsfähig sich dialektisch aufhebt. Doch noch ist diese Frage offen, weil in Israel auch der rechte Sektor an Stärke gewonnen hat.

Zweistaatlichkeit oder binationaler Staat?

Da die bisherigen Friedensinitiativen ergebnislos geblieben sind und die Frustration wächst, spielt in jüngster Zeit im innerpalästinensischen Diskurs die Debatte über den binationalen Staat eine größere Rolle. Teile der Linken, die den binationalen Staat schon immer favorisiert haben, sehen sich durch den Gang der Ent-

---

357 Shlomo Sand: Hat Israel den Krieg verloren? Gespräch mit dem Historiker Shlomo Sand. Veröffentlich von: Jüdische Stimme für einen gerechten Frieden in Nahost. www.juedische-stimme.de

358 Shlomo Sand: Man muss auch ein Kind einer Vergewaltigung anerkennen. 28.12.2008. In: kreuz.net/artikel.8407.html

359 W. Reinhardt: Geschichte der Staatsgewalt, 2000, zitiert nach Brumlik, Kritik..., S. 42

wicklung bestätigt und melden sich zu Wort. Dazu zählen auch Kreise der jüdischen Linken innerhalb und außerhalb Israels. Juden und Araber würden gleichberechtigt in einem Staat zusammenleben, sie würden das gleiche Parlament wählen, in der gleichen Armee und Polizei dienen, die gleichen Steuern bezahlen. Der Friedensaktivist Uri Avnery hält dies für eine »wirklich verlockende Vorstellung«.[360] Zwei Völker beanspruchen das gleiche Territorium, deshalb wäre die rationalste Lösung, dass sie sich dieses Territorium teilen, in welcher Art und Weise auch immer, ob als Bund zweier Föderalstaaten oder nach einem Schweizer Muster in einer Art der kantonalen Aufteilung. Ein solcher gemeinsamer Staat Israel/Palästina bliebe der spirituelle Mittelpunkt des jüdischen Volkes, und ein Sondergesetz könnte allen vom Antisemitismus verfolgten Juden erlauben, in diesen Staat einzuwandern. Israel/Palästina könnte der »sichere Hafen« für verfolgte Juden bleiben. Trotz der demographischen Entwicklung zugunsten der arabischen Palästinenser könnte ein Verfassungsmechanismus verhindern, dass eine Bevölkerungsgruppe die andere politisch majorisiert. Diese »noble Idee, die vom Glauben an die Menschheit erfüllt ist, ist aber«, so Avnery, »wie Jesajas Prophezeiung eine Idee für eine messianische Zeit«.[361] Tatsache ist, dass diese Idee heute keine realistische Chance hat, Wirklichkeit zu werden. Vielleicht aber in einigen Generationen. Wenn heute auf palästinensischer Seite erneut mit dem Gedanken des binationalen Staates argumentiert wird, so handelt es sich entweder um den Ausdruck der verzweifelten Lage, in der sich das palästinensische Volk befindet, oder um eine taktische Argumentation, um Druck auf die israelische Regierung auszuüben.

Die palästinensische Drohung ist klar: Wenn Israel weiter die Siedlungsaktivitäten vorantreibt und damit die Lebensgrundlage für einen palästinensischen Staates zerstört, dann werden die Palästinenser auf die Eigenstaatlichkeit verzichten, die Autonomiebehörde auflösen und das Schicksal der 4 Millionen Palästinenser

---

360   Uri Avnery, Ein Leben..., S. 205
361   Ebd.

und Palästinenserinnen, die unter israelischer Besatzung leben, der Besatzungsmacht überantworten, die nach dem Völkerrecht verpflichtet ist, die Lebensgrundlagen der Zivilbevölkerung in einem Besatzungsgebiet zu regeln. Israel müsse dann ein permanentes Besatzungsregime über die Palästinenser aufrechterhalten, was Israel aufgrund des internationalen Druckes nicht durchstehen könne; oder es müsse den Palästinensern die gleichen Bürgerrechte gewähren und das wäre das Ende des jüdischen Staates. Vielleicht wäre dies für die Palästinenser eine Option; die jüdische Bevölkerung aber wäre nicht bereit, eine solche Lösung zu akzeptieren. Denn es war das Gründungsziel Israels, dass die in Palästina lebenden Juden einen eigenen Staat mit einer klaren jüdischen Bevölkerungsmehrheit erhalten, um ihr Schicksal in die eigenen Hände nehmen zu können. An diesem Gedanken, den die überwiegende Mehrheit der jüdischen Bevölkerung Israels teilt, hat sich nichts geändert; und eine Änderung wird auch nicht von jenen angestrebt, die den postzionistischen Diskurs zur Veränderung Israels führen. Avnery: »Ein binationaler Staat bedeutet, dieses Ziel aufzugeben und den Staat Israel praktisch zu demontieren. Die Juden würden zu der traumatischen Erfahrung zurückkehren, ein Volk ohne eigenen Staat zu sein, mit all den Nachteilen, die das mit sich bringt – und das nicht als Ergebnis einer vernichtenden militärischen Niederlage, sondern aus freier Wahl. Das ist nicht sehr wahrscheinlich.«[362] Die Schlussfolgerung daraus ist: »Für zwei Völker sind zwei Staaten notwendig. Dies wird die nationalen Gefühle der beiden Völker in vernünftige, konstruktive Kanäle lenken, was Koexistenz, Kooperation und schließlich eine wirkliche Versöhnung möglich macht.«[363] Ohne Zweifel kann so ein natürlicher Prozess in Gang gesetzt werden, der beide Staaten zu einer engen Kooperation führt. Am Ende könnte eine Föderation stehen, die in das Geflecht des Nahen Ostens eingebunden ist.

---

362   A.a.O., S. 207
363   A.a.O., S. 219

Der gesamte Nahe Osten im Umbruch

Neue regionale Hegemonialmächte, vor allem der Iran in Folge des US-Krieges gegen den Irak, bilden sich heraus. Und: Israel verliert an Ansehen und Unterstützung. Die Besetzung der palästinensischen Gebiete hängt Israel wie der berühmte Mahlstein um den Hals. Noch kann Israel aus einer starken Position heraus Frieden schließen. In einigen Jahren vielleicht schon nicht mehr. Bereits heute hat Israel weniger Sicherheit denn je. Ein palästinensischer Staat ist im Interesse der Palästinenserinnen und Palästinenser, aber ebenso im israelischen Interesse, im Interesse seiner Sicherheit, seiner wirtschaftlichen Entwicklung, seiner Demokratie und seiner moralischen Glaubwürdigkeit.

Palästina muss rasch die Chance zur Konstituierung als Nation bekommen. Das geht nur über einen eigenen Staat, der auch über alle Attribute eines Staates verfügt: ein zusammenhängendes Staatsgebiet, eine Staatsbürgerschaft, klar bestimmte Grenzen, ein Staatsvolk, gewählte und dadurch zur Handlung legitimierte Autoritäten. Erst mit einem eigenen Staat wird Palästina zu einem völkerrechtlichen Subjekt. Heute besteht noch die Chance, einen Staat Palästina mit gewählten Organen, mit einem Parlament und politischen Parteien zu erreichen, wobei die Kräfteverhältnisse derzeit unklar sind. Hier gibt es seitenverkehrte Gemeinsamkeiten: Durch Vertreibung, Auswanderung und Not verfügen beide Völker über einen hohen Anteil von Weltbürgern. Das kann für die Gestaltung von Frieden von großer Bedeutung sein.

Die Chance zur Demokratie in einem palästinensischen Staat sollte Israel aktiv fördern, anstatt die konkurrierenden Gruppen in Palästina gegeneinander auszuspielen. Diese Taktik, mit der Israel seine vermeintlichen Gegner schwächt, ist kurzsichtig. Die Mehrheit der arabischen Staaten sind undemokratische Autokratien mit einem großen Mangel an Menschenrechten, insbesondere für die Frauen. Parlamente sind dort oftmals nur Scheineinrichtungen. Ein demokratisches Palästina könnte auch ein Impuls für eine Demokratisierung der ganzen Region sein. Auch deshalb war die Solidarität vieler arabischer Länder für Palästina oftmals sehr zögerlich. Heute wäre ein demokratisches Palästina vielleicht noch möglich. Was morgen ist, bleibt unbestimmt. Heute ist noch ein säkularer Staat Palästina möglich, ob morgen noch, ist ungewiss.

Wenn es zur Gründung eines eigenen Staates Palästina kommt, wird der zunächst erreichbare Zustand der einer »Abwesenheit von Krieg und Gewalt« sein. Das ist weit weniger, als unter Frieden oder gar gerechtem Frieden verstanden wird. Aber es ist auch weit mehr als das, was heute vorhanden ist: eine Art friedlicher Koexistenz. Ein solcher Zustand mit bewachten Grenzen, Grenzübergängen und Grenzkontrollen ist unbefriedigend, aber unverzichtbar, um Hass und Misstrauen abzubauen. Auf beiden Seiten wurde ständig neuer Hass auf alten Hass getürmt. Damit Vertrauen wachsen kann, braucht es Regeln, Zeit, Erfahrung und Mut; Mut auch zu einseitigen Schritten. Mut zu realistischen Schritten, die noch weit entfernt von dem erhofften strahlenden Ziel sind.

Vielleicht wäre es ein erster Schritt, einen Vertrag – international garantiert – über Gewaltverzicht zu schließen. Israel und Palästina müssen sich aus dem berechenbaren Automatismus von Aktion und Reaktion befreien. Auf jeden Schritt der Hoffnung folgten bislang ein Anschlag oder Angriff und eine Reaktion, auf die wieder eine Aktion ... und so weiter und so fort. Bei einer solchen Handlungsweise begibt man sich in die Hände von Extremisten. Einmal anders zu reagieren, Gewalt nicht mit Gewalt zu vergelten, ist kein Zeichen von Schwäche, sondern ein hoffnungsvolles Zeichen der Vernunft, sich aus der Steuerung durch Extremisten zu befreien. Der Ausstieg aus der offensiven Gewalt oder wenigstens ein Gewaltmoratorium – das kann Türen öffnen.

Das Genfer Abkommen (Geneva Accord)[364]

Dieser inoffizielle Friedensvertrag wurde von einer Gruppe israelischer und palästinensischer Politiker im Oktober 2003 ausgearbeitet und im Dezember in der Schweiz der internationalen Öffentlichkeit vorgestellt. Zu den Verfassern gehören der frühere israelische Justizminister Yossi Beilin und

---

364 Die Genfer Vereinbarung, 29.11.2003 (Friedensratschlag), in: www.uni-kassel.de/fb5/frieden/regionen/Nahost/genf2.html

der frühere palästinensische Informationsminister Yasser Abed Rabbo. Die Schweizer Regierung unterstützt das Projekt finanziell, Unterstützung geben auch Friedensforscher, Diplomaten und Wissenschaftler aus der Schweiz und der frühere US-Präsident Carter.

Artikel 4, der sich mit der Frage der Grenzen und Territorien befasst, bildete im Jahr 2008 die Verhandlungsgrundlage für die Gespräche zwischen Ehud Olmert und Mahmud Abbas. Das Abkommen stellt einen detailliert ausgearbeiteten Entwurf für einen Friedensvertrag dar. Es enthält u.a. auch konkrete Vorschläge zur Regelung der von der Madrider Konferenz ausgesparten Hauptprobleme. Zum Beispiel:

Artikel 4: Die internationale Grenze zwischen Israel und Palästina verläuft entsprechend der UN-Resolutionen 242 und 338 entlang der Waffenstillstandslinie vom 4. Juni 1967. Einzelne Gebiete werden im Verhältnis 1:1 ausgetauscht, einziges Kriterium ist die Fläche. So können einige Siedlungen Israel angeschlossen werden, während die aufgegebenen Siedlungen an Palästina fallen. Zwischen dem Gazastreifen und Westjordanland wird ein Korridor gebildet, der unter israelischer Souveränität, aber palästinensischer Kontrolle steht. Jerusalem ist die Hauptstadt beider Staaten. Die Altstadt wird aufgeteilt. Israel und Palästina haben die Souveränität über die ihnen unterstellten Gebiete. Eine internationale Gruppe soll über den Tempelberg wachen.

Artikel 7: Die Rechte der Flüchtlinge gemäß Resolution 242 des UN-Sicherheitsrates und 194 der UN-Generalversammlung werden prinzipiell anerkannt. Nur eine symbolische Zahl von palästinensischen Flüchtlingen erhält das Recht auf Rückkehr. Andere sollen von Drittstaaten aufgenommen werden. Wer nicht zurückkehrt, erhält eine Kompensationszahlung.

Artikel 15: Die palästinensischen und arabischen Häftlinge sollen in einem abgestuften Verfahren freigelassen werden.

Israel – Palästina – Deutschland

Welche Verantwortung hat nun Deutschland, haben die Linken gegenüber den Palästinenserinnen und Palästinensern, die für das Holocaust-Verbrechen und für das europäische Versagen einen bitteren Preis zu zahlen gezwungen sind? Wenn Deutschland grundlegend, unauflöslich mit Israel verbunden ist, zwingt schon die Logik, anzuerkennen, dass Deutschland ebenfalls verbunden ist mit dem Schicksal der Palästinenserinnen und Palästinenser: mit Israel durch das deutsche Menschheitsverbrechen, mit dem palästinensischen Volk durch die Folgen dieses Verbrechens. Diese Verbindung mag unterschiedlich von der Ausgangsbestimmung und in ihrer moralischen Dimension sein, ist aber dennoch existent.

Wenn es Deutschland wirklich Ernst mit der Solidarität mit Israel ist, darf es Israel Wertvolles nicht verweigern – seine Kritik und Hilfe, sich aus einer Situation zu lösen, die für die Existenz Israels zu einer wirklichen Bedrohung geworden ist. Das geht nur von der ruhigen, festen Position aus, dass Deutschland in diesem Sinne ein verlässlicher Partner ist. Viele Fragen, die hier angesprochen sind, werden in der israelischen und in der palästinensischen Gesellschaft engagiert diskutiert, warum nicht auch zwischen Deutschland und Israel? Der israelische Historiker Meir Margalit kritisierte in einem Offenen Brief Angela Merkel wegen ihrer Rede vor der Knesset, weil diese Rede Israel das Wichtigste verweigert hat, was Deutschland geben müsse: Hilfe, sich aus der heutigen Situation zu befreien. »Ich würde Sie gerne darauf hinweisen, Frau Merkel, dass die Mehrheit der Israelis eingesteht, dass die Besetzung untragbar ist und uns nicht weniger Schaden zufügt als den Palästinensern. Jedoch fehlt der israelischen Regierung die Kraft, die einzige Operation durchzuführen, die unser Leben retten kann: die Entfernung des Tumors, der sich ›(besetzte) Gebiete‹ nennt. Durch diesen Tumor bluten wir ununterbrochen, und er macht uns von Tag zu Tag schwächer. (...) Jedoch mit Hilfe unserer europäischen Freunde gibt es eine Chance, Ruhe und Frieden für beide Völker zu erreichen.«[365]

---

365 Offener Brief von Dr. Meir Margalit, israelischer Historiker, an Bundeskanz-

Nicht alle Konflikte im Nahen und Mittleren Osten wurzeln in dem Konflikt zwischen Israel und Palästina, aber sie entzünden sich daran ständig neu. Ohne die Lösung dieses Konfliktes werden andere Krisenherde nicht zu löschen sein.

Vordringlich ist für die palästinensische Seite die Lösung des Flüchtlingsproblems. Nach 1949 waren die Palästinenser durch den Krieg zerstreut worden, lebten zu Hunderttausenden rechtlos in menschenunwürdigen Flüchtlingslagern in den arabischen Nachbarländern oder flohen in die europäische oder nordamerikanische Diaspora. Das bis heute nicht geklärte Schicksal der Flüchtlinge ist eine ständige Quelle ihrer Radikalisierung. Ohne eine angemessene humanitäre Lösung der Flüchtlingsfrage wird es keinen stabilen Frieden geben. Der frühere israelische Regierungschef Olmert hat zwar – wie alle seine Vorgänger – entschieden »ein Recht auf Rückkehr« verneint, hat aber auch »sein Bedauern« zum Ausdruck gebracht über das, »was den Palästinensern 1948 und den Juden, die aus arabischen Ländern deportiert wurden, geschah.« Er erklärte, dass Israel sich an einer internationalen Lösung des Flüchtlingsproblems beteiligen wolle.[366] Das Recht auf Rückkehr würde, wenn es die palästinensischen Flüchtlinge mehrheitlich wahrnähmen, den jüdischen Charakter des israelischen Staates verändern. Dazu ist bislang keine relevante politische Kraft in Israel bereit, auch nicht die Linke.[367] Die von linken israelischen und palästinensischen Politikern 2003 veröffentlichte »Genfer Vereinbarung« enthält in Artikel 7 einen Kompromissvorschlag. Danach wird grundsätzlich das Recht der palästinensischen Flüchtlinge gemäß Resolution 242 des UN-Sicherheitsrates und 194 der UN-Vollversammlung anerkannt. Eine symbolische Zahl von Flüchtlingen solle das Recht auf Rückkehr erhalten. Andere, die nicht zurückkehren könnten, sollten eine Kompensation erhalten, so der Vorschlag.

---

lerin Angela Merkel anlässlich ihres Reden und ihres (Nichts-)Tuns auf der Israel-Reise. Anzeige in: Frankfurter Allgemeine Zeitung, 22. April 2008

366 The Refugees, Palestine and Israel, 17. September 2008, in: www.marcgopin.com/?p=345

367 Moshe Zuckermann: In der Konsensfalle. Israels konformistische Linke. Junge Welt 24.1.2009

Notwendig ist eine Demilitarisierung des Nahen Ostens und notwendig sind internationale Garantien für die Sicherheit Israels, aber auch der anderen Staaten der Region, einschließlich des Iran. Erst dann wird der Iran bereit sein, sein Atomprogramm zu stoppen, und dann erst wird Israel bereit sein, seine Atomwaffen zur Disposition zu stellen. Alle Staaten und Kräftegruppen, einschließlich der Hamas und der Hisbollah, müssen in einen solchen Dialog einbezogen werden. Zu dieser Schlussfolgerung kommt selbst die Bertelsmann Stiftung nach dem Gaza-Krieg[368] und schlägt eine Dialogplattform vor. Es ist nützlich, sich die ersten offiziellen Verhandlungen zwischen Israel und der palästinensischen Befreiungsorganisation in Erinnerung zu rufen: Als der Gesprächsprozess zwischen Israel und den Palästinensern begann, besaß die PLO eine Charta mit 33 Artikeln, über die Shimon Peres sagte: »28 davon predigten faktisch die Beseitigung Israels. Wir teilten unseren Gesprächspartnern mit, dass wir nach einer Vereinbarung bereit sein werden, die PLO anzuerkennen.«[369] Gespräche und Verhandlungen mit der PLO wurden geführt, noch bevor die PLO offiziell das Existenzrecht Israels anerkannte. Dies festzuhalten ist wichtig, wenn es um das Für oder Wider von Gesprächen mit der Hamas und der Hisbollah geht.

Zum Dialog gehört auch harte Auseinandersetzung. Die reale Stärke von Hamas und Hisbollah und die Erfahrung, dass Isolierung zu Radikalisierung führt, sprechen für den Weg des Dialogs. »Frieden schließt man mit seinen Feinden, nicht mit seinen Freunden«, heißt es in der israelischen Friedensbewegung. Im langwierigen Prozess der Aussöhnung wird die Rolle der Fraueninitiativen und vieler anderer zivilgesellschaftlicher Organisationen beider Völker von unschätzbarem Wert sein.

Die Fraktion DIE LINKE im Bundestag hat eine ständige Konferenz für Sicherheit und Zusammenarbeit im Nahen Osten vorgeschlagen. Sie soll unter dem Dach und Schirm der Vereinten Nationen arbeiten. Was für die staatliche Ebene gilt, muss in den

---

368 spotlight europa # 2009/02
369 Peres, S. 49

Zivilgesellschaften praktiziert werden – Dialogkonferenzen zwischen arabischen, palästinensischen, israelischen und europäischen Friedenskräften.

Der Holocaust, die Verbrechen des deutschen Faschismus und seiner Helfer, der Mitläufer und Weg-Seher, begründet das besondere, nicht auflösbare Verhältnis Deutschlands zu Israel. Nach dem Holocaust hätte die Linke verstehen müssen, dass der Zionismus mit seinem konkreten Ziel der territorialen Eigenständigkeit eine angemessene Antwort auf das fundamentale Bedürfnis des über Jahrhunderte verfolgten jüdischen Volkes nach Sicherheit war. Die Alternative, ein binationaler Staat des brüderlichen Zusammenlebens von Juden und Palästinensern, war – und ist leider bis heute – eine schöne, realitätsferne Utopie. Zugleich war die Gründung des Staates Israel problematisch, weil in dem Land, das die Wiege der jüdischen Nation war, inzwischen ein anderes Volk lebte, mit nicht weniger Rechten auf dieses Land. Was für Jüdinnen und Juden Befreiung und Sicherheit war, die Möglichkeit zu einem selbstbestimmten Leben und insofern auf Moral und Recht gebaut, war zugleich für die palästinensische Bevölkerung unmoralisch und Unrecht. Dieser Widerspruch ist unauflösbar, er ist organisch in den Entscheidungen selbst begründet. Er hätte sich abmildern lassen und wird – hoffentlich – in der Zukunft dialektisch aufgehoben werden. Israel und Palästina sind aneinander gekettet, kein Schritt des Einen ist möglich ohne Auswirkungen auf den Anderen.

Empfehlungen zum Weiterlesen

Tamar **Amar-Dahl**: Moshe Sharett – Diplomatie statt Gewalt. Der »andere« Gründungsvater Israels und die arabische Welt. München 2003

Samir **Amin**, Ali El Kenz: Europa and the Arab World. London, New York 2005

Hannah **Arendt**: The Jewish Writings. New York 2007

Uri **Avnery**: Israel ohne Zionisten. Gütersloh 1969

Uri **Avnery**: Ein Leben für den Frieden. Klartext über Israel und Palästina. Heidelberg 2003

Detlef **Balke**: Beim Wenden der Steine, 90 Jahre Kibbuz. In: Utopie kreativ, H. 109/110

David **Bankier**: Die deutsche Sozialdemokratie und der nationalsozialistische Antisemitismus, 1933–1938. In: www.kritiknetz.de/spd_%20german.pdf

Alfredo **Bauer**: Kritische Geschichte der Juden. Bd. 1, Essen 2005, Bd. 2, Essen 2006

David **Ben Gurion**: Wir und die Nachbarn. Gespräche mit arabischen Führern. Tübingen 1968

David **Ben Gurion**: Israel. Der Staatsgründer erinnert sich. Frankfurt/: 1973

David **Ben Gurion**: Erinnerung und Vermächtnis. Frankfurt/M. 1971

David **Ben Gurion**: Der streitbare Prophet. Hamburg 1968

The **Biltmore** Program (1942) Document 19, The Israel – Arab Reader, A Documentary History of the Middle East Conflict, New York, 1984

Arie **Bober** (hg.): The Other Israel. New York 1972

Noam **Chomsky**: Offene Wunde Nahost. Hamburg 2002

Eberhard **Czichon**: Die Bank und die Macht. Hermann Josef Abs, die Deutsche Bank und die Politik, Köln 1995

Eberhard **Czichon**: Deutsche Bank – Macht – Politik. Faschismus, Krieg und Bundesrepublik, Köln 2001

Frank **Deppe**, Stephan Heidbrink, David Salomon, Stefan Schoppengerd, Ingar Solky: Der neue Imperialismus. Heilbronn 2004

Friedrich **Engels**: Über den Antisemitismus (1890). In: Karl Marx, Friedrich Engels: Werke, Bd. 22, Berlin 1972

Helmut **Eschwege**: Fremd unter meinesgleichen. Erinnerungen eines Dresdner Juden. Berlin 1991

Norman G. **Finkelstein**: Die Holocaust-Industrie. Wie das Leiden der Juden ausgebeutet wird. München, Zürich 2001

Fritz **Fischer**: Griff nach der Weltmacht. Die Kriegszielpolitik des kaiserlichen Deutschland 1914/18. Kronberg/Ts. 1977

Simcha **Flapan**: Die Geburt Israels. Mythos und Wirklichkeit. München 1988

Alexander **Flores**: Die PKP und die arabische Bevölkerung Palästinas, 1919–1948, Diss., Periferia Verlag 1980

Ditte **Gerns**: Nationalitätenpolitik der Bolschewiki. Düsseldorf 1988

Peter **Gingold**: Boulevard St. Martin No. 11. Köln 2009

Constantin **Goschler**, Jürgen Lillteicher (Hg.): »Arisierung und Restitution«. Die Rückerstattung jüdischen Eigentums in Deutschland und Österreich nach 1945 und 1989. Göttingen 2002

Gottfried **Hagen**: German Heralds of Holy War: Orientalist and Applied Oriental Studies. In: Comparative Studies of South Asia, Africa and the Middle East, 24:2, 2004

Michael **Hardt**, Antonio Negri: Empire. Die neue Weltordnung. Frankfurt/M. 2002

Ludger **Heid**, Arnold Paucker (Hg.): Juden und deutsche Arbeiterbewegung bis 1933. Soziale Utopien und religiös-kulturelle Traditionen. Tübingen 1992

Seymour **Hersh**: Atommacht Israel. München 1991

Eric **Hobsbawm**: Das Zeitalter der Extreme. Weltgeschichte des 20. Jahrhunderts. München 1999

Ami **Isseroff**: President Harry S. Truman and US Support for Israeli Statehood. In: www.mideastweb.org/us_supportforstate.htm

Karl Heinz **Jahnke**: »...ich bin nie ein Parteifeind gewesen«. Der tragische Weg der Kommunisten Fritz und Lydia Sperling, Bonn 1993

Yeshayahu A. **Jelinek**, Rainer A. Blasius: Ben Gurion und Adenauer im Waldorf Astoria. Gesprächsaufzeichnungen vom israelisch-deutschen Gipfeltreffen in New York am 14. März 1960. In: Vierteljahreshefte für Zeitgeschichte, Jg. 45 (1997), H. 2

Mario **Kessler**: Die KPD und der Antisemitismus in der Weimarer Republik. In: Utopie kreativ, H. 173 (März 2005)

Naomi **Klein**: Die Schock-Strategie. Der Aufstieg des Katastrophen-Kapitalismus. Frankfurt/M. 2007

Gert **Krell**: Die Last der Geschichte. Zum Verhältnis von Holocaust und Nahost-Konflikt, in: www.reiner-bernstein.de

Robert **Kurz**: Die antideutsche Ideologie. Vom Antifaschismus zum Krisenimperialismus. Münster 2003

Henry **Laurens**: Der Nahe Osten à la carte, in: Le Monde diplomatique Nr. 7028, 11.04.2003

Wladimir I. **Lenin**: Kritische Bemerkungen zur nationalen Frage. In: Lenin, Werke Bd. 20, Berlin 1971

Arno **Lustiger**: Rotbuch: Stalin und die Juden. Die tragische Geschichte des Jüdischen Antifaschistischen Komitees und der sowjetischen Juden. Berlin 1998

Rosa **Luxemburg**: Die Akkumulation des Kapitals. In: Gesammelte Werke, Bd. 5, Berlin 1974

Herbert **Mayer**: Parteisäuberungen in der bundesdeutschen KPD – Ein westeuropäisches Fallbeispiel. In: Utopie kreativ, H. 81-82, 1997/07

Mario **Offenberg**: Kommunismus in Palästina. Nation und Klassen in der antikolonialen Revolution. Meisenheim 1975

O.M.G.U.S. – Ermittlungen gegen die Deutsche Bank, www.glasnost.de/hist/ns/omgus1.html sowie ...omgus2 und ...omgus3

Ilan **Pappe**: Die ethnische Säuberung Palästinas. Verlag 2001, 2007

Schimon **Peres**: Die Versöhnung. Der neue Nahe Osten. Siedler Verlag o.J.

Martin **Robbe**: Die Palästinenser: Kapitulation oder Eigenstaatlichkeit. Zur Geschichte und Problematik eines Konflikts. Essen 2001

Tom **Segev**: Es war einmal ein Palästina. Juden und Araber vor der Staatsgründung Israels. München 2005

Tom **Segev**: 1967: Israels zweite Geburt. Bonn 2005

Angelika **Timm**: Hammer, Zirkel, Davidstern. Das gestörte Verhältnis der DDR zu Zionismus und Staat Israel. Bonn 1997

Rolf **Verleger**: Israels Irrweg. Eine jüdische Sicht. Köln 2008

Bernard **Wasserstein**: Israel und Palästina. Warum kämpfen sie und wie können sie aufhören? München 2003

Markus A. **Weingardt**: Deutsche Israelpolitik: Etappen und Kontinuitäten. In: Aus Parlament und Zeitgeschichte, 15/2005

Nathan **Weinstock**: Das Ende Israels? Hg. und eingeleitet von Eike Geisel und Mario Offenberg. Die verschiedenen Kapitel wurden von den Herausgebern ins Internet eingestellt und sind in den Fußnoten gesondert aufgeführt. Einleitung der Herausgeber. In: trend Onlinezeitung Nr. 03-04

Moshe **Zimmermann**: Wende in Israel. Zwischen Nation und Religion. Berlin 1996

Moshe **Zuckermann**: Verdinglichte Sühne. Von Interessen und Befindlichkeiten. Anmerkungen zu den deutsch-israelischen Beziehungen. In: Junge Welt, 29.11.2008

Rolf Verleger
Israels Irrweg
Eine jüdische Sicht
2., erweiterte Auflage

Paperback; 183 Seiten; € 12,90 [D]
ISBN 978-3-89438-394-7

»Das Judentum, meine Heimat, ist in die Hände von Leuten gefallen, denen Volk und Nation höhere Werte sind als Gerechtigkeit und Nächstenliebe.« Mit seinem Buch möchte Rolf Verleger dazu beitragen, dass sich dies ändert. Er beschreibt seine jüdischen Wurzeln als persönlichen Hintergrund und umreißt die Geschichte des Zionismus. Sodann diskutiert er die Frage, was es heute angesichts der schwindenden Bedeutung von Religiosität heißt, Jude zu sein. Problematische Ersatzidentitäten sieht er im Nationalismus und im bloßen Anti-Antisemitismus. Er setzt sich mit dem Vorwurf auseinander, Kritik an Israel habe von vornherein und unbesehen als »antisemitisch« zu gelten, und dokumentiert exemplarisch einige Auseinandersetzungen, die er über diese Fragen zu führen hatte. Die Neuauflage enthält eine aktuelle Ergänzung zum Krieg gegen Gaza, kritisiert die Stellungnahmen deutscher Politiker mit ihrer bedingungslosen Unterstützung der israelischen Politik und fordert die Bundesregierung zum Umdenken in der Palästinafrage auf.

PapyRossa Verlag
Luxemburger Str. 202, 50937 Köln, Tel. (0221) 44 85 45, Fax 44 43 05
mail@papyrossa.de – www.papyrossa.de

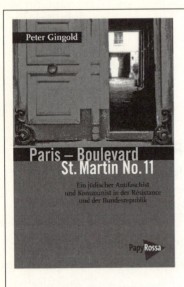

Peter Gingold:
Paris – Boulevard St. Martin No. 11

Ein jüdischer Antifaschist und Kommunist in der Résistance und der Bundesrepublik

Paperback; 187 Seiten; € 14,90 [D]
ISBN 978-3-89438-407-4

Peter Gingold (1916–2006) war einer der profiliertesten jüdischen Widerstandskämpfer und Kommunisten in der Bundesrepublik. Besonders seit den 70er Jahren trat er als Redner auf politischen Kundgebungen gegen Naziaufmärsche und als Zeitzeuge in Schulen und bei Jugendgruppen auf. Er hatte viel zu berichten: Die Zeit des aufkommenden Faschismus in Deutschland, Exil in Frankreich und Widerstand in den Reihen der Résistance (Illegalität, politische Agitation unter deutschen Besatzungssoldaten, Flucht aus den Fängen der Gestapo und Teilnahme am Aufstand zur Befreiung von Paris 1944). Den 8. Mai 1945, das »Morgenrot der Menschheitsgeschichte«, erlebte er in Turin mit der italienischen Resistenza. Zurückgekehrt nach Deutschland, gestaltete er den politischen Neuanfang aktiv mit, musste jedoch erleben, wie er und seine Familie danach fast zwei Jahrzehnte der erneuten Verfolgung, der Ausbürgerung und des Berufsverbots erlebten. Trotzdem verstand er sich stets als »Mut-Macher«, seine Maxime: »Nie aufgeben!«

PapyRossa Verlag
Luxemburger Str. 202, 50937 Köln, Tel. (0221) 44 85 45, Fax 44 43 05
mail@papyrossa.de – www.papyrossa.de